Anton Rinas

REALTALK

ANTON »VISCABARCA« RINAS

MIT JOSIP RADOVIĆ

REALTALK

TRUG, SCHEIN UND SCHULDEN

MEIN LEBEN ALS INFLUENCER

Über die Autoren

Anton Rinas aka ViscaBarca wurde 1996 in Bayreuth geboren und lebt heute – nach Stationen in Köln, Barcelona, und Ulm – in München. Mit YouTube begann der talentierte Call-of-Duty-Spieler 2012 und konnte bereits sehr schnell von seinen Videos leben. Seine fröhliche und unbeschwerte Art findet bei seinen über 1,2 Mio. Abonnenten großen Anklang. Er ist begeisterter Fußball-Fan und liebt Videospiele. YouTube war für ihn die Plattform, die es ihm ermöglichte, seine Liebe zum Spiel auszudrücken und kreativ seiner Passion nachzugehen – und dafür möchte er junge Menschen begeistern.

Josip Radović, geboren 1984 in Bosnien, kam als 9-Jähriger mit seiner Familie während des Jugoslawien-Kriegs als Flüchtling nach Deutschland. Nach dem Abitur in München studierte er Publizistik und Kommunikationswissenschaft in Wien. Er war Chefreporter des GQ-Magazins und arbeitet heute als Creative and Marketing Director bei Roc Nation, der Managemant Agentur des US-Rappers JayZ. Zudem ist er Initiator und Creative Consultant von BOA, dem Lifestyle-Magazin von Jerome Boateng, und Bestseller-Autor der Biografien von Sänger Lukas Rieger »Der Rieger-Code« und dem Rapper Shindy »Der Schöne und die Beats«.

MIX
Papier aus verantwor-
tungsvollen Quellen
FSC® C106632

1. Auflage

© 2019 Community Editions GmbH
Zülpicher Platz 9
50674 Köln

Covergestaltung: BUCH & DESIGN Vanessa Weuffel
Coverabbildung: © Jan van Zonligt
Redaktion: Mirka Uhrmacher
Satz: Achim Münster, Overath
Gesetzt aus der Cosmiqua

Gesamtherstellung: Community Editions GmbH
ISBN 978-3-96096-105-5
Printed in Germany

www.community-editions.de

INHALT

KAPITEL 1

REALTALK-VIDEO

Digga! Es ist vorbei! Ich kann nicht mehr, ich bin am Arsch. Dieser ganze Wahnsinn nimmt kein Ende. Jetzt ist auch noch meine Freundin weg. Sie war die einzige Stütze in meinem Leben die letzten Monate. Sie hat diesen Film mitgemacht. Meinen ständigen Ausreden Glauben geschenkt, dem ständigen Gelaber, es würde sich was ändern. Es hat sich einfach mal gar nichts geändert, Digga. Ich bin zu schwach, es fuckt mich ab. Und jetzt habe ich auch sie verloren. Sie war das erste Mädchen in meinem Leben, das ich wirklich ernst genommen habe. Sie war nicht nur meine Freundin, sie war eigentlich alles für mich. Scheiß mal auf den ganzen Schein. Die Klicks, die Kohle, den Fame. Alles nur Show, Bruder. Ich bin heftigst am Arsch, und ich habe keinen Plan, ob ich das alles jemals wieder auf die Reihe bekomme.

Die Tür ist zu, sie ist weg. Es ist Schluss, und ich bin der einsamste Mensch der Welt. Ich kann nicht aufhören zu heulen. Kein Plan, was ich machen soll mit mir, mit meinem Leben, diesem ganzen Trümmerhaufen.

Ich bin die letzten Tage, Wochen, Monate, ja sogar Jahre auf der Flucht. Ich fliehe, so blöd das klingt, vor der Realität. Vor der Verantwortung, die ich zu tragen habe. Die ich so lange vor mir hergeschoben habe. Ich will keine Verantwortung! Läuft doch alles, Digga. Schau dir meine Videos an, seit Jahren alles cool. Mein Lifestyle ist krass, ich bin krass. Habe ich mir alles selbst aufgebaut, von meinem Kinderzimmer aus. So ungefähr kommt das jedenfalls draußen bei den Menschen an, die mich und mein Leben auf YouTube begleiten. Jetzt mal Realtalk, Freunde: Alles fake!

Ich bin am Ende. Ich muss dieses Video machen, ich muss mich stellen. Es klingt, als wäre ich ein Verbrecher ... Und ja, ich bekenne mich schuldig. Ich habe Scheiße gebaut. Jahrelang war ich dumm. Gutgläubig und naiv. Und ich habe viel damit kaputtgemacht. Immer in dem Glauben, etwas Gutes zu tun. Alles wird gut. Irgendwann ... Aber ich will nicht mehr weglaufen vor der Realität, vor der Verantwortung, vor dem wahren Leben. Ich will nicht mehr lügen, nicht mehr verschweigen, was abgeht. Das passt gar nicht zu mir. Ich bin nur ein ganz normaler Junge, der seinen Traum lebt. Bloß ist aus diesem Traum inzwischen ein Albtraum geworden.

Ich muss diesem ganzen Mist ein Ende setzen. Aber wenn ich jetzt auch noch meine Freundin verliere, bricht meine Welt endgültig zusammen. Sie ist die Einzige, die mir neben meinen Eltern überhaupt noch etwas bedeutet. Die mir die Kraft gibt, die mir selbst fehlt. Wie soll ich das denn ohne sie alles packen?

Wir sind erst letztes Jahr im August zusammengekommen. Klar, wir kannten uns schon länger, aber das hat alles etwas Zeit gebraucht. Ich habe sie in meinem tiefsten Down kennengelernt. Ich hatte keinen Bock mehr. Keinen Bock auf YouTube, keinen Bock mehr auf den ganzen Scheiß mit der Familie, keinen Bock mehr wegzurennen vor dem Finanzamt. Ich hatte den Glauben an alles verloren, was ich die Jahre vorher zelebriert hatte. Und dann kam sie, hörte sich alles an, stand zu mir und zog mich aus der Depression raus. Ich hatte plötzlich wieder Bock zu leben. Sie hat mir nie das Gefühl gegeben, ich müsste ihr gefallen oder gar was vorspielen. Sie hat mich so gemocht, wie ich bin.

Und in nicht mal einem halben Jahr Beziehung habe ich alles kaputtgemacht. Dabei ist sie das erste Mädchen, von dem ich sagen kann, dass ich sie tatsächlich über alles. Aber jetzt ist sie weg. Sie ist durch die Terrassentür raus, sie hatte es leid. Die ganzen Lügen.

»Drogen, Schulden & Schwester-Video« – so werde ich meine Offenbarung auf YouTube später nennen. Die Probleme, an denen mehr zerbrochen ist als nur die Beziehung zu meiner Freundin, haben nämlich viele Gesichter.

Jetzt liege ich im Bett und heule. Kein Plan, wie es weitergehen soll. Ich rufe Marcel an, ich muss ihm sagen, was ich vorhabe. Er ist seit Jahren mein bester Freund, er weiß auch Bescheid über die Show, die ich die ganze Zeit abgezogen habe.

»Digga! Sie ist weg. Sie hat Schluss gemacht. Es ist vorbei!«

»Dein Ernst, Digga? Was ist passiert?«

»Nichts, Bruder. Alles für 'n Arsch. Ich habe ihr die ganze Zeit versprochen, ein Video zu machen, in dem ich mich den Problemen stelle, von all den Lügen erzähle und den Menschen sage, was wirklich abgeht, aber …«

»Bro, das hast du mir auch schon paarmal gesagt. Also lass machen!«

Marcel und ich hatten in letzter Zeit tatsächlich schon mehrmals über das Video gesprochen. *Das* Video, in dem ich praktisch blankgezogen habe vor meinen Zuschauern auf YouTube. *Das* Video, über das plötzlich in den Medien berichtet wurde, weil es so was vorher noch nicht gegeben hatte. *Das* Video, das mein Leben verändern sollte. Dass ich dafür extra zu ihm nach Berlin fahren würde, war ursprünglich gar nicht geplant gewesen. Er sollte an seinem Laptop zu Hause hocken und ich an meinem in München. Auf entspannt quatschen, alles mal rauslassen, was sich angestaut hat. Das zumindest war der Plan. Auf entspannt quatschen ... Was für ein Joke!

Es ist die Nacht von Freitag auf Samstag. Meine Freundin hat mich verlassen, ich liege heulend im Bett, und bald werde ich mich entschließen, nach Berlin zu fahren. Raus hier, direkt zu Marcel. Und das Realtalk-Video raushauen. Ich habe nichts mehr zu verlieren und keine Ausreden mehr, warum ich noch länger warten soll. Immer hat mich irgendwas davon abgehalten, ich kann nicht genau erklären, was es war. Wahrscheinlich war ich es einfach selbst. Insgeheim hoffte ich, dass alles gut wird, der interne Familienkrieg mit meiner Schwester, die Schulden, die Scheinwelt ... Eines Tages würde ich bestimmt aufwachen, und alles wäre nur ein schlimmer Traum.

Auf der einen Seite wollte ich nichts mehr, als die Maske abziehen, sagen, was wirklich abgeht, und den ganzen Druck von meinen Schultern loswerden. Aber auf der anderen Seite wollte ich mich nicht als Opfer darstellen oder sogar als Lügner oder Betrüger dastehen. Warum ich dieses Video also nicht längst gedreht hatte, dieses Video, das ich meiner Freundin versprochen habe und mir und meinen Zuschauern schuldig war? Weil ich Schiss hatte. Vor den Reaktionen. Davor, was passiert, wenn es erst draußen ist. Denn dass man ein einmal veröffentlichtes Video nicht mehr aus dem Netz kriegt, das weiß ich spätestens, seit ich meine Schwester in knappen Klamotten auf ein Thumbnail gepackt habe.

Immer wenn ich an dieses Enthüllungsvideo dachte, schwirrten mir tausend Gedanken durch den Kopf. Ich hatte Angst, alles zu verlieren, was ich mir über die Jahre aufgebaut hatte. Mit einem Video – alles weg. So ein Seelen-Striptease, der auch Mitglieder der eigenen Familie bloßstellt, das ist kein Spaß. Dass ich immer zu meiner Familie gehalten habe, hat mich ja überhaupt erst in diese Situation gebracht! Egal, wie dumm manche Entscheidungen von mir waren, die Familie stand immer an erster Stelle. Klar, so blind vor Vertrauen und naiv zu sein wie ich, dafür gibt es im Nachhinein keine Entschuldigung, aber wer will sich denn selbst als Opfer darstellen? Ich nicht.

Irgendwas *muss* ich aber machen. Nach Berlin fahren, zu Hause bleiben, meine Freundin suchen? Ich will mit jemandem reden, weil ich nicht mehr klar denken kann. Ich rufe also einen Kumpel an und erzähle auch ihm die Kurzversion. Eine halbe Stunde später bin ich auf dem Weg zu ihm. Er hat mich mit einem ganz miesen Trick aus dem Bett gelockt: »Nicht mal ein halbes Gramm Gras, aber für den kleinsten Joint der Welt wird es reichen.«

Ich habe seit Monaten nicht mehr gekifft. Seit ich mit meiner Freundin zusammengekommen bin, habe ich die Finger davon gelassen. Nur zwei oder drei Züge, und der Joint wird mich wegbeamen. Gerade kann ich mir nichts Besseres vorstellen, als stoned zu sein.

An der Tanke decke ich mich mit dem Nötigsten ein. Croissants, Tiefkühlpizza, Ben & Jerry's, das komplette Ekelpaket für Fressflashs, wenn man dicht ist. Ich will mich einfach nur beruhigen und endlich pennen.

Bei meinem Kumpel angekommen, packe ich den ganzen Schund aus, wir rauchen und essen. Wie erwartet, flasht es mich total weg. Ich erzähle ihm noch mal knapp, was mit meiner Freundin abgegangen ist, aber nicht mehr so ausführlich wie Marcel. Einfach keine Lust, vor ihm so emotional zu werden und auf blöd auch noch rumzuheulen. Stattdessen gucken wir uns »Best of Messi«-Videos an. Ich kenne die zwar alle auswendig, aber sie sind trotzdem das beste Mittel, um mich abzulenken und nicht an meine Freundin zu denken.

Irgendwann lege ich mich hin. Mein Kopf kommt nicht zur Ruhe. Ich muss nach Berlin, zu Marcel, dieses verdammte Video aufnehmen. Mein Bro und ich müssen zusammen dieses Video machen. Wir haben diesen ganzen YouTube-Film gemeinsam angefangen, Marcel war von Anfang an am Start. Ich muss das mit ihm zusammen durchziehen.

Gegen Mittag wache ich komplett verstrahlt auf. Ich habe das Gefühl, als hätte ich drei Tage gepennt. Ab jetzt funktioniere ich nur noch. Autopilot. Ab nach Hause, duschen, Sachen packen, ab nach Berlin zu Marcel. Und endlich dieses verdammte Video machen und hochladen. Es gibt kein Zurück mehr. Ich bin so abgefuckt und wütend auf mich. Ich kann mich selbst nicht mehr ertragen. Wie konnte ich es nur so weit kommen lassen?

Ich packe ein paar Sachen zusammen, laufe mit der Tasche die Treppen in meiner Wohnung runter und – bretter mich übelst hin. Wie in einem schlechten Joke falle ich auf den Hintern und slide mit dem Arsch Stufe für Stufe runter. Ich komme gar nicht mehr klar vor Schmerzen, mein Steißbein tut mies weh, und ich bleibe eine Viertelstunde lang einfach am Boden liegen. Aber es hilft alles nichts. Nicht noch eine scheiß Ausrede, warum ich das jetzt nicht durchziehe. Ich muss los.

Die sechs Stunden im Auto kommen mir vor wie eine Stunde. Ich pumpe Musik und spiele die letzten Jahre im Kopf noch einmal ab. All die Dinge, die passiert sind. Die guten und die schlechten. Aber ich bin an dem Punkt angekommen, wo ein paar wenige schlechte Dinge und Entscheidungen die vielen geilen Erlebnisse und Erfahrungen als Geisel genommen haben. Ich bin an dem Punkt angekommen, an dem ich mich über nichts mehr freuen kann, weil ich weiß, dass mich die wenigen, aber schwerwiegenden Dinge irgendwann mit aller Härte einholen werden.

Was kann ich im Video, meinem Offenbarungseid, tatsächlich offenlegen? Wie weit kann ich gehen? Wie viel muss raus? Diese Fragen beschäftigen mich immer und immer wieder während der Fahrt. Und ich komme immer wieder zu demselben Schluss: *Alles muss raus!* Keine Show mehr. Es reicht!

Nur, wie soll ich das verpacken? Alles aus den letzten Jahren in 10 bis 15 Minuten zusammenfassen? Seit 2015 spiele ich nach außen den Coolen, obwohl mir die Probleme schon damals bis zum Hals standen. Die ersten Konto-Pfändungen, irgendwann flogen wir aus der Villa, weil ich die Miete nicht zahlen konnte, noch mehr Pfändungen, Strafzahlungen ...

Ich wollte doch nur meiner Schwester was Gutes tun! Aber ich bin auf sie und ihren Mann reingefallen und stecke jetzt in diesem Teufelskreis fest. Stand heute habe ich gut 200.000 Euro Schulden. Fuck.

Je näher ich Berlin komme, desto entschlossener werde ich. Das Video ist der letzte Ausweg, um mich und mein Leben noch auf die richtige Bahn zu bringen. Die Trennung war der Auslöser, der letzte Alarm, um zu erkennen, dass ich mit mir selbst ins Reine kommen muss. Der berühmte Tropfen, der das Fass einfach zum Überlaufen bringt.

Ich denke darüber nach, wie es war, der Anton von früher zu sein, der Anton als Teenager. Unbekümmert, lebenslustig, motiviert. Der in allem etwas Positives sieht und Bock auf das Leben hat. Diesen Jungen gibt es nicht mehr. Die Lebensfreude ist verschwunden. Alle Ambitionen und Träume sind weg. Als Jugendlicher habe ich mir ausgemalt, wie es sein könnte mit 30 Jahren. Meine Familie, mein Haus, mein Auto, mein Boot. Das alles wollte ich mir erarbeiten und ein schönes Leben führen.

Nie war ich weiter davon entfernt als jetzt im Auto auf dem Weg nach Berlin.

Aber wie soll ich das alles in 15 Minuten packen? Den ganzen Wahnsinn in so kurzer Zeit den Leuten beibringen, die mir folgen, meine Videos gucken, mein Leben finanzieren und mich als Person feiern, weil ich bin, wie ich bin. Schlechter Scherz! Die werden alle angepisst sein. Wäre ich als Zuschauer auch. Ich habe die Kommis schon vor Augen: »Anton, du Opfer/Lügner/Heuchler ...«

Ich fahre weiter und fange einfach an zu erzählen, was mir auf der Seele brennt. Dabei stoppe ich die Zeit, um ein Gefühl dafür zu kriegen. Schnell merke ich, dass ich viel länger brauchen werde, um auch nur das Wichtigste zu offenbaren. Über die Konsequenzen will ich lieber gar nicht weiter nachdenken. Aber eins ist klar: Das Video wird mich ficken. Dass es solche Wellen schlagen würde, hätte ich aber nie erwartet.

Je länger die Fahrt dauert, desto mehr reflektiere ich, in was für einem Teufelskreis ich seit Jahren bin. Verdrängung macht krasse Sachen mit einem. Nach meinem jetzigen Kenntnisstand wurden meine Familie und ich einfach nur verarscht. Mein Schwager hat uns hinters Licht geführt. Er hat meine Schwester manipuliert und so auch mich gekriegt. Ich war wie ein Gefangener dieses Horrors, eine Geisel seines falschen Spiels, das mich in den finanziellen Ruin getrieben hat. Wie konnte ich nur so dumm sein? Wieso habe ich das alles nicht gecheckt?

Ich habe die letzten Jahre nur funktioniert, ohne richtig nachzudenken. Weil ich es nicht wahrhaben wollte. Ich wollte nicht der Idiot sein, dem das alles passiert. Ich wollte, dass es den Menschen, die ich liebe, besser geht. Ich war jung und konnte plötzlich einen so megawichtigen Beitrag leisten ... Das hat mich leichtsinnig gemacht. Alles aus Liebe zu meiner Schwester. Ich wollte sie und ihre Familie nie hängen lassen. Ich wollte ihnen ein schönes Leben bieten. Ich wollte sie teilhaben lassen. Aber sie haben mich ruiniert. Ich steh vor dem Nichts.

Am frühen Abend komme ich bei Marcel an. Er hat eine fette Penthouse-Wohnung in Berlin, wo er mit seiner Freundin und seinem Hund lebt. Bei Marcel ist alles geregelt. Zwei junge und zufriedene Menschen, erfolgreiche YouTuber, finanziell safe, ein glückliches Paar. Alles Dinge, von denen ich Welten entfernt bin.

Ich hätte auch so ein unbeschwertes Leben haben können, hätte ich mein Hirn mal häufiger benutzt und nicht nur mit dem Herzen entschieden.

Ich erzähle Marcel und seiner Freundin noch mal das Wichtigste im Schnelldurchlauf. Den Rest wissen sie schon von einem Abend auf der Gamescom 2018, als ich ihnen alles gebeichtet habe. Dass ich nicht nur pleite bin, sondern verschuldet. Hoch verschuldet. Dass ein beschissener Betrüger mich ausgenommen hat bis aufs Letzte. Dass ich allen was vorgemacht habe. Marcel hat nur ungläubig den Kopf geschüttelt. Kein Nachbohren, kein Finger-in-die-Wunde-Legen, kein Belehren. Er hat einfach nur zugehört.

Ein halbes Jahr ist das jetzt her. Ein halbes Jahr, in dem ich versucht habe, so zu tun, als wäre alles normal. In dem ich versucht habe zu überspielen, wie gebrochen ich bin, wie fake meine Fassade ist. In ein paar Stunden wird es jeder wissen, der auf mein Video klickt. Bislang ist das über drei Millionen Mal passiert. Holy Shit.

»Komm, Anton! Bringen wir es hinter uns, Bro. Die Welt soll wissen, was bei dir abgeht.«

»Safe, Bruder. Es gibt kein Zurück mehr. Es gibt nur diesen einen Weg, lass machen.«

Ich habe den ganzen Tag noch nichts gegessen, verspüre aber auch keinen Hunger. Ich will einfach nur vor Marcels Cam und loslegen. Wir überlegen kurz, uns Stichpunkte zu machen, um etwas geordneter zu sein und nichts zu vergessen, aber das verwerfen wir sofort, als wir in Marcels Aufnahmezimmer sitzen. Wir einigen uns darauf, nichts vorzubereiten oder zu planen.

Für Marcel ist diese ganze Sache ein echtes Risiko. Darüber haben wir allerdings erst im Nachhinein mal gesprochen, als das Video längst öffentlich war. Wir hatten ja keine Ahnung, wie die Menschen das Video aufnehmen würden. Wenn es in die Hose gegangen wäre und ich einen heftigen Shitstorm ausgelöst hätte, hätte er ja auch einiges abgekriegt, obwohl er nichts damit zu tun hatte und nur helfen wollte.

Für mich steht in diesem Moment aber auch vieles, wenn nicht sogar alles auf dem Spiel. Ich weiß: Wenn ich jetzt verkacke und die Menschen mir nicht glauben – was ja auch irgendwie verständlich wäre –, dann höre ich auf mit YouTube, dann hat das alles keinen Sinn mehr.

Jetzt aber geht es nur darum, real zu sein. Es muss passieren, denn ich habe schon seit Monaten kein Video mehr aufgenommen, das für mich persönlich von großer Bedeutung gewesen wäre. Ich hatte nur noch krampfhaft versucht, so zu tun, als wäre alles in Ordnung. Entsprechend sind die Views zurückgegangen. Die Leute merken so was einfach, auch wenn es ihnen vielleicht nicht bewusst ist.

Umso wichtiger, dass die Menschen das neue Video klicken und es positiv aufnehmen. Dieses Video bedeutet mir alles. Es soll Balsam für meine Seele werden. Offenbarung und Befreiungsschlag zugleich, der Schritt ins gute Leben zurück. Es darf nicht schiefgehen.

»Lass einfach draufloslabern, Anton. Vergiss einfach, dass du aufgenommen wirst. Du hast lange genug was vorgespielt, damit ist es jetzt vorbei, Digga. Du legst einfach los, und ich stelle dir immer wieder eine Frage, wenn was unklar ist, so wie vorhin im Wohnzimmer.«

Marcel gibt mir eine gewisse Sicherheit, obwohl er selbst extrem aufgeregt ist. Ihm wird wohl auch bewusst, dass das hier mein ganzes Leben verändern kann. In die positive, aber auch in die negative Richtung.

Er sagt, ich sei intelligent, sprachbegabt und eben nicht nur einer von hundert Zockern. Ich soll mir alles von der Seele reden.

Die Aufnahme fühlt sich wirklich so an, als würde ich nur ihm die ganze Story erzählen: Die Offenbarung des Anton R. aka Realtalk des ViscaBarca. Ein kompletter Seelen-Striptease. Ich habe vorher alles tausendmal im Kopf durchgespielt, dann geht es los:

»Drogen, Schulden & Schwester-Video – Warum mein Leben die Hölle ist.«

KAPITEL 2

AUS LIEBE ZUM SPIEL

Um zu verstehen, wieso ich im Februar 2019 ein Video über meine Vergangenheit drehen musste, gehen wir ganz viele Jahre zurück.

Ich konnte kaum richtig laufen, da hatte ich schon einen Controller in der Hand. Und ich war noch nicht mal in der Schule, da saß ich das erste Mal vor dem Fernseher und habe gezockt. Super Mario, Digga, bestes Spiel ever! Wir hatten zuerst eine Super-Nintendo-Konsole in der Wohnung. Die hatte meine Schwester zum Geburtstag bekommen. Ich war eigentlich noch viel zu jung, aber ich spielte trotzdem mehr damit als sie. Was immer noch nicht oft war, weil meine Eltern es mir nur selten erlaubten.

Seit meiner Kindheit habe ich das Zocken zwar heftig gefeiert, das übliche Zocker-Klischee aber nicht wirklich erfüllt. Ich saß nicht stundenlang vor dem Fernseher, um Spiele durchzuballern, bis mir die Augen zufielen. Das hätte ich natürlich gern gemacht, aber keine Chance, meine Eltern waren übertrieben streng. Mehr als ein bis zwei Stunden täglich war nicht drin, danach musste ich das Ding ausmachen, egal, wie sehr ich gebettelt habe.

Nach der Super-Nintendo-Konsole folgten viele weitere. Ich wünschte mir immer den neuesten Hype, sodass sich mit der Zeit alles Mögliche angesammelt hat. Die Sega Dreamcast und die PlayStation – da hab ich Crash Bandicoot, dieses Spiel mit dem Fuchs, geliebt. Und natürlich GTA: San Andreas, da war ich auch krass drin.

Aber egal was ich gespielt habe, ich musste es immer gut be-
herrschen, sonst wurde ich schnell wütend. Mein Ehrgeiz hat
mich zerfressen. Ich habe nie einfach nur aus Spaß und Zeitver-
treib gespielt, ich wollte gewinnen und gut sein. Das ging schon als
Kind bei Super Mario World los. Wenn ich Bowser, den Bossgegner
im Endlevel, nicht gleich geschafft habe, bin ich direkt durchgedreht. Ich war immer schon sehr verbissen.

Wenn ich zurückdenke, war ich als Kind genauso, wie ich es
heute bin. Aber wäre ich nicht so extrem ehrgeizig gewesen, hätte
ich nicht versucht, der Krasseste zu sein, dann gäbe es heute zwar
Anton, aber ganz sicher keinen ViscaBarca.

Dass ich mal im Internet bekannt sein würde, weil ich besonders gut Spiele zocken kann, das hätten sich Mama und Papa in
ihren schlimmsten Albträumen nicht ausgemalt. Die beiden sind
sehr konservativ, weshalb es das Allerwichtigste war, anständig zu
sein, in der Schule sehr gut zu performen und bestenfalls auch in
der Freizeit viel zu lernen.

Mein Papa ist ein ganz spezieller Kandidat. Er wollte mir als
Kind nicht mal erlauben, in den Fußballverein einzutreten. Er war
bei allem sehr kritisch, aber besonders beim Fußball. Man sollte
denken, Eltern feiern es, wenn der eigene Sohn Bock auf einen
Mannschaftssport hat und zusammen mit anderen Kids regelmäßig an der frischen Luft einem Ball hinterherrennt. Aber nicht so
mein Papa. Er hat es null eingesehen, warum man so viel Geld für
Fußballschuhe und das ganze Fußballoutfit ausgeben sollte. Auch
der Zeitaufwand am Wochenende – das Kind zu Spielen fahren,
dort herumhängen und zugucken – war ihm viel zu viel, obwohl es
nur um den nahen Umkreis meiner Heimatstadt Bayreuth ging.

Ich war darüber heftigst traurig, verstand einfach nicht, warum mein Papa mich nicht im Fußballverein anmelden wollte, ob-

wohl die Gebühr nur 30 Euro im Jahr betrug. Papa ist eben ein Typ, der es im Alltag sehr schlicht und geregelt mag. Wenn er von der Arbeit nach Hause kam, wollte er seinen Tee trinken und Zeit mit der Familie verbringen. Das war ihm heilig. Er hatte keine Lust, durch die Gegend zu fahren, nur damit ich irgendwo kicken konnte.

Aber irgendwann hat mein ständiges Betteln doch Gehör gefunden, und er meldete mich bei Sportring Bayreuth an. Ich muss da zehn oder elf gewesen sein und ging schon aufs Gymnasium. Mit der Anmeldung tat Papa sich letztlich einen größeren Gefallen als mir. Ab da musste er nämlich nicht mehr mit mir raus zum Bolzer oder in den Park, um mit mir zu kicken. Es reichte, mich ab und zu zum Training oder zu Spielen zu fahren. Und ich musste nun nicht mehr bitten: »Komm, Papa, lass mal kicken gehen«, und ihn an den Füßen aus der Wohnung ziehen. Typische Win-win-Situation also.

Ich habe es sofort geliebt, im Verein zu spielen. Ich war Stürmer, spielte mal Links-, mal Rechtsaußen, und war beliebt bei den anderen Jungs. Unsere Mannschaft war richtig stark und hat viele Spiele gewonnen. Was kann es Geileres geben, als mit einem coolen Team zu zocken!

Ich habe krass aufgespielt, und so kam es nach etwa zwei Jahren, dass sogar der große Verein, die Spielvereinigung Bayreuth, auf mich aufmerksam wurde. Deren Jugendmannschaft war in der Bezirksoberliga, das war so ziemlich die stärkste Liga, in der ich im Umkreis hätte spielen können.

Für mich war es eine große Ehre, dass die mich in ihrem Team haben wollten, und natürlich sah ich es als Chance an, mich weiterzuentwickeln, mit krasseren Kickern zusammenzuspielen und gegen bessere Gegner anzutreten. Welcher Junge träumt nicht davon, es zum Profi zu schaffen? Und das hier war der erste Step. Dachte ich zumindest.

Der neue Coach hat mich einfach zerlegt, Digga. Anfangs war er noch ganz korrekt, ab und zu ein bisschen cholerisch, aber eigentlich auszuhalten. Er hat sich eben reingesteigert, im Training und im Spiel sowieso. Er war extrem verbissen, musste unbedingt gewinnen. Ich dachte mir nicht viel dabei, bin ja ein ähnlicher Typ. Zwar nie laut, aber schon extrem ehrgeizig und immer aufs Gewinnen aus.

Von Woche zu Woche wurde es jedoch schlimmer. Anfangs war ich selbstsicher, habe gut performt und regelmäßig Tore gemacht. Ich hatte einen Stammplatz und fühlte mich richtig gut. Aber dann machte ich ein, zwei schlechte Spiele, war unauffällig, leistete mir einige Fehler, und schon ging es los. Immer öfter schrie er mich an, machte mich vor der Mannschaft runter.

»Rinas! Was ist eigentlich los mit dir!«

»Totalausfall!«

»Schlechtester Mann auf dem Platz!«

»Was machst du überhaupt hier?«

»Für nichts zu gebrauchen!«

Das waren nur ein paar seiner Ausbrüche, die er mir in jedem Spiel entgegenbrüllte, um mich vor der Mannschaft bloßzustellen. Dabei kam er in den Besprechungen immer ganz nah zu mir und schrie dann wie ein Verrückter. Es hat nicht lange gedauert, bis ich komplett gefickt war. Wenn ich den Ball bekam, hatte ich Angst, Fehler zu machen, aus Schiss vor seinem nächsten Ausbruch. Das war Gift für mein Spiel. Ich war nicht mehr frei im Kopf, hatte keinen Spaß und konnte nicht frei aufspielen. Es war wie Treibsand, der mich nach unten zog. Meine Leistungen wurden immer schlechter, und ich wurde ständig ausgewechselt.

Ich bin eher feinfühlig, sensibel, gar nicht so der Harte, den nichts treffen kann. Damals habe ich sehr oft mit den Tränen gekämpft, wenn er mich wieder mal attackierte. Er schrie zwar auch andere an, aber ich wurde das Gefühl nicht los, dass er mich als Opfer ausgesucht hatte.

Natürlich versuchte ich, mir nichts anmerken zu lassen, auch um vor den anderen keine Schwäche zu zeigen, aber das gelang mir nicht wirklich gut. Und man merkte meinem Spiel komplett an, wie angespannt ich war, wie viel Schiss ich hatte zu versagen.

Schließlich kamen auch noch körperliche Defizite hinzu. Ich bekam immer häufiger Krämpfe beim Training und im Spiel. Einfach so. Obwohl das zuvor so gut wie nie passiert war. Ich traute mich aber nicht, den Trainer um eine Pause zu bitten, wenn ich einen Krampf hatte, sodass meine Leistung noch mieser war.

»Anton! Was war denn da draußen schon wieder los?«

»Nichts, wieso?«

»Du hast dich null bewegt. Mit dir im Team spielt man mit einem Mann weniger!«

Ich wollte nicht sagen, dass ich Krämpfe hatte. Dann hätte er mich vor der Mannschaft bloß als Pussy dargestellt, die nach Ausreden sucht und nichts draufhat. Das musste ich mir nicht geben. Stattdessen habe ich alles wieder und wieder über mich ergehen lassen.

Irgendwann war mir der Spaß am Fußball vergangen. Dieser Trainer war wie ein Virus, der mich befallen, der meinem Geist die Liebe zum Spiel genommen und meinen Körper geschwächt hat. Ich konnte nicht mehr und verließ den Verein.

Weil ich einfach wieder Spaß haben wollte, ging ich zu meinem alten Team zurück. Hier war die Atmosphäre komplett anders, sodass auch mein Selbstvertrauen sofort wieder da war. Hier fühlte ich mich wohl, wurde von den Jungs zum Kapitän gewählt, übernahm Verantwortung und brachte meine Leistung. Das Klima im Team war top, sehr familiär und respektvoll. Und wenn wir mal eine deftige Klatsche kassiert haben, ging es trotzdem weiter. Niemand schrie rum wie ein Geisteskranker, niemand wurde zum Sündenbock gemacht.

Wenn ich nicht mit den Jungs auf dem Fußballplatz stand oder in der Schule saß, zockte ich auf der Konsole. Diese Leidenschaft war ein Teil von mir geworden, zumal meine Eltern die Zügel inzwischen etwas lockerer gelassen hatten. Ich hatte sogar einen Fernseher im Zimmer, sodass sie auch nicht mehr ganz so strikt kontrollieren konnten, wie viel ich spielte.

Mit 13 suchtete ich vor allem FIFA und PES auf der PlayStation 3. Damals kaufte ich mir auch mein erstes Ego-Shooter-Spiel: FarCry. Das war allerdings wie immer mit riesigem Theater verbunden, und wie immer spielte mein Vater die Hauptrolle. Als Kopf der Familie traf er nämlich so gut wie alle Kaufentscheidungen. Man musste also zu ihm gehen und mit ihm aushandeln, ob dies oder jenes denn gerade wirklich notwendig sei.

Damit kein falscher Eindruck entsteht: Mein Papa ist der beste. Ich liebe ihn von ganzem Herzen. Als junger Mann ist er aus Kasachstan nach Deutschland gekommen und hat sich hier ein gutes Leben erarbeitet. Sich und uns, also Mama, meiner Schwester und mir. Aber er wollte immer ganz genau wissen, was mit der Kohle passierte, die er verdient hat. Und das betraf nicht nur mich. Wenn Mama sich random ein neues Parfüm gegönnt hat, fragte er direkt nach, warum und wieso und ob das denn wirklich sein müsse und man könne mit dem Geld ja safe was Besseres anfangen. Wegen solcher Kleinigkeiten gab es immer wieder Stress bei uns zu Hause.

Keine große Überraschung also, dass ich mit meinen 13 Jahren ebenfalls unter ganz genauer Beobachtung stand. Für ein neues Spiel musste ich tagelang, manchmal sogar über Wochen betteln und ihn überreden. Ich versprach, mich gut zu benehmen, zu lernen, sehr gut in der Schule zu sein, den üblichen Scheiß eben. Das Problem dabei: Ich benahm mich schon gut und war sehr gut in der Schule, also hatte ich nicht viel Neues anzubieten.

Schule war meinem Vater immer das Wichtigste, aber das war okay für mich. So richtig gelernt habe ich eigentlich selten, ich habe im Unterricht einfach aufgepasst, das hat mir gereicht, um Einser und Zweier zu schreiben. Ebenso wenig war ich einer, der sich zu Hause eingesperrt hat, um auf der Konsole zu zocken ohne Ende. Ich kam nach Hause, habe erst mal zwei oder drei Stunden gezockt, Need for Speed oder FIFA zum Beispiel. Aber dann war ich draußen beim Fußball, entweder am Bolzer oder eben beim Training. Ich glaube, das war der springende Punkt, warum manches Anflehen bei meinem Vater Gehör fand und er sich auch im Falle von FarCry doch noch überreden ließ. Ich war ein braves Kind mit ganz normalen Hobbys und schlug nie über die Stränge. Wäre ich einer gewesen, der tagelang nicht aus seinem Zimmer kam und nur noch auf der Konsole spielte, dann wäre mein Vater safe eingeschritten und hätte mir das Ding weggenommen. Aber so weit kam es nie. Ich machte ja meine Schule, brachte gute Noten nach Hause, ging mit Kumpels ins Kino, spielte Fußball. Ich eckte nicht an, und so kauften mir meine Eltern auch mal ein Spiel, obwohl es natürlich nicht unbedingt nötig gewesen wäre. Nichts von dem, was ich tat, ging auch nur ansatzweise ins Extreme, deshalb waren meine Eltern, besonders mein Vater, nicht in Sorge, ich könnte abdriften, wenn ich mal ein Ego-Shooter-Spiel zockte. Ich sage es mal so: Sie hatten mich im Auge, aber sie drückten es auch mal zu für mich.

Irgendwann lernte ich einen Typen aus der Parallelklasse kennen. Er war ebenfalls in der Fußball-AG, und wir freundeten uns an. Er nahm mich auch in seine PlayStation-Freundesliste auf, eine Art Online-Netzwerk innerhalb des PS-Kosmos, das es ermöglichte, online mit- oder gegeneinander zu zocken. Natürlich bekam er mit, dass ich FarCry spielte und meinte eines Tages:

»Anton, Alter! Lass doch dieses FarCry mal sein, das juckt einfach niemanden!«

»Nein, Digga. Bestes Spiel!«

»Niemals! Du musst CoD spielen, das ist heftig!«

»CoD?«

»Call of Duty, Alter! Modern Warfare 2. Das Spiel ist übertrieben heftig. Jeder hypt das gerade. Probier das mal.«

Ich hatte das Spiel damals überhaupt nicht auf dem Schirm. FarCry dagegen hatte ich überall im Schaufenster gesehen, und mir gefiel sehr, wie es im Spiel abging. Im Single-Player-Modus fuhr man in der Wüste herum und musste bestimmte Missionen erfüllen, Gegner zur Strecke bringen, sich nicht erwischen lassen, ein typisches Ballerspiel eben. Aber da mein Kollege immer wieder davon laberte, wie krass CoD war und wie gut er darin sei, war ich angefixt. Wenn er es so krass feiert, dann muss ich das auch mal durchziehen, dachte ich.

Aber da gab es diese mächtige Hürde zwischen einem neuen Spiel und mir: meinen Papa. Wie sollte ich ihn bloß davon überzeugen, dass ich schon wieder ein neues Spiel brauchte? Ich hatte ja vor Kurzem erst FarCry bekommen.

Diesmal ließ er sich gar nicht auf eine Diskussion ein.

»Nein! Die nächsten Monate gibt es erst mal kein Spiel mehr. Es reicht, Anton!«

»Aber die anderen ...«

»Die anderen interessieren mich überhaupt nicht. Schau lieber, dass du gute Noten bekommst und deine Schule richtig machst.«

»Ich habe nur gute Noten ...«

»Anton! Es reicht jetzt. Basta!«

Ich musste mir also was einfallen lassen.

Mein Papa ist Programmierer und liebt es, sich mit Elektronik und Technik zu beschäftigen. Darum ging er auch gerne in Elektrofachhäuser und guckte sich das neue Zeug an. Gucken ja, kaufen nein, das war seine Devise. Um ihn ganz unauffällig in die Games-Abteilung locken und dort wegen CoD anbetteln zu können, fragte ich ihn daher eines Tages, ob er nicht Lust hätte, mit mir zu Media Markt zu gehen. Kaum im Markt angekommen, verschwand er wie üblich in der TV-Ecke, wo er sich die riesigen LED-Fernseher anschaute, und ich verzog mich in die Abteilung mit den Konsolen. Irgendwann suchte er mich und wusste selbstverständlich, wo er mich finden würde.

»War ja wieder klar, wo du dich rumtreibst. Komm, wir gehen.«

»Papa, guck mal, ich brauche ...«

»Nein. Du brauchst nichts, Anton. Du hast alles.«

»Call of Duty, Papa, das spielt jetzt jeder, bitte!«

»Du bist nicht jeder, Anton. Du hast erst ein neues Spiel bekommen. 60 Euro hat das gekostet, es reicht jetzt.«

»Ich muss aber ...«

»Du musst gar nichts. Du bist nicht einmal 14 Jahre alt, das Spiel ist ab 18 Jahren freigegeben.«

»Das sagt doch gar nichts aus über ...«

»Wir gehen, los jetzt!«

Ich ließ nicht locker und quatschte ihn weiter voll. Ich würde noch mehr für die Schule tun, noch bessere Noten kriegen, diese ganze Show. Auf dem Weg zum Ausgang schien er völlig unbeeindruckt, kannte dieses Spielchen ja auch schon lange genug. Ich zog ihn an der Jacke, flehte ihn an – und plötzlich ließ er sich erweichen. Keine Ahnung, woher das kam, aber er kaufte mir das Spiel tatsächlich.

So fing es an. Ich hatte das Spiel, das mein Leben verändern sollte. Es ging alles sehr schnell. Im CoD-Netzwerk lernte ich Leute kennen, die schon sehr weit waren und das Spiel richtig draufhatten. Aber da ich nicht ganz unbegabt war und mit FarCry bereits ein ähnliches Spiel gespielt hatte, fiel es mir sehr leicht, mich auf das neue Spiel einzustellen.

Bei CoD geht es, ganz vereinfacht gesagt, darum, möglichst schnell eine möglichst große Anzahl an Gegnern aus dem Weg zu räumen und dabei selbst so selten wie möglich zu sterben. Ich war kein kompletter Idiot, meine anfängliche Quote war 1:1. Ich brachte also 20 Gegner um und starb bis dahin 20-mal. Für einen Anfänger ist das schon recht gut, die meisten killen anfangs fünf Gegner, werden dabei aber 20-mal gekillt. Ich hatte also durchaus ein bisschen Talent. Und natürlich wurde ich auch durch die Leute, die ich im Netzwerk kennenlernte und die viel besser waren als ich, selbst mit der Zeit immer besser. Ich schaute zu, wie sie spielen, guckte mir ihre Plays ab, suchte aber auch auf YouTube gezielt nach Tipps. Ganz simpel: »Call of Duty Tipps Deutsch«.

Dort fand ich zwei spezielle Jungs, die ich mir zum Vorbild nahm: xTheSolution und Tezzko. Die beiden haben ihre Gameplays aufgenommen und online zur Verfügung gestellt, ich konnte also genau beobachten, wie sie vorgingen. Ich studierte ihre Laufwege und Taktiken. Wo laufen sie hin? Worauf achten sie? Wie verhalten sie sich in bestimmten Situationen?

Es ist im Grunde ganz einfach: Man muss andere auschecken, die krass sind. Genau wie im Fußball. Welche Schusshaltung hat Messi? Wie bewegt er sich? Zieht er eher nach außen oder in die Mitte? Welche Dribblings wendet er im Eins-gegen-Eins an? Das versucht man dann ähnlich umzusetzen und steigert sich rein, bis man es eben kann.

So lief das ein paar Jahre. Ich hatte großen Spaß am Zocken, habe es aber nie übertrieben. Ich habe mich nie tagelang im Zimmer eingeschlossen, um vor dem Fernseher zu hocken. Dazu war es mir viel zu wichtig rauszugehen. Ich mochte sportliche Herausforderungen jeder Art. Tennis, Schwimmen, Leichtathletik, ich habe sogar eine ganze Zeit lang gekegelt. Die Kegelbahn war nur hundert Meter Luftlinie von unserer Wohnung entfernt. Das war praktisch. Außerdem war ich verdammt gut im Kegeln, sogar einer der besten meiner Altersklasse.

Aber irgendwann wurden es zu viele Verpflichtungen. Neben der Schule beanspruchte mich das Zocken ja auch immer mehr. Ich musste Prioritäten setzen, und die oberste Priorität hatte für mich immer der Fußball. Ich habe nie ein Training fürs Zocken sausen lassen. Als ich jedoch einen Muskelfaserriss bekam, der mich einige Zeit außer Gefecht setzte, spielte ich gezwungenermaßen nur noch CoD und wurde immer besser. Zwei Monate lang hing ich nur noch an der Konsole.

Sobald meine Verletzung auskuriert war, ging ich zwar wieder zum Training, kam aber nicht mehr wirklich in den Flow. Immer wieder wurde ich von Kleinigkeiten zurückgeworfen. Mal zwickte die Leiste, dann der Oberschenkel, dann das Knie. Irgendwas passte einfach nicht, also ging ich zum Arzt.

Anfangs schien noch alles cool, der Orthopäde verordnete mir Einlagen, weil ich eine Sehnenverkürzung hatte. Aber die Leistenschmerzen blieben, es wurde nicht wirklich besser, und so schickte man mich zu einem Spezialisten. Die Schockdiagnose: »Verdacht auf Bandscheibenvorfall«.

Diese drei Worte hallen immer noch in meinen Ohren. Bandscheibenvorfall! Mit 15! Ciao, Fußball! Das ging mir ununterbrochen durch den Kopf. Es stellte sich zwar heraus, dass es kein typischer Bandscheibenvorfall war, sondern eine schwere Entzündung der untersten Bandscheibe, aber durch das Zocken vorm Fernseher, dieses stundenlange Liegen auf dem Bauch mit angehobenem Kopf, hatte ich mir einen Haltungsschaden eingehandelt. Ich musste unzählige Male zum Kernspin und immer wieder zu Untersuchungen, was mich extrem abgefuckt hat.

Mindestens acht Monate lang kein Fußball und ständige Schmerzen waren das Ergebnis. Ich war komplett verzweifelt und habe den Film geschoben, dass ich womöglich nie wieder kicken kann. Rückblickend natürlich Quatsch, aber dieser Vorfall war tatsächlich der Grund, warum ich mit dem Fußball aufhörte und mich ganz der Zockerei widmete. Wenn man körperlich eingeschränkt ist, hat man nicht mehr allzu viele Optionen.

Es blieb nur die Konsole, die diese scheiß Situation überhaupt erst verursacht hatte. Das, was ich am meisten liebte – Fußball – konnte ich nicht weiter ausüben. Die eine Leidenschaft hatte sozusagen die andere ausgestochen. Ich war zum Zocken verdammt.

KAPITEL 3

DAS ERSTE VIDEO

Im November 2012 passierte etwas Entscheidendes, das meine Karriere als Gamer nachhaltig beeinflussen sollte: Black Ops 2, der neunte Teil von Call of Duty, kam auf den Markt.

Wenn ich so zurückblicke, dann hat das Spiel mit Black Ops 2 seinen größten Hype erlebt und Zocker hervorgebracht, die bis heute in der Szene und darüber hinaus bekannt sind. Montana-Black, MarcelScorpion oder ApoRed sind alles Jungs, die durch CoD, besonders durch Black Ops 2, bekannt wurden und immer noch auf YouTube – und nicht nur da – sehr erfolgreich unterwegs sind.

Was an Black Ops 2 so besonders war, kann ich gar nicht genau sagen. Es lag mir einfach. Ich kam sofort rein und performte gut. Mit dem Fußball war ich durch, das Kegeln hatte ich sowieso nie wirklich ernst genommen, was mir blieb, war daher eh nur das Zocken. Damit habe ich mich zwar selbst zerlegt und meine Bandscheibe so beschädigt, dass ich nicht mehr kicken konnte, aber ich bin niemand, der in Selbstmitleid versinkt. Wenn sich eine Tür schließt, öffnet sich irgendwo anders eine neue, also beschäftigte ich mich bald nicht mehr damit, was ich nicht machen konnte, sondern damit, was ich in Zukunft machen würde.

Das gesundheitliche Dilemma hatte Anfang 2012 begonnen. Ich war also schon fast ein Jahr aus dem Fußball raus, als ich mir kurz vor Weihnachten – und damit kurz vor meinem 16. Geburtstag –

wie jedes Jahr Gedanken darüber machte, was ich mir wünschen sollte. Zwei kleinere Geschenke oder doch ein fettes Ding für beide Anlässe zusammen?

Diesmal musste ich allerdings nicht lange überlegen. Ich hatte ein klares Bild davon, was ich wollte, und freute mich sogar, am 27. Dezember Geburtstag zu haben, obwohl der zwischen den Feiertagen sonst eigentlich immer untergeht. Ich wünschte mir eine Elgato, ein Aufnahmegerät, mit dem man seine Plays von der PlayStation auf den PC überträgt, wo man das Ganze dann schneiden und ins Internet stellen kann. Auf YouTube guckte ich schon lange die hochgeladenen Plays der anderen Zocker, was mich motivierte, mindestens genauso gut zu sein – und auch solche Videos machen zu wollen.

Mein Plan ging zwar nicht ganz auf, weil ich keine Elgato bekam, dafür aber einen ordentlichen Batzen Geld, mit dem ich mir das Gerät selbst kaufen konnte. Ich bestellte sofort über Amazon, aber wegen der Feiertage würde es noch eine gefühlte Ewigkeit dauern, bis ich das Ding zu Hause hatte. Geduld ist nicht gerade meine Stärke. Deshalb suchte ich in der Zwischenzeit nach anderen Möglichkeiten, um mein einminütiges CoD-Gameplay ins Internet stellen und von anderen bewerten lassen zu können. Ich war mir absolut sicher, dass ich Talent besaß und das Game besser beherrschte als die meisten, dass andere von meinen Skills profitieren und es feiern würden.

Stundenlang googelte ich und googelte – dann hatte ich endlich etwas gefunden: ein Tool, das ins Spiel selbst integriert war und mit dem man kurze Videos des eigenen Spiels direkt auf YouTube hochladen konnte. Man brauchte also gar kein externes Gerät, um was ins Internet zu stellen. Das Video wurde dann allerdings auf den offiziellen YouTube-Account von Call of Duty gespült, auf dem sehr wahrscheinlich Tausende Videos täglich landeten. Es würde also kein Schwein sehen, was man dort reinstellt, doch das war mir in diesem Moment völlig egal. Ich musste etwas uploaden, und es musste *jetzt* sein.

Es wurde ein Clip von etwa vierzig Sekunden, den ich zum Upload freigab. Nichts Weltbewegendes, keine heftige Sequenz, darum ging es gar nicht. Es ging darum, ein eigenes Video zu machen, das andere sich reinziehen konnten.

Als es auf YouTube zu finden war, habe ich es wieder auf meinen PC runtergezogen, um es zu bearbeiten. Ich wollte es hier und da zurechtschneiden und auch meine Stimme mit einem Kommentar zum Spiel darunterlegen. Ein richtiger Act, weil ich ein absoluter Amateur war. Ich hatte zwar immer mein Headset mit integriertem Mikro beim Zocken an, um während des Spiels zu kommunizieren. Aber ich wusste nicht, wie ich meine Stimme auf dem PC recorden sollte, damit ich sie unter das Video legen konnte. Mit dem Headset ging das jedenfalls nicht. Also musste ich mit dem arbeiten, was ich sonst noch zur Verfügung hatte, und sprach direkt in meine Webcam, während ich meine Spielsequenz anguckte und nachvertonte.

Die Qualität wurde so abartig schlecht, da kann man im Nachhinein gar nichts schönreden. Richtiger Absturz. Die Stimme war ein einziges Rauschen, passte nicht zu dem, was gerade im Bild passierte, weil alles verzögert und verzerrt war. Ein richtiger Reinfall. Das war mir aber völlig egal. Ich wollte meinen eigenen Kanal starten – und zog es durch.

Ich richtete mir einen Account bei YouTube ein, auch wenn mir bewusst war, dass es erst mal niemanden jucken würde. Aber das ist ja erst der Anfang, dachte ich mir, das wird dann schon alles, Hauptsache loslegen.

Bevor ich das erste, heftig schlechte Gamingvideo online stellte, machte ich mithilfe der Webcam ein kurzes Vorstellungsvideo für meinen neu gestarteten Channel, in dem allerdings nur meine Stimme zu hören war:

»Hallo, Leute, ich bin Anton, und ich bin 16 Jahre alt. Meine Hobbys sind Fußballspielen, ich geh gerne mit Freunden ins Kino und zocke gerne CoD. Im Hintergrund seht ihr einen Schwarm, den habe ich mit der MSMC mit Schalldämpfer auf Standoff erspielt. Ja, Leute, das war es eigentlich auch schon. Ich hoffe, ihr schaut hier öfter mal vorbei. Also tschüss!«

Ich habe diese wenigen Sätze bestimmt hundertmal aufgenommen, bis mir einigermaßen gepasst hat, wie ich rüberkam. Entweder habe ich mich versprochen oder zu leise geredet oder irgendeinen Schwachsinn gesagt. Richtig nervig, Digga.

Als das Intro stand, habe ich mich auf schnellstem Wege in die Programme reingefuchst, die nötig waren, um das Ganze dann auch auf einen eigenen Channel zu stellen. Ich hatte ja niemanden, der mir erklären konnte, wie das so läuft mit dem Schneiden und Rendern und was sonst noch so anfällt. Ich dachte, ich nehme mich kurz auf, drücke auf Upload und Ciao! Aber dann guckte ich ein paar Tutorials und bekam es mit Hängen und Würgen irgendwie hin.

Das Technische war also safe, jetzt kam das eigentlich Wichtigste: der Name! Wie sollte ich meinen Kanal nennen?

Ich hielt mich nicht zu lange auf und tippte den Namen ein, den ich auch auf der PlayStation bei CoD nutzte: ViscaBarca96. Ich bin nämlich der größte FC Barcelona-Fan, den man sich vorstellen kann. Schon als kleines Kind habe ich jedes Spiel und jedes

Video geguckt. Lionel Messi ist mein Idol und einfach der beste Kicker der Welt. Durch ihn habe ich meine Liebe für den FC Barcelona entdeckt. »Visca Barça« ist eine geflügelte Wortkombination aus dem Katalanischen und bedeutet »Hoch lebe Barca«. Ein Leitspruch wie das »Mia san mia«, mit dem sich der FC Bayern schmückt. Und die 96 ist mein Geburtsjahr.

Doch der Name war schon vergeben, also spielte ich noch ein bisschen herum, bis eine Kombination klappte: Visca96Barca. Später, als mein Kanal immer größer wurde, gelang es mir mithilfe einer neuen YouTube-Funktion, meinen offiziellen Namen auf »ViscaBarca« zu verkürzen. Meine URL aber enthält bis heute die Ziffer 96 zwischen den beiden Worten.

Ich muss über mich selbst lachen, wenn ich daran denke, wie sehr ich mich bei diesem ersten, völlig unnützen Video reingesteigert habe. Zumal ich es eine Woche später sogar wieder gelöscht habe. Es war unterirdisch schlecht, das musste ich einfach einsehen. So etwas wollte ich nicht im Netz haben.

Aber mein Account und mein Name blieben. Früher bildete ich mir ein, dass mir einige Leute vielleicht nie eine Chance geben würden, weil sie zum Beispiel Madrid-Fans waren. Dass sie mich allein schon wegen des Bezugs zu Barcelona nicht abonnieren würden. Aber das war, wie ich heute weiß, unbegründet. Mir haben später sogar Abonnenten geschrieben, dass sie mich feiern, obwohl sie Madrid-Fans sind.

Die ersten Klicks und Likes waren allerdings eine richtige Qual, Digga. Anfangs hatte ich nicht mal eine Handvoll Views, kein Schwein hat sich für meinen Kanal interessiert. Wieso auch, es wusste ja niemand, dass es ihn gab. Also habe ich die YouTube-Links auf meinem Facebook-Account gepostet und an alle möglichen Freunde geschickt, in der Hoffnung, etwas zu bewegen.

Aber das war Fluch und Segen zugleich. Einige wenige haben gepusht und waren positiv gestimmt, der Großteil aber hat sich darüber lustig gemacht.

Ich selbst habe in den ersten Tagen bestimmt zehn Fake-Accounts auf YouTube erstellt und damit meine Videos geklickt und mir Likes gegeben. Ich wollte einfach nicht als der Depp dastehen, der Videos produzierte, die absolut niemand klickt. Wie erbärmlich ist es bitte, wenn ich ein Video von mir mit meinen Leuten auf Facebook teile, und wenn sie es anklicken, sehen sie, dass bisher nur zwei oder drei andere das Video angeguckt haben. Richtig schäbig.

Die Weihnachtsferien verbrachte ich fast ausschließlich mit Black Ops 2 und fuchste mich immer mehr rein, bis die Elgato endlich bei mir zu Hause ankam. Mit dem Gerät konnte ich Plays von bis zu zehn Minuten auf YouTube zu stellen. Da konnte ich also wirklich mal zeigen, wie gut ich war und wie viele Kills ich in kurzer Zeit schaffte.

Ich war wie im Rausch, aber als der erste Schultag nach den Ferien näher rückte, wurde ich nervös. Ich wusste, dass einige meine Videos gesehen oder zumindest mitbekommen hatten, dass ich jetzt auf YouTube unterwegs war. Ich war in der Zehnten, fast jeder hatte Facebook und dadurch bestimmt auch meine Videos in der Timeline. Wie würden sie es aufnehmen?

Kaum hatte ich das Klassenzimmer betreten, kamen auch schon die ersten Fragen:

»Anton, was soll das mit den Videos?«
»Digga, denkst du, du bist jetzt ein YouTube-Star?«
»Dein Ernst mit diesen schlechten Videos, Alter? Peinlich!«
»Du machst dich richtig zum Affen!«

Das waren so die Kommentare, die ich mir geben musste. Ich war sofort bedrückt und auch ein wenig eingeschüchtert. So was zu hören tut einfach weh. Welcher Mensch will schon so ekelhaft angegangen werden? Ich habe niemandem was getan, war immer korrekt zu allen und bin nur meinem Hobby nachgegangen. Trotzdem musste ich mir solche Dinge anhören, nur weil andere Menschen nicht feierten, was ich tat.

Dabei war doch niemand verpflichtet, meine Videos zu gucken. Die, die es tun wollten, konnten es tun, der Zugang war frei. Der Rest sollte es eben bleiben lassen. Ich würde niemals jemanden angreifen, nur weil er sich nicht für meinen Kram interessiert oder weil er selbst irgendwas macht, das mich nicht interessiert. Aber so ist das unter Jugendlichen oft: Etwas, das man sich selbst nicht traut oder das einem nicht sofort nachvollziehbar erscheint, redet man direkt schlecht und macht sich darüber lustig. Was es einem bringt, jemand anderen fertigzumachen, habe ich nie verstanden. Einfach krank so eine Einstellung. Das führt nur dazu, dass sich andere scheiße fühlen, sich zurückziehen oder nie den Mut aufbringen, zu dem zu stehen, was sie gut finden. Solange es niemand anderen einschränkt, sollten wir doch alle machen können, woran wir Spaß haben!

Ich jedenfalls wollte mich auf keinen Fall von den dummen Kommentaren beeinflussen lassen. Ich wurde von Tag zu Tag besser beim Zocken, und das wollte ich den Menschen auch zeigen. Das kennt ja jeder, auch aus anderen Bereichen. Wenn man beispielsweise beim Kicken krasse Tricks übt und sie dann irgendwann kann, will man, dass andere Leute es sehen. Genauso ist es, wenn man ein Instrument spielt oder singen kann. Andere Leute sollen hören, wie gut man spielt oder singt. Man ist halt stolz drauf, was man geschafft hat.

Von meinen Videos waren die Leute allerdings nicht so leicht zu überzeugen wie von meinen Fußball-Skills. Ich glaube, so geht es jedem, der in einen noch eher unbekannten Bereich vordringt, der anderen nicht ganz geheuer ist: Man muss erst mal eine Hate-Welle durchstehen. Wahrscheinlich musste sich Steve Jobs anfangs auch von allen Seiten anhören, was denn dieser komische Apfel soll und warum sein Zeug denn überhaupt so anders aussieht als die bereits bekannten Sachen auf dem Markt. Also, nicht dass ich mich hier für Steve Jobs halte! Meine CoD-Videos haben die Welt zugegebenermaßen nicht ganz so krass verändert wie das iPhone oder das MacBook. Aber diese Widerstände aus dem direkten Umfeld, die gab's.

Ich sah jedoch gar nicht ein, mich denen zu beugen. Ich zockte weiter, und ich wurde besser. Und anders als beim Fußball war ich plötzlich nicht nur einer von vielen, die es draufhatten. Bei CoD, das wurde mir schnell klar, war ich inzwischen einer der Besten. Meine Skills boten mir die Chance, wirklich Aufmerksamkeit und Reichweite zu kriegen.

Mir ging es dabei nicht um Kohle oder kommerziellen Scheiß, das gab es damals auf YouTube überhaupt noch nicht. Ich liebte es einfach, mich mit anderen zu messen, und ja, ich liebte es auch, gut in etwas zu sein. Ich wollte in der Community Anerkennung finden, weil ich ein sehr guter Spieler war. Warum sollte ich mir das von irgendwelchen Schulkollegen, die keine Ahnung davon hatten, mies machen lassen? Ich musste durchziehen und habe es auch getan.

Als Nächstes investierte ich in Equipment. Ein gutes Mikrofon musste her, damit ich meine Stimme besser aufnehmen konnte. Ein wichtiger Schritt – und dann nahm das Ganze seinen Lauf.

KAPITEL 4

DER WEG DES SPIELERS

Als ich Ende 2012 meinen Account anlegte und meine ersten Videos postete, war kaum jemand aus meinem Umfeld bei YouTube angemeldet. Die meisten kannten die Plattform natürlich und guckten Videos, aber fast niemand hatte einen Account, um zum Beispiel Videos zu kommentieren. Deshalb brauchte ich die Leute, die in der Schule Sprüche klopften und gegen mich und meine YouTube-Aktivität schossen, unter meinen Videos nicht zu fürchten. Sie waren einfach zu faul, um sich anzumelden, konnten mich also auch nicht nerven.

Auf die Gameplays, die ich zunächst auf meinem Channel hochlud, hatte ich etwa 80 Aufrufe, von denen 40 dank meiner eigenen Fake-Accounts entstanden waren. Dislikes gab es keine, trotzdem hörten die Kollegen in der Schule nicht auf, sich regelmäßig über meine Videos lustig zu machen. Manchmal lachte ich einfach mit, nur damit sie aufhörten und ich mich nicht rechtfertigen musste. Das funktionierte aber nicht so gut. Sie zu ignorieren allerdings auch nicht. Dazu verletzte es mich zu sehr. So was prallt nicht einfach an einem ab. Wenn man von einer Sache überzeugt ist, sie gut beherrscht und sie einem sehr viel Spaß macht, will man die eigene Begeisterung mit jemandem teilen. Wenn nur Negatives zurückkommt, lässt einen das kaum kalt.

Es hätte aber auch nichts gebracht, den Leuten in der Schule meine Leidenschaft erklären zu wollen. Es interessierte sie einfach nicht. Es machte ihnen nur Spaß, sich darüber lustig zu machen, beschäftigen wollten sie sich damit nicht.

Aber auch wenn es oft schwierig war: Ich wusste immer, dass ich nicht nachgeben durfte. Hier ging es doch um meine Leidenschaft, mein Können, mein Leben. Deshalb wollte ich auch selbst darüber bestimmen, wie es läuft. Ich wollte Stärke zeigen und Durchhaltevermögen. Die ganze Sache mit dem Zocken war mir einfach zu wichtig, um mich von irgendwem davon abbringen zu lassen. Hätte ich meine Videos immer wieder runtergenommen, nur weil ein paar Sprüche kamen, dann hätte man mich und das, was ich da tat, doch safe erst recht nicht ernst genommen. Alle hätten sich nur darin bestätigt gefühlt, dass ich richtigen Quatsch mache.

Heute bin ich wahnsinnig froh darüber, wie stur ich damals war. Es kostete zwar viel Kraft, das negative Feedback auszublenden, aber wo wäre ich heute, wenn ich damals eingeknickt wäre? Ich zog mein Ding durch, und auch wenn es komisch klingt: Die dummen Sprüche haben mich sogar angespornt, noch besser zu werden.

Dabei war es gar nicht so, dass mein Spielstil kritisiert wurde. Dafür hätte man sich ja mit dem Thema auseinandersetzen müssen. Den anderen ging es vor allem um meine Stimme. Die war extrem dünn und piepsig. Ich weiß gar nicht, ob ich damals überhaupt schon im Stimmbruch war. Die Kombination aus einem Ego-Shooter, bei dem man Gegner abballert, und meiner Piepsstimme hatte also tatsächlich etwas Seltsames. Aber was sollte ich tun? Ich konnte meine Stimme ja schlecht irgendwo abgeben und eine neue kaufen.

Eine andere Lösung musste her. Zu der Zeit, also Anfang 2013 rum, war der Rapper Kid Ink ziemlich angesagt. Jeder, der HipHop gefeiert hat, hat Kid Ink gepumpt. Also habe ich mir ein paar seiner Songs mit dem YouTube-Converter runtergezogen und sie über meine Gameplays gelegt, statt die Videos zu kommentieren. Ich hatte bisher höchstens 30 Abos, meine Videos waren also ganz weit davon entfernt, monetarisert zu werden, deshalb hat es keinen gejuckt, und ich hatte keine Probleme mit dem Copyright der Songs.

Und siehe da: Die Sprüche ließen tatsächlich etwas nach, keine Ahnung, ob das an dem Rapper lag oder daran, dass die Leute das Thema an sich einfach nicht mehr so spannend fanden. Meine Performance im Spiel hingegen profitierte davon, dass ich mehr Zeit investierte. Ich saß zwar nicht von mittags bis nachts mit einem Controller vor dem Fernseher, aber so an die vier Stunden am Tag waren es schon.

Irgendwann gelang mir ein – für die damaligen Verhältnisse – echter Meilenstein. Ich schaffte 100 Kills in einer sehr guten Zeit, ohne selbst getötet zu werden. Das brachte mir jetzt nicht direkt eine Schar an neuen Abonnenten ein, aber es machte nochmals Klick in meinem Kopf: Yes, ich war auf dem richtigen Weg. Ich war sehr gut in dem, was ich tat, und deutlich besser als die anderen, mit denen ich zockte und deren Gameplays ich auf YouTube guckte. Es war nur eine Frage der Zeit, bis die Leute auf mich aufmerksam würden und ich mich mit den Besten des Spiels messen könnte.

Auch die Abonnentenzahlen stiegen, jeden Monat kamen an die 50 Abonnenten hinzu. Ich beschloss, meine Plays wieder zu kommentieren und die Hintergrundmusik gegen meine Stimme auszutauschen. Mir war klar, dass wieder Sprüche kommen würden, aber das war mir inzwischen egal. Meine Connections im CoD-Netzwerk waren mittlerweile so gut, dass ich mich immer häufiger mit anderen Spielern austauschte, die mir unabhängig voneinander bestätigten, wie talentiert ich sei. Das pushte mich, mich noch weiter zu steigern, und nahm mir viel von meiner Unsicherheit.

Zum ersten Mal fiel mir auf, dass Menschen, die einen kennen, die einen jeden Tag treffen, in der Schule oder sonst wo, oftmals keinen Respekt vor dem haben, was man offensichtlich sehr gut beherrscht. Andere dagegen, die einen kaum kennen, die einen nie getroffen oder gesehen haben, geben positives Feedback und Anerkennung, die einfach jeder von uns gern bekommt. Die Leute in der Schule machten sich lustig, die Leute bei CoD supporteten sich untereinander. Vielleicht lag das auch daran, dass sie in ihrem Umfeld ebenfalls auf Ablehnung und Unverständnis gestoßen waren und wussten, wie scheiße sich das anfühlt.

Ich habe mich zunehmend auf die CoD-Leute fokussiert, meine Kollegen aus Bayreuth aber natürlich nicht komplett fallen gelassen. Ich konnte schon verstehen, dass mein neues Hobby irgendwie komisch auf sie gewirkt haben muss. Waren auch echt noch andere Zeiten damals, Gaming war noch nicht so richtig anerkannt. Aber für mich selbst habe ich eine wichtige Erkenntnis mitgenommen: Ich wollte in Zukunft offen und korrekt gegenüber anderen sein, auch wenn die etwas machen, womit ich kaum etwas anfangen kann. Ich wollte niemanden auslachen, runterziehen, schlechtmachen, nur weil ich sein Hobby nicht feiere.

Mit der wachsenden Aufmerksamkeit im Netz und den steigenden Abonnentenzahlen verbrachte ich so viel Zeit in meinem Zimmer beim Zocken wie nie zuvor. Mein Alltag lief immer gleich ab. Um sieben klingelte der Wecker, zwanzig Minuten später verließ ich die Wohnung, um den Vormittag in der Schule zu verbringen. Ich war damals in der zehnten Klasse und immer noch einer der besten Schüler meines Jahrgangs. Ich merkte allerdings, dass meine Gedanken mittlerweile viel öfter beim Zocken waren. Ich musste mich etwas mehr zusammenreißen als früher und mich für meine Noten mehr anstrengen. Trotzdem passierte es immer häufiger, dass ich im Unterricht darüber nachdachte, wie ich mich beim Zocken steigern und die Abonnentenzahlen in die Höhe treiben konnte. Ich musste schneller und besser werden, meine Videos mussten cooler sein. Darum ging es. Das war der Deal, um mir in der CoD-Szene einen Namen zu machen, und das wurde allmählich zu meinem Lebensziel.

Es gab ingame verschiedene Challenges, die mich ständig umtrieben. Eine war, erst eine Nuclear-Medaille zu erspielen, dann eine Double-Nuclear. Außerdem galt es, immer mehr Gegner in immer kürzerer Zeit zu killen. Mal schaffte ich in zehn Minuten 50, dann 80, dann über 100 und einmal sogar 150.

Für Außenstehende hört sich das bestimmt krank an. Aber Call of Duty ist halt ein Ego-Shooter. Aber wie die meisten Spiele dieser Art verlangt es einem eine extrem schnelle Reaktionsfähigkeit und eine große Portion taktisches Vorgehen ab. Es ging mir nie darum, irgendwelche Gewaltfantasien auszuleben. So geht es 99 Prozent der Menschen, die solche Spiele zocken. Man hat einen Auftrag, eine Aufgabe, und versucht, sie zu erledigen. Das trägt man nicht in die Realität. Natürlich gibt es Menschen, die extrem werden in dem, was sie tun, das gibt es in jedem Bereich, das kann man nicht verhindern. Ich bin in all den Jahren jedenfalls nie jemandem begegnet, der verrückte Fantasien entwickelt hat, und auch mein eigener Draht zur Realität war immer ziemlich gesund.

Daher war mir auch bewusst, dass ich die Schule nicht komplett vernachlässigen durfte. Das Spiel aber prägte meine Freizeit. Die vielen Kills, die ich schaffte, brachten mir unter den Jungs in der Szene, die meine Plays verfolgten, den Spitznamen »Mister 100%« oder »Präzisionsmann« ein, weil jeder Schuss ein Treffer war. Aus diesem Insider sollte später sogar das Motiv für mein erstes Merchandise werden: ein Shirt mit dem Schriftzug »100er Prräzi«. Aber so weit, über einen Merch nachzudenken, war ich damals natürlich noch nicht.

Meine ersten 100 Abonnenten hatte ich nach etwa 20 Videos und ungefähr sechs Wochen. Pro Woche habe ich drei bis vier Videos von je fünf bis zehn Minuten Länge auf meinem Kanal hochgeladen. Ich zockte aber nicht nur selbst und nahm meine Plays auf, sondern verfolgte auch weiterhin meine Lieblings-YouTuber. xTheSolution war immer einer, dem ich gern zuguckte, und so kam mir ein Video unter, in dem er ein Kill-Duell gegen Marcel-Scorpion aufgenommen hatte. Solution gehörte längst zu den Top 5 der bekanntesten CoD-Zocker des Landes, Marcel dagegen hatte nur etwa 3.000 Abonnenten. Das war zwar deutlich mehr als meine 100, aber auch nicht so weit weg, dass es unrealistisch gewesen wäre, ihn einzuholen.

Nachdem ich das Duell gesehen hatte, schrieb ich sofort alle möglichen YouTuber aus der Szene an, um sie im Rahmen eines 100-Abonnenten-Specials auch zu einem solchen Duell herauszufordern. Da die Szene noch nicht so groß war wie heute, erhielt man eigentlich immer eine Antwort, wenn man jemanden anschrieb. Marcel war auch unter den Leuten, die von mir eine Nachricht bekamen.

Hey Marcel, alles klar? Ich würde gerne mein 100-Abonnenten-Special mit dir aufnehmen in Form eines Kill-Duells. Ich verfolge deinen Kanal schon länger und feiere dich und deine witzige Art. Ich habe auch dein Duell mit Solution gesehen und würde auch gern eines mit dir starten. Würde mich mega freuen, wenn du Bock hast und dich meldest.

Ciao, Anton

Seine Antwort ließ nicht allzu lange auf sich warten. Schon am nächsten Tag meldete er sich.

Yo, Anton. Können wir gern so machen. Add mich einfach mal bei dir in Skype, dann machen wir dort alles Weitere.

Freu mich, Marcel

Erst war ich sehr aufgeregt. Marcel war schon eine Nummer in der Szene und ich noch ein Niemand. Wir schrieben am nächsten Tag kurz auf Skype und nahmen dann auch sofort auf. Ich habe ihn heftigst abgezogen, er hatte keine Chance!

Schon während der Aufnahme freute ich mich darauf, das Ding gleich auf YouTube hochzujagen – aber zu früh gefreut. Als wir fertig waren und ich die Aufnahme anguckte, merkte ich, dass der Ton komplett verkackt war. Irgendwas war mal wieder schiefgelaufen mit dem Mikrofon.

Der totale Absturz. Jetzt hatte ich eine Aufnahme mit einem der coolen und bekannten Jungs der Szene – und sie war nicht verwertbar. Aber Marcel war so korrekt, sich auf ein weiteres Duell einzulassen.

Der Spielverlauf war der gleiche: Ich zog ihn ab, er hatte kaum eine Chance. Er ist unnormal ausgerastet und hat rumgeschrien, weil er schlechter war. Sich das anzusehen ist heute noch witzig. Ich liebe dieses Video.

Später erzählte Marcel mir mal, dass er sowieso wusste, dass er verlieren würde, so wie schon gegen Solution. Er hatte sich ein paar meiner Videos angeguckt und gesehen, wie stark ich war. Aber es sei ihm nicht ums Gewinnen gegangen, sondern darum, aktiv in der Community zu sein. Richtiger Ehrenmann. Marcel hat das Video damals auch geliked, nachdem ich es hochgeladen hatte, wodurch es noch etwas mehr Aufmerksamkeit bekam und ich noch ein paar neue Abonnenten gewinnen konnte.

Im Gegensatz zu vielen anderen ist dieses Video übrigens immer noch auf meinem Kanal abrufbar. Ich habe es nie runtergenommen, weil es das erste Video war, das mir wirklich etwas bedeutete: das erste Duell gegen einen der bekannteren Zocker der Szene, der inzwischen zu einem meiner besten Freunde geworden ist. Nach dem Video trennten sich unsere Wege aber erst mal. Jeder konzentrierte sich wieder auf seinen Film. Mehr steckte nicht dahinter. Marcel ging eben seinen Weg weiter und ich meinen.

Ich bin mir nicht sicher, woher ich das Selbstbewusstsein nahm zu glauben, ich könnte es hinkriegen, dass mir Tausende Menschen folgen. Auf Facebook hatte ich gerade mal an die 100 Freunde. Wenn ich ein Foto gepostet habe, hatte ich meist fünf Likes, wenn es gut lief auch mal zehn. Und kommentiert wurde bei mir sowieso nicht.

Alles nicht gerade Vorzeichen, aus denen man ableiten könnte, ich wäre heftig beliebt, ein Frauenschwarm oder Sonstiges. Es war eigentlich das Gegenteil. Als Anton Rinas war ich ein gewöhnlicher Junge, für den sich kaum jemand interessierte. Das führte zwar nicht dazu, dass ich eingeschnappt und traurig zu Hause rumsaß, aber wie jeder Teenager habe auch ich mir Anerkennung und Zuspruch gewünscht. Als Anton Rinas bekam ich allerdings keine Props. Auch wenn ich online Fortschritte machte, ein besserer Spieler wurde, neue Abonnenten hinzugewann – in der Offline-Welt wurde es nicht automatisch besser.

In der Schule wurde immer mal wieder gegen mich geschossen. Manchmal ging es so weit, dass ich ins Klassenzimmer kam und gerade eines meiner Videos unter Gelächter auf dem Beamer abgespielt wurde. Die meisten Leute hatten sowieso keine Ahnung von dem Spiel und der Community dahinter, deshalb empfanden sie diese Aufzeichnungen als verstörend und peinlich: Da hockt dieser Typ zu Hause vor dem Fernseher, zockt ein Ballerspiel, nimmt es auf und veröffentlicht es mit seiner Piepsstimme im Internet. Der kann nicht ganz dicht sein.

Trotzdem gelang es mir irgendwie, daran zu glauben, als Gamer Visca96Barca was richtig Großes auf die Beine stellen zu können. Ich hatte ja auch noch keine Hater auf dem Channel. Wahrscheinlich wird erst ab einer fünfstelligen Abonnentenzahl auch online über einen gesprochen. Doch dann ist ja die Bestätigung von zigtausend anderen Menschen schon da, was dabei hilft, das Ganze nicht zu nah an sich rankommen zu lassen. Wenn es denen bislang gefallen hat, kann es ja nicht ganz so schlecht sein, oder?

Ich versuchte alles, um meinen Kanal und die Anzahl von Likes und Abonnenten zum Wachsen zu bringen. Dafür musste ich in erster Linie krass spielen und mich stetig steigern, was eigentlich gut klappte. Der andere, fast noch wichtigere Baustein war die Reichweite. Ich musste es hinkriegen, dass mehr Menschen auf meinem Kanal landeten und auf mich aufmerksam wurden.

Zu einem unverhofft erfolgreichen Video verhalf mir ein Freund ganz unabsichtlich. Er spielte seit Längerem regelmäßig gegen mich, obwohl er absolut chancenlos war. Der Junge war aber mit vollem Herzen dabei! Bei einem Play rastete er minutenlang komplett aus und kriegte sich nicht mehr ein vor lauter Wut, dass er durch einen dummen Fehler getötet worden war. Und die ganze Zeit lief das Aufnahmegerät. Er erlaubte mir, die Aufnahme online zu stellen, und es wurde tatsächlich mein bis dahin meistgesehenes Video mit über 1.000 Views, und das in nur einer Nacht. Für mich damals eine krasse Zahl!

Darüber hinaus versuchte ich vor allem, meine Reichweite über die Vernetzung innerhalb der CoD-Community auszubauen. Ich fragte nicht nur alle möglichen Leute, ob sie mit mir zocken wollen, sondern schickte ihnen auch ungefragt meine Gameplays zu. In der Community gab es nämlich auch die, die selbst gar nicht so gut spielen, aber umso besser das Spiel kommentieren konnten. Sie setzten sich an Plays von irgendwelchen Zockern und kommentierten die Spielzüge. Ziemlich genau so, wie man es von Fußballübertragungen im Fernsehen kennt.

Einer der coolen Kommentatoren war Totti. Er hatte damals 20.000 Abonnenten und bediente sich an einem meiner Videos, das er geil genug fand, um es zu kommentieren. So bekam ich mal eben 100 neue Abonnenten an einem Tag, und prompt setzte eine kleine Kettenreaktion ein. Durch Tottis Kommentar wurden auch andere Kommentatoren auf mich aufmerksam. MaxFPS zum Beispiel, der bereits 100.000 Abonnenten hatte und nun ebenfalls mein Gameplay kommentierte.

Für andere mögen 100 neue Abonnenten vielleicht lächerlich sein, für mich aber bedeutete das damals die Welt. Ich habe mich über jedes einzelne Like und jeden neuen Abonnenten gefreut. Nicht etwa, weil das Kohle versprach. YouTube war 2013 bei Weitem nicht so kommerzialisiert wie heute. Ich verdiente dadurch keinen Cent. Mir machte das Spielen einfach viel mehr Spaß, wenn ich andere damit auch unterhalten konnte. Wieder wie beim Fußball: Ohne Publikum auf dem Platz zu kicken ist zwar nicht langweilig – aber mit Publikum ist es unendlich viel besser!

Eine weitere Quelle für neues Publikum war ein CoD-Channel auf YouTube, der eigens für Newcomer ins Leben gerufen worden war. Er hieß, sehr innovativ übrigens, GermanTopGameplays. Der Kanal sollte Spieler fördern, die offensichtlich etwas draufhatten.

Auch dorthin schickte ich alle meine Videos, was wiederum dazu führte, dass ich Aufmerksamkeit abstaubte und ein paar neue Abos abbekam, wenn der Kanal eines meiner Videos veröffentlichte.

In dieser Phase, also noch ganz am Anfang, kam ich auch zum ersten Mal mit KsFreak und ApoRed in Kontakt. Beide haben heute Millionen Abonnenten und gehören zu den Größten der Szene. Durch jedes Feature auf einem anderen Kanal und jedes gemeinsame Play habe ich mein eigenes Netzwerk ausgebaut.

Die Schritte waren sehr klein, aber ich blieb dran und war stets motiviert weiterzumachen. Nach sechs Monaten hatte ich die für mich magische Marke von 1.000 Abonnenten geschafft.

Wie damals bei der Hundertermarke wollte ich jetzt wieder ein Special in Form eines besonderen Duells aufnehmen. Und wer wäre besser dafür geeignet gewesen als Marcel, mit dem ich schon das erste Special gemacht hatte?

Wir hatten zwar monatelang keinen Kontakt gehabt, aber als ich ihn anschrieb, antwortete er sofort und nahm das Duell mit mir auf. Von diesem Tag an ließen wir den Kontakt nicht mehr einschlafen, und es entwickelte sich die Freundschaft, die wir bis heute pflegen. Damals hat er sich von mir sogar dazu überreden lassen, von der xBox auf die PS3 zu wechseln, um mit mir zu zocken. Anfangs schloss er seine PlayStation nur an, um mit mir spielen zu können. Doch nach einigen Wochen ist er dann ganz auf der PS3 hängen geblieben und wechselte nicht mehr zurück auf die xBox.

Was nach einem einfachen Konsolenwechsel klingt, hatte für Marcel allerdings weitreichende Konsequenzen. Auf der xBox führte er einen Clan an, also ein Team von Spielern, die gemeinsam gegen andere zockten und für die er als Kapitän verantwortlich war. Marcels Clan hieß Impact, und den galt es jetzt auch auf der PS3 aufzubauen, mit Zockern, die auf der PS3 stark waren. Er fragte mich, ob ich den Clan auf der PlayStation führen will, und überließ es mir zu entscheiden, wer in dem neuen Clan einen Platz bekommt. Sofort habe ich KsFreak gefragt und in den Clan geholt. Eine Gruppe von acht bis zehn Leuten hatten wir schnell zusammen, ein eigener Clan-Channel auf YouTube folgte. Hier zeigten und kommentierten wir unsere Plays, was sich wiederum positiv auf meinen persönlichen Kanal auswirkte.

So ging das immer weiter. Schritt für Schritt. Und es schien so, als würde die Welle langsam Fahrt aufnehmen. In der Schule wurde ich bereits von Leuten aus anderen Klassen darauf angesprochen, obwohl ich die gar nicht kannte. Sie machten sich auch nicht lustig über mich, sondern fanden ganz cool, was wir da aufgebaut hatten. Die Leute mochten vor allem Marcel, weil er ein so cooler Entertainer war, witzig und unterhaltsam. Ich selbst punktete besonders durch meine Skills, ich war einfach ein begnadeter Zocker. Der Messi von Black Ops 2. Ha!

Irgendwann hieß es, ich sei sogar besser als Tezzko, der immerhin als der beste CoD-Zocker galt. Die nächste Nummer 1! Das hat sich natürlich rumgesprochen. Unsere heftigsten Gegner zu der Zeit? Ganz klar, der Apokalypto-Clan. Ein bisschen so wie Bayern München gegen Borussia Dortmund. Dortmund, das war in diesem Fall unser Clan. Doch die Jungs von Apokalypto waren eindeutig das prestigeträchtigste CoD-Team des Landes – unter der Leitung von ApoRed.

Und dann das: Ich hatte mal eben in einer Runde zweimal hintereinander 30 Gegner gekillt, was mir eine Double Nuclear als Belohnung einbrachte. Deutschland-Premiere, das hatte keiner vorher geschafft! Anlass genug für den großen ApoRed, unter meinem Video zu kommentieren: »Du hast die Skills eines Apokalypto!«

Es war die größte öffentliche Anerkennung, die mir bis dahin zuteilgeworden war. Der Boss des anderen Clans, unseres größten Konkurrenten, warb öffentlich um mich! Ich nahm Kontakt zu ApoRed auf, und wir schrieben uns einige Wochen hin und her, völlig ohne Hintergedanken. Ich war mit Marcel dicke, und so gab es keinen Grund für bad vibes, nur weil ich mit Mitgliedern der anderen Clique Kontakt hatte.

Mit der Zeit verstand ich mich allerdings immer besser mit den Jungs von Apokalypto, sie schienen auch deutlich motivierter zu sein als unser Team, und das passte perfekt zu meinem Mindset. Ich hatte die Möglichkeit, für das beste Team des Landes zu zocken, also packte ich die Chance beim Schopfe und wechselte von Impact zu Apokalypto. Ich nahm sogar zwei der besten Spieler von Impact mit, denn zusammen mit mir wechselten auch KsFreak und Nkster.

Im Nachhinein betrachtet ein mieser Snitch Move von mir, allerdings auch irgendwie nur konsequent. Ich wollte mehr, ich war ehrgeizig, ich wollte im besten Team sein. Marcel gegenüber war das aber ganz und gar nicht korrekt. Wir hatten jeden Tag stundenlang zusammen geskypt und gespielt, er war mein bester Kumpel, auch wenn er weit weg wohnte, und ich ließ ihn nun für ein anderes Team hängen. Das tat mir schon damals verdammt leid.

Vielleicht war ich einfach noch nicht alt genug, um mit so einer Entscheidung vernünftig umzugehen. Jedenfalls hätte ich als Allererstes mit ihm reden, ihm meine Beweggründe erklären sollen. Wahrscheinlich hätte er mich sogar verstanden. Heute würde ich zwar keine andere Entscheidung treffen, aber ich würde sie anders umsetzen, weil ich jetzt weiß, dass Freundschaften es auch aushalten, wenn man manchmal nicht in die exakt gleiche Richtung geht.

Für mich war es damals an der Zeit, den nächsten Schritt zu machen. Ich wollte alles dem Erfolg als Spieler unterordnen, und Apokalypto mit ApoRed an der Spitze war zweifelsohne das Maß aller Dinge. Ich wusste, dieser Wechsel würde mich als Zocker vorwärtsbringen, also wechselte ich.

Die erwartete Hate-Welle blieb aus. Ein paar Dutzend Leute verpassten mir zwar Dislikes und blöde Kommentare, aber niemals so schlimm wie gedacht. Der erhoffte Effekt hingegen trat ein: Mein Wechsel zu Apokalypto brachte mir in kurzer Zeit mehrere Tausend neue Zuschauer ein. Mein Plan ging auf. Ich knackte die 10.000 Abonnenten.

KAPITEL 5

FAMILIE RINAS

Um zu verstehen, wie es dazu kommen konnte, dass ich meiner Schwester und meinem Schwager mehrere Hunderttausend Euro gegeben habe, sollte ich ein wenig näher auf meine Familiensituation eingehen. Heute erscheint mir das alles wie ein Puzzle, dessen einzelne Teile zusammengenommen ein Ganzes ergeben.

Der Kern meiner Familie besteht aus Mama, Papa, meiner Schwester und mir. Ich bin in Bayreuth geboren, meine Schwester noch in Kasachstan, wo auch meine Eltern ihre Wurzeln haben. Meine Mutter kommt aus Taras, das früher Dschambul hieß, wo sie Lehramt studierte. Mein Vater kommt aus Wannowka und studierte IT in Tomsk in Sibirien. Sie lernten sich in Taras kennen, als mein Vater dort zu Besuch war. Mütterlicherseits stammt die gesamte Familie aus Kasachstan, jedoch mit russischem Blut. Die väterliche Seite lebte zwar auch in Kasachstan, hatte aber deutsche Vorfahren. Wolgadeutsche nennt man Russen mit deutschen Wurzeln. Ich bin in Deutschland geboren, kann aber auch Russisch und bin froh, dass es in unserer Familie unterschiedliche kulturelle Einflüsse gibt. Aus Nationalitäten mache ich mir überhaupt nichts. Entweder man ist nett und freundlich und geht mit seinen Mitmenschen gut um, oder man ist eben ein Arschloch. Das hat nichts mit der Religion oder der Nationalität zu tun.

1993 ging mein Vater nach Deutschland, weil er hier bessere Perspektiven für die Familie sah. Meine Mutter ist erst ein paar

Jahre später mit meiner Schwester nachgekommen. Bis zu ihrer Trennung 2011 waren meine Eltern 25 Jahre verheiratet.

Mein Vater kam über Kontakte zu einer Bayreuther IT-Firma. Er ist ein echter Technik-Spezialist und hat seinen Stolz über sein Können und sein Wissen nie versteckt. Ende der Neunziger, als ich noch ein kleines Kind war, ging der Hype um Computer und Internet gerade erst so richtig los. Da mein Papa aber zu einer Zeit aufgewachsen ist, als 1 MB Speicher so groß war wie ein ganzer Tisch, hatte er die Entwicklung wirklich von Grund auf miterlebt und mitverfolgt, lange bevor es normal wurde, dass jeder Haushalt einen PC und eine Internetverbindung hatte. Wenn er später YouTube-Kollegen von mir kennenlernte, ließ er es sich nie nehmen, ihnen seine ganze Computergeschichte zu erzählen und ihnen langatmig zu erklären, was da eigentlich im Inneren passiert, während wir auf den Bildschirm starren. Das hat natürlich absolut niemanden interessiert und war mir obendrein ziemlich unangenehm. Geht wahrscheinlich jedem Teenager so.

Trotzdem habe ich vor Papa einen Riesenrespekt, allein schon deswegen, weil er den Mut hatte, in ein fremdes Land zu gehen, um sich und seiner Familie ein gutes Leben aufzubauen. Er kam mit einem Koffer und 1000 D-Mark in der Tasche nach Deutschland und fing bei null an. Als er sich eine Basis erarbeitet hatte und mit beiden Beinen fest im Leben stand, holte er meine Mutter und meine Schwester nach.

Solange ich mich zurückerinnern kann, haben wir uns und unseren Weg immer mit anderen verglichen. Das war unser Ansporn, und wie vielleicht schon deutlich wurde, komme ich bis heute nicht so ganz davon los. Die Brüder meines Vaters beispielsweise sind beide Ärzte und hatten schöne Einfamilienhäuser. Mein Papa dagegen, selbst Akademiker, konnte sich für seine

Familie nicht so viel leisten. Immer verglich er sich nach oben, immer mit denen, die mehr hatten. Das nagte an ihm.

In den ersten Jahren war er Alleinverdiener, weil das Lehramtsstudium meiner Mutter in Deutschland nicht anerkannt wurde. Sie war also zunächst Hausfrau und hat auf mich und meine Schwester aufgepasst, während mein Vater bei einer Software- und Computerfirma arbeitete.

Mein früher und ganz selbstverständlicher Umgang mit Computern kam auf jeden Fall durch meinen Vater. Noch bevor ich Lesen und Schreiben lernte, konnte ich die Maus bedienen, Programme öffnen und natürlich den PC ein- und ausschalten. Dadurch, dass Papa seit jeher mit Computern hantierte und sich beruflich damit auseinandersetzte, ist mir dieser Film mit dem Gaming wohl in die Wiege gelegt worden – oder zumindest die Verbindung zu Computern. Wenn mein Vater mich auf die Arbeit mitnahm, dann saß ich in einem riesigen Serverraum mit zig Rechnern an den Wänden und haufenweise Kabeln, hatte Papas Arbeitslaptop auf dem Schoß, der absurd groß und schwer war, und surfte im Internet. Ich habe Webbrowserspiele gespielt und mich heimlich bei irgendwelchen Gewinnspielen angemeldet, obwohl ich kaum mehr als meinen Namen tippen konnte. Tatsächlich habe ich dabei sogar mal eine Tasse gewonnen, über die ich mich total gefreut habe.

Später machte mein Vater sich selbstständig und bekam von einem wohlhabenden Bekannten ein riesiges Büro, bestimmt 200 Quadratmeter, zur Verfügung gestellt. Dort hat er gearbeitet und an Technik rumgebastelt. Er hatte den Wunsch, dass ich eines Tages in seine Fußstapfen trete und denselben Beruf ergreife, aber so cool ich seine Arbeit auch fand, irgendwann wurde es mir zu viel, dass es nur noch um Computer ging. Ich hatte auch andere

Interessen und langweilte mich schnell, wenn er mit mir in Computern herumlöten oder sie zusammenbauen wollte. Typisch Kind eben.

In dem Riesenbüro meines Vaters haben wir Weihnachten und meine Geburtstage gefeiert. Und da ich am 27. Dezember Geburtstag habe, fallen bei mir Weihnachten und Geburtstag nun mal zusammen. Es gab immer viele Geschenke, einen riesigen Weihnachtsbaum, gemeinsame Spiele, ich habe es geliebt. Papa verkleidete sich als Weihnachtsmann, obwohl ich längst wusste, dass es keinen Weihnachtsmann gibt und meinen Vater an der Stimme erkannte.

So gesehen hatte ich eine echte Traumkindheit. Wir hatten vielleicht kein Eigenheim und fuhren auch nicht jedes Jahr in den Urlaub, aber wir hatten auch nie Schulden. Es ging uns immer gut. Ich bin wahnsinnig stolz auf meinen Vater, der quasi mit nichts nach Deutschland gekommen ist, nur ein paar Worte Deutsch konnte und sich integrieren musste. Letztlich hat er immer gut für uns alle gesorgt.

Damals allerdings habe auch ich unsere Familie ständig mit anderen verglichen. Habe mich gefragt, warum andere in einem Haus lebten und wir nur in einer Wohnung. Es hat gedauert, bis ich verstanden habe, dass materielle Dinge nicht alles sind, denn bei uns in der Familie waren sie oft Thema. Mein Vater konnte das Geld zwar sehr gut zusammenhalten und war nie verschwenderisch, es machte ihn aber trotzdem stolz, uns etwas bieten zu können. Einmal hat er mir zum Beispiel ein elektrisches Ferrari-Auto zu Weihnachten geschenkt, in dem ich rumfahren konnte. Das hat damals um die 500 D-Mark gekostet, war also richtig teuer. Erst vor Kurzem hat er mir erzählt, wie glücklich er darüber war, mir das kaufen zu können.

Aber Geld war leider auch ein häufiges Streitthema. Ich glaube, meine Mutter hat sich ein etwas unbeschwerteres Leben gewünscht. Da sie als Lehrerin für Russisch und russische Geschichte in Deutschland nicht arbeiten konnte, machte sie eine Ausbildung zur Ergotherapeutin, merkte dann aber selbst, wie schwer es war, mal eben 2.000 D-Mark oder mehr im Monat zu verdienen. Unser normales und einfaches Leben war für sie zwar okay, aber sie träumte insgeheim von etwas Besserem – nicht mal für sich selbst, sondern vor allem für uns Kinder. Sie ist die liebevollste und gutmütigste Person, die ich kenne. Sie setzt sich selbst immer an die letzte Stelle. Am wichtigsten ist ihr, dass es allen anderen um sie herum gut geht. Da es bei uns aber finanziell eben nicht ganz so entspannt war, nahm ich schon früh mit, dass Geld vielleicht nicht alles ist, aber es schon guttut, welches zu haben – und vor allem, dass es gut ist, es mit anderen zu teilen.

Mein Vater ging jeden Morgen früh zur Arbeit, und wenn er abends heimkam, legte er sich erst einmal auf die Couch und trank Tee. Dass er mal einen Staubsauger in die Hand genommen hätte, so etwas gab es nicht, die Rollen waren klar verteilt. Papa brachte das Geld nach Hause, Mama kümmerte sich um den Haushalt und die Kinder. Das alte Rollenmodell.

Meine neun Jahre ältere Schwester fuhr mich immer mit dem Fahrrad zum Kindergarten, wobei ich auf dem Gepäckträger saß. Tatsächlich übernahm sie die Rolle einer zweiten Mutter für mich. Sie war alt genug, unserer Mutter zu helfen und auf sich selbst aufzupassen, ohne dass man ihr auf die Finger gucken musste. Besonders als meine Mutter wieder anfing zu arbeiten, begann meine Schwester, sich um mich zu kümmern. In meiner Wahrnehmung ist sie daher als Respekts- und Mutterperson verankert. Als jemand, zu dem ich aufsehen konnte.

Sie hat in Kasachstan die erste Klasse besucht, ist dann nach Deutschland gekommen, hat hier die Schule abgeschlossen, studiert, ihren Master gemacht, und zwar alles mit den krassesten Noten. Sie war immer extrem gut in der Schule, spricht fünf Sprachen fließend.

Als ich frisch ans Gymnasium kam, hatte sie schon ihr Abi mit einem Schnitt von 1,3 in der Tasche. Für mich bedeutete das enormen Druck, weil meine Eltern diese Leistung auch von mir verlangten. Meine Schwester war der Maßstab, an dem ich gemessen wurde. Wenn ich mal eine Drei hatte, gab es richtig Ärger, vor allem zu Anfang. Mein Vater sah das nicht so eng, aber meine Mutter brauchte eine ganze Weile, um einzusehen, dass eine Drei am Gymnasium gar nicht so schlecht war. Es kam durchaus vor, dass sie mich ordentlich anschrie, wenn die Note mal nicht passte. Sie meinte dann, ich sei zu faul, würde meine Prioritäten falsch setzen, viel zu viele Videospiele spielen. Aus ihrer Sicht hatte ich als Kind und Teenager nur eine Aufgabe im Leben: gute Noten schreiben.

Um keinen Ärger zu bekommen, habe ich schlechte Noten manchmal verheimlicht und die nötige Unterschrift gefälscht. Denn wenn meine Mutter richtig sauer war, hat sie mir mit dem Gürtel gedroht. Das mag sich für jemanden, der nur die deutsche Kultur kennt, absurd und brutal anhören, aber in Russland sind die Erziehungsmethoden etwas rabiater.

Wahr gemacht hat sie diese Drohung allerdings nur ein einziges Mal. Ich will nicht sagen, ich hätte es verdient, aber ich hatte eine echt beschissene Klau-Phase. Ich war neun, und über ungefähr drei oder vier Monate habe ich ständig was mitgehen lassen. Wenn meine Eltern bei Thalia oder Hugendubel waren – beide mochten Bücher sehr –, bin ich rüber zu den Zeitschriften und habe darin herumgeblättert. Den Zeitschriften wurden ja oft Spielsachen beigelegt, die ich dann herausgerissen und eingesteckt habe. Das war in der Beyblade-Zeit, und die richtig guten und originalen Beyblades kosteten um die 30 Euro. Meine Mutter hat mir einmal einen gekauft, aber ich wollte immer mehr. Irgendwann hatte ich dann um die 20 Stück in meinem Zimmer, alle nach und nach zusammengeklaut.

Meine Mutter wurde stutzig und fragte, woher ich denn die ganzen Sachen hätte. Ich antwortete, dass die immer bei so einer Zeitschrift dabei seien, die man für einen Euro kaufen kann. Das klang plausibel, denn sie kannte sich natürlich nicht gut genug aus, um zu wissen, dass das eigentlich alles Spielzeug für je 30 Euro war.

Zwei Monate lang wurde ich nicht erwischt. Aber je länger alles gut ging, desto skrupelloser wurde ich. Ich bin in Läden rein und habe einfach die Verpackungen aufgerissen. Keine Verpackung bedeutete: kein Diebstahlschutz, kein Barcode und somit kein Alarm am Ausgang.

Irgendwann kam dann »SpongeBob – Der Film« in die Kinos. Dazu gab es ein Videospiel, das ich unbedingt haben wollte, obwohl ich noch gar keine PlayStation hatte und das Spiel niemals flüssig auf meinem alten PC gelaufen wäre. Aber das war mir egal. Ich bin also zu Müller rein, habe den Karton aufgerissen und die CD in meine Jackentasche gesteckt. Dabei hat mich allerdings eine Frau beobachtet. Ich wollte möglichst schnell abhauen, weshalb ich zur Rolltreppe gelaufen bin. Dabei habe ich mich aber die ganze Zeit wie ein ertappter Idiot richtig auffällig umgeguckt. Jeder hätte gecheckt, dass ich was ausgefressen habe.

Ich war schon am Pieper vorbei, aus dem Laden raus und dachte: Jackpot!, als mich plötzlich eine ältere Frau am Arm packte und wieder in den Laden zog. Ich fing direkt an zu heulen, was natürlich niemanden kümmerte. Während ich in einen Nebenraum gebracht wurde, wollte ich noch schnell die CD wegwerfen, aber die Frau ging ja genau neben mir und hat sie wieder aufgehoben. In dem Nebenraum wurde ich dann zur Rede gestellt, und mir wurde mit der Polizei gedroht. Jetzt geht's safe in den Knast, dachte ich.

Meine Eltern wurden per Durchsage im Einkaufszentrum ausgerufen: »Der kleine Anton sucht seine Eltern, bitte kommen Sie zum Müller.«

Sie waren erst sauer, weil ich einfach so abgehauen war, dann haben sie gecheckt, worum es ging. Den Blick meiner Mutter werde ich nie vergessen. Sie hat sich so für mich geschämt. In dem Moment war ihr sofort klar, woher die ganzen Beyblades in meinem Zimmer kamen.

Die Polizei wurde zum Glück nicht gerufen, aber ich hatte erst mal Hausverbot bei Müller. Als wir zu Hause waren, habe ich den Gürtel abbekommen.

Wenn es um Geld ging, stritten meine Eltern sehr oft. Mein Vater hat das Geld verdient und verwaltet und wollte es nur für – in seinen Augen – Sinnvolles ausgeben. Meine Mutter hat allerdings ein kleines Faible für gewisse Luxusgüter. Das ist, glaube ich, auch so ein russisches Ding. Russische Frauen lieben Luxus. Meine Mutter wurde vor allem bei Kosmetikartikeln schwach, mein Vater sah aber nicht ein, für das fünfte Parfüm im Schrank zu bezahlen. Er wollte sparen und für die Rente vorsorgen.

Die Erfüllung größerer Wünsche war also davon abhängig, wie spendabel mein Vater gerade eingestellt war. Einmal schenkte er mir dieses total teure Elektroauto von Ferrari, ein anderes Mal haute er sein ganzes Erspartes für ein 12.000-D-Mark-Klavier auf den Kopf, weil Klavierspielen die große Leidenschaft meiner Mama war. Bei anderen Wünschen hingegen verstand er nicht, was wir mit dem Kram wollten, und blieb stur. Die Lage entspannte sich erst, als meine Mutter eigenes Geld verdiente.

Die Erfahrung, dass Geld immer wieder ein Streitthema war und letztlich mein Vater entschied, wer wie viel ausgeben durfte, hat mich geprägt. Als Papa mir Jahre später anbot, meine Finanzen zu verwalten, habe ich daher dankend abgelehnt. Ich wollte keinen Stress mit ihm wegen jeder Ausgabe, wollte mich nicht vor ihm rechtfertigen müssen. Rückblickend hätte mir das sicher sehr viel Ärger erspart, aber damals wusste ich es nicht besser.

Es ist wahrscheinlich etwas dran, dass man so jung nicht unbedingt gut mit Geld umgehen kann. Ich hatte Geldverdienen immer mit Erwachsensein gleichgesetzt, dabei den Punkt Verantwortungsbewusstsein völlig ignoriert. Ich war ja für niemanden wirklich verantwortlich und dachte auch nicht groß über die Zukunft nach. Mein Vater dagegen hat sein ganzes Geld immer in unsere Familie gesteckt. Er wollte uns glücklich machen, hat dafür aber nie seine Prinzipien über Bord geworfen.

Das sind die beiden Aspekte, die mich begleitet haben, seit ich klein war. Zum einen wollte ich das Geld, als ich es endlich hatte, nicht zurücklegen und mir auch von niemandem reinreden lassen. Zum anderen war immer klar, dass die Familie vorgeht – auch in finanzieller Hinsicht. Kann man beides verstehen. Aber ich hab's halt komplett übertrieben.

Nach 25 Jahren Ehe haben meine Eltern nur noch nebeneinanderher gelebt. So zumindest kam es mir vor. Es gab keinen großen Knall, niemand hat irgendetwas Unverzeihliches angestellt oder den anderen betrogen, die beiden hatten sich nach all den Jahren einfach nichts mehr zu sagen.

Für den finalen Bruch war mein heutiger Schwager, der damalige Freund meiner Schwester, verantwortlich. Kurz nachdem die beiden zusammengekommen waren, hat er uns allen einfach so eine Paris-Reise spendiert. Fünf Tage, fünf Personen, das war nicht billig. Zum Abschluss machte er meiner Schwester dort sogar noch einen Heiratsantrag. Er gab den erfolgreichen Geschäftsmann und wollte uns imponieren. Mit der Reise ist ihm das gelungen. Wir glaubten, dass er so eine krasse Nummer ist, Kohle hat und einen geilen Lifestyle pflegt. Das hat ganz schön Eindruck hinterlassen.

Als wir wieder zu Hause waren, lebte er eine Zeit lang bei uns, weil es angeblich mit den Geschäften gerade nicht so gut lief. Er bekam unser tägliches Familienleben mit, also auch die Streitigkeiten zwischen meinen Eltern. Papa hilft nicht genug im Haushalt, Mama gibt zu viel Geld aus, die Klassiker eben. Aber er ließ es nicht auf sich beruhen oder sprang selbst im Haushalt ein, sondern fing an, richtiggehend auf meine Mama einzureden: »Du hast noch so viel vor dir. Bist du dir sicher, dass du noch die nächsten 20 oder 30 Jahre mit diesem Mann verbringen willst?«

Der Typ setzte ihr so richtig einen Floh ins Ohr. Er machte meinen Papa ständig schlecht und redete meiner Mutter ein, dass sie etwas Besseres verdient habe. Er hat ihr sogar angeboten, sie finanziell zu unterstützen, wenn es nicht anders ginge. Dieser Typ, der mich später komplett ausnehmen und mich um Hunderttausende von Euro prellen sollte, bot meiner Mama an, ihr Geld zu geben!

Damals dachten wir noch, dass das alles legitim sei und er tatsächlich Geld habe. Er hatte schließlich nicht nur den Trip nach Paris gezahlt, sondern machte generell mit meiner Schwester auf Highlife, verreiste oft mit ihr und gab ihr jeden Monat Geld. Keine

Ahnung, woher das kam, das werden wir wahrscheinlich nie erfahren. Aber wir alle glaubten ihm.

Meine Mutter kam durch sein Gelaber offenbar mehr und mehr ins Grübeln, und auch ich machte mir Gedanken. Ich war immer eher das Muttersöhnchen gewesen, stand meiner Mutter näher, hielt bei Streit zwischen meinen Eltern zu ihr. Da dachte ich dann selbst irgendwann, dass es vielleicht wirklich besser sei, wenn meine Schwester und ich mit Mama allein wären und der Freund meiner Schwester uns helfen würde.

Die Entscheidung, sich zu trennen, traf meine Mutter schließlich mit mir zusammen. Sie kam zu mir, um zu besprechen, ob sie mit Papa zusammenbleiben solle oder nicht. Ich war erst 14 Jahre alt, und sollte schon über eine Ehe entscheiden! Aber ich kam damit klar, weil ich verstand, warum sie das tat. Sie wollte mir nicht meinen Vater wegnehmen oder mir das Gefühl geben, dass ich unwichtig sei. Ich sagte, dass sie das tun soll, was sie glücklich macht, und dass sie keine Rücksicht auf mich nehmen muss. Dass ich sie nicht immer weinen sehen will und mit ihr kommen würde. Ich wusste, dass sie enorme Probleme mit dem Alleinsein hatte, und wollte ihr die Angst davor nehmen.

Mama trennte sich tatsächlich von Papa. Wir waren alle zu Hause, und meine Schwester saß sogar dabei, als Mama es meinem Papa sagte. Er muss einfach nur sprachlos gewesen sein, total überrascht. Das sah ich ihm noch deutlich an, als er kurze Zeit später in mein Zimmer kam, weil er mit mir über das, was gerade passiert war, sprechen wollte. Eigentlich war ich mit der Situation überfordert, aber ich glaube, ich habe so etwas gesagt wie »Vielleicht ist es besser für euch, ihr streitet doch jeden Tag«.

Papa war nach der Trennung emotional fertig mit der Welt und auch noch Monate später extrem am Boden. Zum Glück bekam er

Rückhalt von seinen Brüdern und Schwestern, die nach und nach ebenfalls nach Bayreuth gezogen waren.

Mama, meine Schwester, ihr Mann und ich zogen nur wenige Tage nach der Trennung in eine Wohnung, die wir vorher bereits undercover besichtigt hatten. Mein Vater blieb allein zurück in der großen Wohnung mit all den Möbeln, die meine Mutter ausgesucht hatte und die ihn nun permanent an sie erinnerten.

Er und ich hatten von da an ein paar Monate nur unregelmäßigen Kontakt. Als ich ihn nach einer Weile zum ersten Mal wieder besuchte, kam mir die Wohnung kalt und leblos vor. Es roch anders und fühlte sich einfach nicht so an wie früher. Mein Vater saß mit gesenktem Blick da und war richtig am Ende. Ich haderte mit meinem Entschluss, zu Mama zu gehen, weil er mir so verdammt leidtat, aber dann kam das Gerücht auf, er habe bei seiner Familie schlecht über meine Mutter geredet. Auch ohne jeden Beweis habe ich sofort den Kontakt zu allen Onkeln und Tanten väterlicherseits abgebrochen. Heute kann ich mir eigentlich nicht vorstellen, dass es wirklich so abgelaufen ist, aber damals hatte ich das Gefühl, nicht mehr länger zwischen den Fronten stehen zu können. Ich wollte für eine Seite Partei ergreifen und dort dann auch bleiben können.

Was ich mir aber durchaus vorstellen kann, ist, dass mein Vater sich das Ganze überhaupt nicht erklären konnte. Dass er ratlos und verzweifelt war. Und dass er sich laut darüber gewundert hat, wie es möglich sei, dass seine Frau auf einmal wie ausgewechselt war und sich von ihm trennte – nur vier Wochen, nachdem der neue Mann seiner Tochter in die Familie gekommen war.

Nach der Trennung hatten Papa und ich unsere schwierigste Phase. Es belastete mich jedes Mal, ihn zu sehen. Er hingegen hat sich immer gefreut, mich zu sehen, und wollte mich umarmen.

Das aber wollte ich nicht, habe die Umarmung abgeblockt. Heute bereue ich das. Wenn ich einen Sohn hätte, der nicht von mir umarmt werden will, würde es mir das Herz brechen.

Als Ehemann hätte Papa sicher einiges besser machen können, aber als Vater hat er trotz seiner strengen Art vieles richtig gemacht, mir die richtigen Werte vermittelt und war immer für mich da. Daher bin ich wahnsinnig froh, dass wir uns mit den Jahren wieder angenähert und zusammengerauft haben. Inzwischen ist das Verhältnis zu meinem Papa besser als je zuvor. Als Kind war er vielleicht nicht unbedingt so, wie ich es mir gewünscht hätte, aber jetzt bin ich alt genug, um seine Art und sein Handeln verstehen zu können.

KAPITEL 6

SCHULABBRUCH

Ich war ein richtig guter Schüler, das kann ich reinen Gewissens sagen. Zu Hause waren gute Noten die Bedingung für ein harmonisches Miteinander, denn die schulischen Leistungen von meiner Schwester und mir spielten eine große Rolle. Sie waren das Einzige, was meine Eltern tatsächlich von mir erwartet haben. Nichts, wofür ich übermäßig gelobt wurde, sondern etwas, das selbstverständlich zu erbringen war. Vielleicht war ich deswegen nie besonders stolz auf meine Noten, weil auch ich sie als selbstverständlich ansah. Die Bestätigung, dass ich in irgendetwas gut war, musste ich mir woanders suchen, erst im Sport, dann im Zocken.

Außerhalb der Schule hatte ich keinerlei Verpflichtungen und war auch nie in einer Bringschuld. Das Wichtigste war, ein sehr guter Schüler zu sein und die besten Noten abzuliefern. Das gelang mir auch meist, ohne dass ich mich überarbeiten musste. Ich war kein Streber. Ich versuchte, mich im Unterricht zu konzentrieren und aufzupassen, weil so am meisten hängen blieb. Wenn ich den Stoff dann zu Hause noch mal überflog, war ich voll da und konnte abliefern. Das war wirklich easy für mich. Da hatte ich einfach Glück.

Sprachen fielen mir besonders leicht. Ab der achten Klasse standen Englisch, Französisch und Spanisch auf meinem Stundenplan. Nur in Deutsch kam ich nie so richtig gut weg. Interpretationen und Analysen von Gedichten waren überhaupt nicht meins, damit tat ich mich sehr schwer. Mit einer Drei kam ich aber trotzdem immer davon, und mein Verhältnis zu den Lehrern war immer top. Ich war höflich und zurückhaltend, führte mich nie auf oder tanzte aus der Reihe. Wahrscheinlich habe ich deshalb immer, wenn eine Note auf der Kippe stand, die bessere bekommen. Ich war ein braver, angepasster Typ, es gab nichts, was man mir wirklich anlasten konnte. Alles lief ganz entspannt bis zur Zehnten. Noch zwei Jahre Oberstufe, dann Abitur, läuft.

Danach wollte ich Business-Management studieren. Keine Ahnung, warum mir ausgerechnet dieses Studium im Kopf herumschwirrte, aber es hörte sich irgendwie geil an. Ich dachte, ich würde auf entspannt im Anzug chillen, Cash machen und ganz easy erfolgreich sein. Darum wählte ich unter anderem Wirtschaft als Leistungskurs für die Oberstufe. Erstens fiel mir das Verständnis für die Materie leicht, und zweitens mochte ich es, die Zusammenhänge der Wirtschaft erklärt zu bekommen. Das klingt im Nachhinein echt ironisch, aber ich fand Finanzen und Wirtschaft wirklich spannend.

Als ich in die elfte Klasse kam, war ich fest entschlossen, die nächsten zwei Jahre Vollgas zu geben und mein Abi durchzuziehen, damit mir alle Türen für ein Studium offenstehen. Denn so funktioniert ja unser System: Wer gute Noten schreibt, hat alle Chancen.

Das habe ich bis dahin nie hinterfragt, weil meine Eltern mir vom ersten Schultag an gepredigt haben, dass Schule das Wichtigste sei. Ich habe ihre Erwartungen erfüllt, weil ich dann meine Ruhe hatte. Inzwischen halte ich dieses Konzept aber für ziemlich mies. Uns wird vermittelt, dass wir nur etwas erreichen können, dass wir nur etwas *wert* sind, wenn wir uns perfekt in ein bestehendes System einfügen. Wem das nicht liegt, wer irgendwie aus der Reihe tanzt, der hat es von Anfang an richtig schwer. Da bleibt nicht viel Raum für eigene Vorstellungen und Wünsche jenseits dessen, was die Gesellschaft für einen vorsieht.

Bei mir setzte im Laufe der elften Klasse die Erkenntnis ein, dass der Weg, den ich mir ausgesucht hatte, eigentlich gar nicht zu mir passte. Das war doppelt bitter, denn bis dahin hatte ich ja selbst total dran geglaubt, war überzeugt davon, das Richtige zu tun. Aber der unausgesprochene Tauschhandel, den ich mit meinen Eltern eingegangen war – gute Noten gegen in Ruhe zocken –, ging für mich nicht mehr auf. Das Zocken war mittlerweile viel mehr als nur ein Hobby, das Studium verlor seinen Reiz.

Es war Ende 2013, mein 17. Geburtstag stand bevor. Die letzten Monate hatte ich extrem performt, mich gut in der Szene vernetzt, meine Skills erweitert, Freundschaften aufgebaut und stand bei 10.000 Abos. Langsam, aber sicher machte ich mir einen Namen, und daran konnten auch die dummen Sprüche von Schulkollegen, die noch vereinzelt kamen, nichts ändern. Wenn sich 10k für deinen Shit interessieren – zehntausend Menschen, Digga, so viele sind nicht mal in einer Halle, wenn bekannte Rapper auftreten! –, dann kannst du das nicht einfach so als Hirngespinst abtun.

Ich weigerte mich dagegen, dass meine Leistung im Vergleich zur Schule unwichtig sein sollte. Ich hatte viel Zeit, Hingabe und Leidenschaft investiert, um so weit zu kommen. Reichweite kriegt man nicht einfach so, das ist keine Eintagsfliege. Bei jedem Video musste ich mich neu beweisen, mich immer wieder pushen, steigern, den Geschmack des Publikums treffen. Das direkte Feedback ist gnadenlos, die Zahl der Views immer unmittelbar unter dem Video. Jeder blöde Spruch hat mich abgefuckt, jeder dämliche Kommentar war unangenehm. Wie jeder andere auch wollte ich gemocht werden, nicht gehatet.

Leistung bekam für mich eine ganz neue Bedeutung. Auf YouTube tat ich etwas aus absoluter Überzeugung und Liebe, nicht, weil es von mir erwartet wurde. Ich hatte etwas, auf das ich stolz sein wollte. Das hat mich angespornt und besser werden lassen, aber es machte mich auch verletzlich. Wer will schon für etwas ausgelacht werden, was er liebt?

Wenn sich Leute in der Schule über mich lustig machten, habe ich das in mich reingefressen. Ich bin nicht der Typ, der sich vor dem anderen aufbaut und ihn konfrontiert. Die Leute machen sich in der Regel auch gar nicht über dich lustig, weil sie eine sachliche Diskussion über deinen Standpunkt starten wollen. Ihnen ist einfach langweilig, und sie ziehen sich an allem hoch, was irgendwie anders ist als das, was sie kennen. Da war es auch ganz egal, dass ich von 100 über 1.000 zu 10.000 Abonnenten ging und anderen ganz offensichtlich Freude und Unterhaltung bot. Akzeptanz hatte ich trotzdem nicht zu erwarten.

Irgendwann war mir deshalb nur noch wichtig, dass ich mir selbst nichts vorzuwerfen hatte. Dass ich aus Leidenschaft handelte und voll und ganz zu dem stehen konnte, was ich da tat. Ich brannte fürs Zocken.

Dabei noch die Motivation für die Schule hochzuhalten war zunehmend schwierig. Sobald ich nach Hause kam, schmiss ich die PlayStation an, zockte, hing mit Marcel oder später mit Red in Skype ab. Aus YouTube-Kollegen waren Freunde geworden, weil wir die gleiche Leidenschaft teilten und ständig in Kontakt waren, auch wenn wir uns nicht täglich trafen.

Mit Marcel hatte ich nach wie vor die dickste Verbindung, auch wenn mein Austritt aus dem Clan erst mal hohe Wellen geschlagen hatte. Das Ganze war allerdings nicht von langer Dauer, zumal ich schon recht bald wieder zu Impact zurückging. Davon aber später mehr. Ich mochte Marcel einfach, wir lachten über die gleichen Dinge und haben uns super verstanden. Vor Kurzem hatte er sich entschieden, sein Studium hinzuschmeißen, weil er sich das alles ganz anders vorgestellt hatte.

Bei Red war es noch heftiger. Er hatte Abi gemacht und dann direkt gechillt, ohne auch nur zu versuchen, etwas zu studieren oder einen als seriös geltenden Weg einzuschlagen. Er hat als Erster innerhalb der YouTube-Zocker-Szene dieses Dolce Vita inszeniert. Und Red gab dem Ganzen auch einen Namen: Er lebte nach dem Motto »Everyday saturday«. Also alles nach der Devise: Ich lebe im Hier und Jetzt, und was morgen kommt, juckt mich nicht. Red war der Erste, der den Mut hatte, alles auf eine Karte zu setzen und nur YouTube zu machen.

Marcel hat sich, glaube ich, davon inspirieren lassen. Im September hatte er ein duales Studium angefangen, studierte also die eine Hälfte und arbeitete die andere Hälfte in der Bank, weil der Studienplan es so vorsah. Die Vorstellung vom Bankberater MarcelZuDemScorpion ist ganz schön absurd, oder?

Dementsprechend hielt er auch nicht lange durch und schmiss nach nur wenigen Monaten hin. Es folgte ein kurzer Ausflug zum Radio, was ihn ebenfalls nicht so fesseln konnte wie das Zocken, dann konzentrierte auch er sich komplett auf YouTube.

Marcel und Red, zwei meiner Vorbilder, zeigten mir, wie es gehen konnte. Ich guckte den Jungs mit großen Augen dabei zu, wie ihre Kanäle immer weiter wuchsen, ihre Zahlen immer besser wurden. Es dauerte nicht lange, bis für mich klar war, dass ich da mitziehen wollte.

Nachdem Marcel sein Studium abgebrochen hatte, ging ich noch höchstens acht Wochen lang tatsächlich in die Schule. Dann fing ich an, regelmäßig zu schwänzen, sodass ich bereits im Februar 30 Fehltage zusammenhatte. Ich blieb einfach im Bett und chillte vor der Konsole, guckte Fernsehen oder schlug die Zeit irgendwie anders tot. Da meine Mutter arbeiten musste, bekam sie davon nichts mit. Statt vier oder fünf Stunden zockte ich jetzt zehn Stunden am Tag. Mein Handling im Spiel wurde krasser, meine Reaktionsgeschwindigkeit nahm zu, meine Kills stiegen in die Höhe. Ich wurde zum Nuclear-König in Black Ops 2, es wurde zur Normalität, auf entspannt zehn Nuclears am Tag zu machen. Ich hielt alle Rekorde. Zocken wurde meine oberste Priorität, die Videos wurden noch besser, und die Abos gingen hoch.

Meiner Mama spielte ich etwas vor. Da sie morgens immer als Erste aus dem Haus ging, rief ich sie wenig später an und bemitleidete mich selbst. Ich mimte den Kranken, jammerte über Schmerzen und Unwohlsein, was komplett erfunden war. Ich hätte ihr niemals so dreist ins Gesicht lügen können, aber am Telefon fiel es mir leicht.

Ich ging zum Arzt, holte mir mein Attest ab und zockte weiter. Den Arzt hat das noch weniger gejuckt als mich. Er schrieb mich immer ganz locker easy krank. Meinen Kollegen in der Schule fiel zwar auf, dass ich kaum noch zum Unterricht kam, den Lehrern schien es aber mehr oder weniger egal zu sein, weil meine Noten immer noch in Ordnung waren.

Ein paar Wochen lang hatte ich ein richtig gechilltes Leben. Auf entspannt immer wieder einfach zu Hause bleiben, zocken, besser werden, Abos steigern und nebenbei ab und zu in der Schule auftauchen. So durfte es gern weitergehen.

Unterschwellig hatte ich die Entscheidung wohl schon getroffen, aber jetzt wurde mir erst so richtig bewusst, was ich eigentlich wollte: die Schule abbrechen und mich voll und ganz aufs Zocken konzentrieren. Mit dem Abschluss der zehnten Klasse hatte ich ja die Mittlere Reife, ich war also safe. Klar, ich hatte kein Abitur, aber das würde ich schon noch nachholen können, wenn es denn sein musste. Ich stand also nicht mit leeren Händen da, konnte die Schule guten Gewissens abbrechen, um eine Ausbildung anzufangen. Dachte ich. Das war natürlich totaler Schwachsinn. Schule abbrechen, um eine Ausbildung anzufangen? Als ob ich dann mehr Zeit fürs Zocken gehabt hätte! Aber ich malte mir erst mal die dümmsten Dinge aus.

Makler werden zum Beispiel. Irgendwas musste ich ja tun, um Kohle zu kriegen, mit den paar Hundert Euro von YouTube konnte ich nicht wirklich viel anfangen. Da ich jeden Tag diese Mietsendung auf VOX guckte, hielt ich Makler für einen coolen Beruf. Einer von denen war so ein geleckter Typ, der auf Mallorca unterwegs war und an heftige Richies noch heftigere Häuser vertickte. Ich hatte ein paar Sprachen drauf und konnte die bei so einem Job einsetzen, Kohle machen, geiles Wetter, richtig entspannt.

Zu Ende gedacht hatte ich das natürlich nicht, sondern mich einfach auf das Erstbeste gestürzt, das mir in den Sinn kam. Immerhin musste ich ja meiner Mutter irgendwas erzählen. Ihr zu sagen, dass ich abbreche, um zu Hause zu chillen, wäre viel schlimmer, als zu erklären, dass ich einen Ausbildungsplatz habe und eine Ausbildung beginne. Also bewarb ich mich bei Makleragenturen und bekam tatsächlich die Zusage für ein Bewerbungsgespräch bei einer Firma in Köln – fuhr aber nie hin. Stattdessen hatte ich mich mit Marcel und ApoRed in Stuttgart verabredet. Red sollte ich hier zum ersten Mal im Real Life begegnen. Wir planten ein Abonnententreffen. Das hatte schon bei anderen geklappt, und es waren krass viele Leute gekommen. Das wollten wir auch.

Über unsere YouTube-Kanäle riefen wir also wiederholt dazu auf, an einem bestimmten Tag zu einem bestimmten Platz zu kommen, um mit uns abzuhängen, zu quatschen und Fotos zu machen. Wir hielten das für eine nette Idee, um mal ein paar Zuschauer zu treffen, mehr eigentlich nicht.

Als wir an dem Platz in Stuttgart ankamen, standen dort über 1.000 Menschen, die auf uns warteten. Ich kam nicht mehr auf mein Leben klar. WTF! Ich fühlte mich kurz wie ein Rockstar, aber das hielt nicht lange. Die Situation war supergefährlich. Es gab keine Security, nichts war organisiert, und es waren einfach zu viele Leute, die zu uns durchdringen wollten. Wir wurden hin und her gedrückt, das Ganze war kurz vor einer Massenpanik.

Nach einer Viertelstunde kam die Polizei und versuchte, das Chaos in den Griff zu kriegen. Ich rannte einfach weg, weil ich viel zu viel Schiss hatte, Marcel und Red mussten mit auf die Wache und sich für den ganzen Aufruhr rechtfertigen. Am Ende wurde es eine kleine Strafe wegen Unruhestiftung oder so etwas, aber im Endeffekt ein Witz, wenn man bedenkt, was hätte passieren können. Wir haben das total unterschätzt und waren extrem leichtsinnig.

Doch dieser ganze Wahnsinn in Stuttgart bestärkte mich in meinem Vorhaben, die Schule vorzeitig abzubrechen und einen anderen Weg einzuschlagen. Denn auch wenn ich in Bayreuth schon häufiger auf der Straße erkannt wurde, es war noch mal was ganz anderes, zu sehen, dass in einer komplett anderen Stadt Hunderte von Leuten ein Foto mit mir wollten. Das gab mir die Sicherheit, dass es funktionieren könnte.

Die Idee mit der Ausbildung verwarf ich sofort. Wenn ich mich voll auf YouTube konzentrieren wollte, ergab das keinen Sinn. Ich suchte nun nur noch nach einem triftigen Grund – und fand ihn.

Ich hatte eine Religionslehrerin, die ich nicht ausstehen konnte. Wir schrieben eine Klausur, in der ich mich eigentlich sicher fühlte. Doch als die Arbeit ein paar Tage später zurückkam, hatte ich eine Vier auf dem Blatt stehen. Kein Weltuntergang, wenn die Fehler oder Lücken nachvollziehbar gewesen wären. Waren sie aber nicht. Gefühlt hatte sie auf mehreren Seiten nur ein paar ganz wenige Male etwas rot angestrichen, alles andere war okay, so schien es zumindest. Ich ging also zu ihr und wollte wissen, was ich falsch gemacht hatte.

Sie redete sich raus, ohne mir stichhaltige Gründe zu nennen. Ich hätte die einzelnen Punkte nicht genügend ausgearbeitet, alles sei zu oberflächlich und nicht ausführlich genug. Das sah ich anders, doch davon wollte sie nichts wissen. Bevor die Diskussion ins Sinnlose ausuferte, einigten wir uns darauf, dass ich die Chance bekomme, die Note mit einem Referat auszugleichen. Ich sollte einen Bibelausschnitt interpretieren und die Bedeutung anhand eines Beispiels übertragen.

Es lief ab wie immer: Ich zockte den ganzen Tag und setzte mich erst in der Nacht davor irgendwann hin, um etwas Brauchbares für das Referat vorzubereiten. Das Ganze hat mich richtig abgefuckt, ich hasste es, vor der Klasse zu reden. Was mir bei CoD ganz leichtfiel, wenn ich meine Plays vor zigtausend Menschen kommentierte, war vor der Klasse ein echter Albtraum für mich. Mir ging immer durch den Kopf, dass ich ausgelacht werden würde, wenn ich mich verspreche oder irgendwas Falsches sage. Als Schüler Anton hatte ich nicht annähernd das Selbstbewusstsein, das ich als Zocker ViscaBarca hatte.

Als ich mit meinen Vorbereitungen fertig war, legte ich mich ins Bett, doch dann kamen die Zweifel. Wofür das alles? Warum tue ich mir das an? Ich hatte keine Lust, in vier Stunden aufzuwachen, in die Schule zu gehen und dieses dumme Zeug vorzutragen, das eh niemanden interessierte. Ich wollte mich nicht mehr schlecht fühlen, weil all die Leistung, die ich erbrachte, als selbstverständlich erachtet wurde, sowohl von mir als auch von meinen Mitschülern, Lehrern und Eltern. Ich hatte keinen Bock mehr, einfach nur zu funktionieren – und entschied mich endgültig, die Schule abzubrechen.

Als ich morgens aufwachte, ging ich nicht in die Schule, sondern zum Arbeitsamt. Ich informierte mich, was zu tun sei, ob ich etwas zu befürchten hätte. Aber alle Filme, die ich geschoben habe, waren unnötig. Ich war safe, denn ich hatte die Mittlere Reife und damit keine Schulpflicht mehr. Alles war in Ordnung.

Am nächsten Tag bin ich ins Sekretariat des Gymnasiums, so gegen 07:40 Uhr, kurz vor der ersten Stunde, und verkündete dort ganz stolz, dass ich hier sei, um die Schule zu beenden. Die Damen vor Ort waren leicht verwirrt, weil sie es kaum glauben konnten. Sie guckten sich das Zwischenzeugnis an, sahen die guten Noten und waren noch verwunderter als zuvor. Nach ein bisschen Blabla, das ich über mich ergehen ließ, legten sie mir einen Zettel vor, den ich unterschreiben musste. Das war's. Ich war raus aus der Schule.

Ich war frei. Der Weg war frei.

Sofort dachte ich an meine Videos. Was hau ich als Nächstes raus? Wie kann ich mich steigern? Wie gewinne ich noch mehr Abonnenten dazu? Wie schaffe ich es, nur von YouTube zu leben? Wie ... Da erst fiel mir ein, dass ich ja noch mit meiner Mutter reden musste. Sie hatte einiges durchgemacht, sich von meinem Vater getrennt, war aus der gemeinsamen Wohnung ausgezogen. Sie machte sich immer mehr Sorgen um mich, weil sie ahnte, was ich vorhatte. Aber ich konnte sie jetzt nicht mehr schonend darauf vorbereiten, denn ich hatte es ja schon durchgezogen. Es gab nur den Weg der direkten Konfrontation.

»Mama, wir müssen reden.«

»Was ist los, Anton?«

»Also, ich weiß nicht, wie ich anfangen soll, aber ...«

»Ist was passiert? Du machst mir Angst!«

»Nein, nein, alles ist okay, Mama. Also für mich ist es okay, es könnte nicht besser sein, aber ich weiß nicht, wie es für dich ist.«

»Sag es endlich, was ist los?«

»Mama, ich will nicht studieren. Es tut mir wirklich leid, aber das kommt für mich nicht infrage. Ich weiß, es ist ein großer Wunsch von dir, aber das ist nichts für mich.«

»Aber, Anton, mit einem Studium kannst du nichts falsch machen, du schaffst die Basis für ein gutes Leben, kannst gut verdienen, deine Familie versorgen ...«

»Jaja, schon gut. Aber ich möchte es nicht. Ich gehe einen anderen, meinen Weg. Und deshalb habe ich die Schule abgebrochen ...«

»Wie bitte?«

»Ja, ich habe die Schule beendet und werde irgendwann eine Ausbildung machen. Ich habe die Mittlere Reife und kann jede Ausbildung der Welt starten, alles ist gut.«

Leider war für sie gar nichts gut.

Erst dachte sie, ich pranke sie und alles ist ein großer schlechter Witz. Als ihr klar wurde, dass ich es ernst meinte, brach für sie eine Welt zusammen. Sie sagte nichts mehr, weinte nur noch und zitterte am ganzen Körper. Sie war vor vollendete Tatsachen gestellt worden, konnte nichts mehr ausrichten und sah die Zukunft ihres Sohnes in Trümmern.

Ich versuchte alles, um sie zu beruhigen, nahm sie in den Arm und sprach ihr gut zu. Sie solle sich keine Sorgen machen, ich würde Bewerbungen schreiben, einen Ausbildungsplatz finden und einen normalen Job haben. Ich versprach ihr, nicht zu hartzen, und bat sie gleichzeitig, mir zu vertrauen und an mich zu glauben. Sie schluchzte nur und schwieg.

Vom nächsten Tag an habe ich voll auf YouTube gesetzt und fast nur noch gezockt und Videos gemacht. So bekam ich täglich ein paar Hundert neue Abonnenten. Den Großteil der Videos nahm ich zwar nach wie vor allein auf, aber ich vernetzte mich mit den anderen Spielern der CoD-Community, weil es mir total viel gab, mit anderen cool zu sein und sich gegenseitig zu pushen. Ich war wie eine Maschine, die jetzt heiß lief, und es war tatsächlich eine ganz einfache Rechnung: voller Fokus, mehr zeitlicher Aufwand, stärkere Präsenz, bessere Skills, mehr Aufmerksamkeit, höhere Klickzahlen, mehr Abonnenten.

Mama konnte dem nichts abgewinnen, sie empfand das immer noch als Spinnerei und Unsinn, nichts, womit man Geld verdienen und sich den Lebensunterhalt finanzieren konnte. Sie hörte nie auf, mich zu fragen, ob ich nicht doch zurück in die Schule wolle, um danach ein Studium zu starten. Ihr zuliebe schrieb ich alibimäßig Bewerbungen und schickte sie an Firmen, obwohl ich wusste, dass ich dort sowieso niemals arbeiten würde. Ich wollte einfach, dass sie weniger Angst vor der Zukunft hatte, denn sie war trotz aller Bedenken immer für mich da, unterstützte mich, auch wenn sie nicht an das glaubte, was ich da tat.

Marcel kam inzwischen regelmäßig zu Besuch und sprach viel mit ihr, versuchte sie davon zu überzeugen, dass sie sich keine

Sorgen um uns zu machen brauche. Sie hörte ihm zwar zu, aber letzten Endes war auch er nur ein Studienabbrecher und hatte auf dieselbe Karte gesetzt wie ich. Eine Karte, von der Mama nichts hielt.

Marcel und ich ließen uns aber nicht davon abbringen, dass genau diese Karte unsere Zukunft war. Wir formten unseren Traum und widmeten uns voll und ganz dem Spiel. Wir wurden zu den Gesichtern von Black Ops 2, dem legendärsten CoD-Teil aller Zeiten.

ZIEMLICH BESTE KUMPEL

Marcel begleitet mich auf meinem Weg, seit ich mit YouTube angefangen habe. Anfangs war er ein Vorbild für mich, ich guckte seine Videos, beneidete ihn aus der Ferne um seine ganzen Zuschauer und deren Zuspruch. Als ich mir zusammenträumte, was ich alles mit dem Gaming erreichen könnte, gehörte Marcel zu den Jungs, zu denen ich aufschaute. Er war mir gefühlt immer zwei oder drei Schritte voraus. Er war immer schon da, wo ich als Nächstes hinwollte, also hatte ich immer Respekt vor ihm.

Wie ich auf Marcel aufmerksam wurde, habe ich ja schon erzählt: Er zockte in einem Duell gegen meinen Lieblings-YouTuber xTheSolution, von dem ich kein Video verpasste. Solution hatte schon Hunderttausende Abonnenten und war eine ganz große Nummer, gleich zu Beginn dieser ganzen Ego-Shooter-Bewegung, die sich auf YouTube rasant entwickelte.

Bei dem Duell ging Marcel hoffnungslos unter. Das Highlight für mich aber war, dass ich selbst auch Teil dieser Spielrunde gewesen war. Bei mehreren Hunderttausend Spielern online und nur jeweils 12 bis 18 Spielern pro Lobby war die Wahrscheinlichkeit dafür nämlich ultragering. In dem Video, das später auf YouTube zu sehen sein sollte, kam ich allerdings nicht vor. Schließlich ging es da nur um Solution und Marcel.

Dass ich jemals ein Duell gegen Solution bekäme, hielt ich für ausgeschlossen. Aber Marcel, so dachte ich, könnte klappen. Im

Vergleich zu mir war er zwar auch erfolgreich unterwegs, hatte immerhin dreißigmal so viele Abos, aber die Chance, dass er auf meine Anfrage antworten würde, war doch um einiges größer. Und so schrieb ich ihm, er antwortete, und die Sache war safe. Ich zog ihn einmal ab, dann ein zweites Mal, weil das Mikro beim ersten Mal nicht richtig funktioniert hatte, und dann ging jeder wieder seiner Wege. Monate später schrieb ich ihm erneut, er ließ sich wieder auf ein Duell ein und verlor erneut. Mir imponierte, mit welcher Leichtigkeit er das alles hinnahm. Anders als ich musste er nicht immer zwanghaft gewinnen.

So im Rückblick wird mir erst richtig klar, wie viel er eigentlich für mich getan hat. Er wechselte zur PlayStation 3, damit wir zusammen spielen konnten. Er überließ es mir, einen CoD-Clan auf der PS3 anzuführen. Den Clan Impact, den er auf der xBox noch geführt hatte. Das zeigt, welches Vertrauen er in mich hatte. Wir waren jeden Tag ununterbrochen im Austausch, auch wenn wir nicht miteinander zockten. Mittags, gleich nach der Schule, rief ich ihn über Skype an, und wir ließen den Call meist den ganzen Tag laufen, auch wenn mal der eine, dann der andere gar nicht zu Hause war. Die Leitung stand trotzdem. Ich erinnere mich an Tage, an denen ich erst beim Essen war, dann beim Einkaufen und schließlich noch mit Kumpels chillte, doch sobald ich zu Hause war und ins Mikro sprach, war Marcel dran, weil die Leitung noch stand.

Natürlich drehte sich vieles um Call of Duty, aber das war bei Weitem nicht das Einzige. Wir sprachen über Gott und die Welt, über Girls, über Probleme mit den Eltern, in der Schule, einfach über alles, was uns bewegte. Und wir hatten uns bis dahin nicht ein einziges Mal persönlich getroffen, es war also die heftigste Online-Bromance.

Ich habe mich nie gefragt, ob das auch nur ansatzweise komisch ist, einem Typen, dem ich bisher noch keinmal gegenübergestanden hatte, alles Mögliche anzuvertrauen. Es fühlte sich einfach richtig an. Wir waren auf einer Wellenlänge, also haben wir durchgezogen. CoD hat uns zusammengebracht und war eine Säule unseres Lebens. Wir haben uns gegenseitig gepusht und uns, wo immer es ging, geholfen – bis ich eines Tages meinte, dass Erfolg mindestens genauso wichtig sei wie Freundschaft.

Ich nahm alles für völlig selbstverständlich und guckte nur noch auf mich und wie *ich* weiter nach oben kommen konnte. Dabei habe ich oft das Zwischenmenschliche vergessen und Grenzen überschritten, was mir im Nachhinein sehr leidtut. Meine Fahnenflucht von Impact zu Apokalypto, unserem größten Gegner, war da nur die Spitze des Eisbergs. CoD war meine Welt, ich dachte nonstop nur daran, wie ich besser werde, welche Plays ich hochladen soll und wie ich mein Spiel noch toppen kann, auch wenn ich schon einer der Besten war.

Ich bin nicht stolz drauf, aber zeitweise hat mich echt eine Art Rausch gepackt. Immer weiterzukommen, mehr Anerkennung und Fame zu kriegen. Früher hatte das gar keine Rolle gespielt, aber irgendwann hat es mich doch gepackt. Darüber habe ich wohl manches Mal meine gute Kinderstube vergessen.

Ich wollte immer mehr. Nur in einem coolen Clan mit guten Spielern zu zocken reichte mir nicht. Der Apokalypto-Clan von ApoRed war das Nonplusultra, das prestigeträchtigste Team und eben noch krasser als Impact. Das sollte mein nächster großer Schritt nach vorne sein.

Eines Tages schrieb mir Yasin, ein Mitglied des Apokalypto-Clans. Wir freundeten uns schnell an, texteten viel, zockten regelmäßig. Irgendwann meinte er ganz beiläufig:

»Digga, Anton! Du solltest für unseren Clan zocken.«

»Wie meinst du das?«

»Na ja, du bist einer der krassesten CoD-Spieler. Und wir sind das heftigste Team. Zähl doch mal eins und eins zusammen.«

»Meinst du das ernst?«

»Klar, ich rede mal mit Red, der kennt dich ja eh schon.«

Ja, ApoRed kannte mich schon. Sein Kommentar unter meinem Video war ein derber Ritterschlag für mich. Es ist nämlich nicht so, dass sich die besten Spieler untereinander alles gönnen. Gönner sind selten in der Branche, auch weil sich die Großen der Tragweite ihrer Handlungen bewusst sind. Ein großer Spieler weiß ganz genau, dass die Szene genau hinguckt, bei wem er was kommentiert. Für mich war sein Kommentar darum einfach eine Ehre, und als Red mir dann noch schrieb, ich solle in sein Team kommen, war es eine riesen Auszeichnung. Ich zögerte kurz, aber eigentlich war klar: Ich wechsele den Clan.

Marcel gegenüber habe ich den Schwanz eingezogen. Ich habe nicht mal die Eier gehabt, ihn anzurufen und ihm zu sagen, was ich vorhatte. Ich schämte mich und ging einer direkten Konfrontation aus dem Weg, denn ich wusste, dass es menschlich nicht korrekt war, was ich tat. Wir waren dabei, etwas aufzubauen, auf das Spiel bezogen, aber noch viel mehr rund um unsere Freundschaft. Ich hatte jedoch entschieden, das Ganze kaputtzumachen, weil es mir wichtiger war, als Gamer voranzukommen. Ich schrieb ihm eine Nachricht, dass ich in Zukunft für Apokalypto antreten würde. Ganz kühl und distanziert.

Für Marcel ist mit der Nachricht eine Welt zusammengebrochen. Er schrieb immer wieder: »Anton, Digga, das kannst du mir doch nicht antun. Das ist unser Team, und du bist der Kopf!«

Aber ich konnte – und ich tat es. Es fühlte sich an, als wären wir ein altes Ehepaar und ich wäre fremdgegangen und hätte mich für die andere entschieden. Und das, ohne auch nur ein einziges Mal mit ihm darüber gesprochen zu haben, was vor sich ging und womit ich mich beschäftigte.

Ein paar Tage später haben wir dann doch geskyped, aber kaum miteinander gesprochen, wir kriegten beide kaum ein Wort raus. Die Stimmung war so down, keiner von uns wusste, was er sagen sollte. Ich habe ihn vor vollendete Tatsachen gestellt, ohne dass er überhaupt eine Chance gehabt hatte, mich in unserem Team zu halten.

In den folgenden Wochen sprachen wir nur das Nötigste miteinander. Kurzes Abchecken, wie es so geht und was der andere so macht, richtig oberflächlicher Müll halt. Das Problem war: Bevor ich das Team wechselte, hatte ich mit Marcel einen gemeinsamen Trip ausgemacht. Wir wollten zusammen nach Köln zur Gamescom fahren und dort zum ersten Mal auch im Real Life chillen. Wir hatten die Tickets, das Hotelzimmer, alles war safe. Daher beschlossen wir, es trotz allem durchzuziehen.

Ich erinnere mich noch ganz genau an unsere erste Begegnung am Kölner Hauptbahnhof. Ich war vorher noch nie allein gereist. Marcel kam mit dem Zug aus Hameln, ich aus Bayreuth, und für uns beide war es eine Premiere: Wir trafen zum ersten Mal einen Fremden, der doch so vertraut war durch all die Skype-Sessions. Klingt alles irgendwie voll nach Blind Date, wenn man mal davon absieht, dass hier zwei CoD-Zocker zur Gamescom unterwegs sind, oder?

Marcel war in etwa so, wie ich ihn von Skype kannte und mir vorgestellt hatte. Er trug eine übertrieben weite Jogginghose und sah so aus, als hätte er gerade noch auf der Couch vor dem Fernseher gechillt. Seine Haare waren zerzaust, und er wirkte von der Zugfahrt etwas mitgenommen.

Er lachte mich aus und meinte, ich sei ein Lauch und gar nicht so der Playboy, den er sich vorgestellt hatte. Kein Plan, warum er das von mir dachte. Wir lachten beide ein bisschen über den anderen, weil es einfach eine zu weirde Situation war, das erste Mal vor jemandem zu stehen, den man bereits richtig gut kannte und mit dem man quasi jeden Tag verbunden war.

Wir fuhren direkt in unser Hotel, irgendeine ranzige Absteige in Bahnhofsnähe, die wir Wochen zuvor in einer Nacht-und-Nebel-Aktion gebucht hatten. Trotz meiner Fahnenflucht wirkte plötzlich alles in Ordnung. Ich denke, Marcel hatte mir zwar nicht verziehen, seine Enttäuschung aber zumindest gut überspielt.

Wir haben im Hotel gechillt, gegessen und über jeden Scheiß geredet. Es war so wie immer, nur dass es eben Real Life war, was wir beide richtig gefeiert haben. Die ganze Nacht liefen Sexy Sport Clips auf Sport1, mit den ganzen nackten Girls, und ich bin irgendwann einfach eingepennt.

Bevor wir am nächsten Morgen zur Gamescom gefahren sind, erzählte mir Marcel noch, was in der Nacht zuvor passiert war, während ich geschlafen hatte. Er sei ziemlich horny geworden und habe sich auf diese Girls im TV einen runtergeholt, obwohl ich im Bett daneben gepennt habe. Er hatte einfach keinen Bock, aufzustehen und ins Bad zu gehen, also war er einfach liegen geblieben und hatte in einen Socken gewichst, der dann morgens im Papierkorb lag. Das war die ekelhafteste Vorstellung, die ich jemals hatte. Marcel, der Sockenwichser. Ich konnte es nicht fassen.

Der Tag auf der Messe war ganz entspannt. Wir sind stundenlang rumgelaufen, haben andere Spieler getroffen und mit denen gechillt. Alles ganz easy. Marcel war der korrekteste Typ ever. Er hat die Zeit in Köln einfach genossen und ist gar nicht weiter auf die Sache mit Impact und Apokalypto eingegangen. Das war der Grundstein unserer Freundschaft, die bis heute hält und einer der wichtigsten Pfeiler in meinem Leben ist.

Nach der Gamescom besuchte Marcel mich in Bayreuth, oder ich fuhr zu ihm nach Hameln, wir chillten, zockten und hatten immer eine geile Zeit. Damals war er noch ein richtiges Kellerkind. Wohnte bei Mama, hing fast nur vor dem Rechner. Aber wenn wir uns sahen, war es nicht ansatzweise so, dass wir uns wegsperrten, um zu zocken, eher im Gegenteil. Marcel ist drei Jahre älter als ich und machte zu der Zeit noch sein Studium, und als Student gehört es ja nun mal zum guten Ton, auch mal feiern zu gehen. Also taten wir das hin und wieder, obwohl ich nicht mal volljährig war.

Allerdings kann man echt nicht sagen, dass wir sonderlich trinkfest gewesen wären. Ich erinnere mich an eine ganz heftige Absturznacht in einem Pub. Wir hatten uns mit irgendwelchen Engländern angefreundet und uns übelst die Kante gegeben. Da wir keine geübten Trinker waren, ging das immer recht schnell.

Spätnachts sind wir heim zu Marcel, völlig besoffen und komplett durch. Ich habe schon auf dem Heimweg gekotzt, Marcel dann erst, als er im Bett war. Ich hörte ihn nur keuchen und richtete mich auf, da sah ich so eine ekelhafte braune Pfütze direkt neben seinem Kopf. Er hat in sein Bett gekotzt und dann einfach weitergepennt!

Morgens kam seine Mama irgendwann ins Zimmer, sah das eklige Desaster und schüttelte nur den Kopf. Sie machte uns Tee, um uns wieder ins Leben zu holen, aber Marcel war noch völlig im Leichenmodus und konnte nicht mal trinken. Also habe ich vor lauter Nachdurst beide Tassen weggeschlürft, übertrieben laut, weil der Tee so heiß war. Mein Mund war danach zwar komplett taub, weil ich mir alles verbrannt habe, aber über das Schlürfgeräusch, das Marcel minutenlang ertragen musste, lachen wir noch heute.

Auch wenn wir ab und zu solche Exzesse hatten, die wir beide nicht bereuen, war und ist Marcel ein sehr bedachter und tiefgründiger Mensch. Er nimmt sich die Zeit, über Dinge nachzudenken und zu reflektieren, was sie für Konsequenzen haben. Wenn wir über vergangene Erlebnisse sprechen, kann er sich an alle Details haargenau erinnern, so als wären sie erst gestern passiert. Außerdem kenne ich niemanden, der so ein breites Allgemeinwissen hat, der so tiefsinnig ist und so schlau wie Marcel. Ich wünsche mir wirklich, ich hätte mir öfter ein Beispiel an ihm genommen, dann hätte ich in den letzten Jahren wohl bessere und klügere Entscheidungen getroffen.

Heute ist er das komplette Gegenteil von dem Klischee-Zocker, jenem Bild, das uns die Öffentlichkeit gerne aufzwingt: stumpf, einsam, Kellerkind vor dem PC, abgeschottet von der Realität. Alles Quatsch. Wir sind beide nicht eindimensional. Weder er noch ich. Wir hatten immer schon auch andere Hobbys als nur das Zocken. Auch unsere Kanäle auf YouTube haben sich im Laufe der Jahre weiterentwickelt und sind nicht in der Blase stecken geblieben, die damals mit CoD begann.

Marcel ist zum echten Entertainer mutiert und liefert viele verschiedene Inhalte. Er hat eine Strategie, weiß, was sein Publikum sehen will, und geht genau darauf ein. Darin zeigt sich, was für ein kluger Kopf er ist. Trotzdem verliert er nie den Spaß an der Sache, ist immer noch ganz der Entspannte. Denn Content nur nach Strategie raushauen, obwohl es einem gar nichts gibt, ist ja letztlich auch Mist. Das können gern andere machen – aber irgendwann fällt einem das immer auf die Füße. Ich weiß, wovon ich rede ...

Ja, ich habe viel von Marcel gelernt und besonders menschlich stark von ihm profitiert. Wir wurden beste Freunde, aber im Spiel waren wir auch immer Konkurrenten. Die Konkurrenz hat uns sogar zu besseren Freunden gemacht, weil wir den anderen und seine Skills im Spiel, aber auch im Leben schätzen. Wir konnten aneinander wachsen. Man pusht sich ganz unbewusst, wenn man eine starke Persönlichkeit als Freund an seiner Seite hat.

Beim Zocken allerdings habe ich Marcel noch was beibringen können. Ich wurde über die Jahre immer besser, und er schaute sich vieles von mir ab. Ich freute mich einfach darüber, dass er krasser wurde. Er hingegen hatte längst einen Business-Blick auf die Szene. Er hat als einer der Ersten verstanden, dass dieser ganze Film auch Kohle und nicht nur Spaß bringen kann. Und er hatte die Souveränität, alle, die in seinem Kreis waren, mitzuziehen. Er war nie einer, der sich an anderen hochzieht, sondern vielmehr derjenige, der andere hochzieht.

Vor allem aber hat er mir immer wieder bewiesen, dass er verzeihen kann. Ich habe viel Mist gebaut und war oft extrem selbstbezogen, doch Marcel war nie nachtragend. Auch über meinen Seitenwechsel zum ärgsten Gegner konnte er hinwegsehen. Als ich nach nur wenigen Monaten merkte, dass ich gar nicht in den Apokalypto-Clan passte, kehrte ich reumütig zu Impact zurück, und Marcel nahm mich wieder auf. Er unterstützte mich auch bei meinem Vorhaben, die Schule abzubrechen, um an einem ganz neuen Weg zu arbeiten, den wir gemeinsam gehen wollten. Er zog mit mir zusammen nach Köln und setzte wie ich alles auf eine Karte. Er durchlebte mit mir etliche Höhen, aber vor allem Tiefen.

Und genauso, wie er am Anfang meiner Geschichte für mich da war, genauso war er auch bei meinem Offenbarungsvideo am Start. Man könnte sagen, so schließt sich der Kreis, aber ich glaube und hoffe, wir sind noch längst nicht am Ende.

KAPITEL 8

SCHWESTER I

Die ganze Geschichte mit den Finanzen spielte ab 2014 eine immer größere Rolle. Ich zog nach Köln, fing an, eigenes Geld zu verdienen. Bis dahin war bei mir ja nichts zu holen gewesen. Nach außen hin war meine eigentliche Situation praktisch nicht präsent. Niemand wusste davon, und ich habe mir viel Mühe gegeben, dass man es mir auch nicht anmerkte. Ich wurde zum Meister der Verdrängung, habe mein Leben gelebt, als hätte ich keine – oder zumindest andere – Probleme. Die Story mit dem Geld war wie ein Film, der parallel zu allem anderen ablief. Man kann diesen Film aber nur als Ganzes verstehen, daher trenne ich ihn von all den anderen Storys, die ich ab jetzt erzählen werde, damit er sich nicht in meinem anderen Film verliert.

Da gab es nun also mein offizielles Leben, und eine parallele Ebene darunter passierte die Geschichte mit meiner Schwester und ihrem Mann. Es begann eigentlich ganz harmlos. Wohin es sich entwickeln würde, konnte damals niemand ahnen.

Meine Schwester ist neun Jahre älter als ich. Wegen des großen Altersunterschieds war sie nicht nur Schwester, sondern auch Erziehungs- und Aufsichtsperson für mich, also eigentlich wie eine zweite Mutter.

Wenn wir später mal nicht einer Meinung waren, bekam ich zu hören: »Anton, ich habe deine Windeln gewechselt.« Ein ziemlich gemeines Totschlagargument. Gestritten haben wir uns aber so gut wie nie. Ich war viel zu jung, um ihr irgendwas entgegen-zusetzen, und habe meist auf sie gehört, wenn sie mir Ansagen machte.

Sie hat mich zum Kindergarten gebracht und mich auch wieder abgeholt; als ich etwas älter war, haben wir zusammen Super Nin-tendo gespielt. Bis sie nach dem Abitur zum Studium nach Regens-burg zog, waren wir unzertrennlich. Sie war ohne Zweifel meine erste Bezugsperson und beste Freundin. Manchmal habe ich mir zwar einen Bruder gewünscht, mit dem ich Fußball spielen oder auf den Spielplatz gehen konnte, weil sie darauf keine Lust hatte. Dafür fuhr sie mich mit dem Fahrrad durch die Gegend. Dann saß ich hinten auf dem Gepäckträger, hielt mich an ihrem Bauch fest und streckte meine Beine weit weg von den Speichen. So fuhren wir die Straßen in unserer Nachbarschaft rauf und runter. Oder wir spielten stundenlang alle möglichen Brettspiele. UNO, Rummy oder Monopoly. Bei Letzterem überließ sie es mir, die Bank zu sein, da ich mit fünf oder sechs Jahren schon gut rechnen konnte. Ich mochte das Gefühl, was draufzuhaben. Und sie wollte mich fordern, mich anspornen und impfte mir – ebenso wie unsere El-tern – immer wieder ein, wie wichtig es sei, dass ich fit im Kopf bin und in der Schule gute Noten schreibe.

Entsprechend hat auch sie mich in Sachen Schule extrem unterstützt. Sie hat mir bei den Hausaufgaben geholfen, sich ge-duldig meine vielen Fragen angehört und mir die Welt erklärt. Eigentlich haben alle immer gepusht, wenn es um Schule ging. Meine Schwester war selbst auf dem Gymnasium und eine der besten Schülerinnen überhaupt. Geschichte und Sprachen lernte sie mit Leichtigkeit.

Abseits der Schule war sie sehr brav, höflich und zurückhal-tend. Der Respekt vor meinen Eltern war viel zu groß, als dass sie sich mal Alkoholeskapaden oder andere Dummheiten geleistet hätte. Sie hat schlichtweg nichts angestellt, ihre Grenzen nie wirklich ausgetestet. Ein echtes Vorzeigemädchen.

Später erzählte sie, das habe damit zu tun gehabt, dass sie die Strenge unserer Eltern viel stärker zu spüren bekam als ich. Bei mir waren sie schon etwas entspannter, wussten durch das erste Kind, wie ein Teenager so tickt, worauf er Lust hat und worauf nicht, was sie in der Pubertät erwartete. Das hat bestimmt ein wenig geholfen.

Außerdem hat meine Schwester mich immer in Schutz genommen. Wenn meine Eltern bei einer Drei mal wieder durchgedreht sind und es nicht fassen konnten, dass ich so schlecht war, hat sie mich verteidigt und ihnen erklärt, dass es nicht so einfach ist, ständig nur die besten Noten zu schreiben. Wenn ich einen Anschiss bekam, egal wie berechtigt er war, stellte sie sich vor mich. Vor anderen Menschen ließ sie mich immer im besten Licht erstrahlen und schwärmte nur von mir.

So höflich und zurückhaltend meine Schwester auch gewesen sein mochte, von meinem Papa hat sie ihre starke Seite geerbt. Sie war so temperamentvoll wie er und hat nie gezögert, ihre Meinung zu sagen und dafür einzustehen. Sie war sehr ehrgeizig und ließ keinen Zweifel daran, dass sie nach einem besseren Leben strebte, als wir es in Bayreuth hatten. Sie wollte die Welt sehen, Geld verdienen und mehr als nur ein durchschnittliches Leben in einer deutschen Kleinstadt führen. Das war ihre Motivation, in der Schule genauso wie im Studium, um einen geilen Beruf ergreifen zu können, der ihr einen gehobenen Lebensstandard garantiert. Die Einstellung, die auch meine Eltern hatten und die mir regelrecht eingetrichtert wurde: Mit Fleiß und Anstrengung gelangt man zu etwas Besserem.

Ausgehen und Partymachen, das hat meine Schwester nicht interessiert. Stattdessen nahm sie Tanzunterricht oder war auf Konzerten. Sie durfte sich erst mit 16 schminken und so auch in die Schule gehen, auf russischem Style, mit hohen Schuhen und langem Kleid. Sie mochte es, sich mal aufzubrezeln, aber eben nicht Hoe-like.

Meine Schwester war nicht die Beliebteste in der Schule, obwohl sie die liebste Person ever war. Aber das ist ja meistens so. Wer zu den Besten gehört, wird als Streber abgetan, und die Leute versuchen, einen schlechtzumachen, obwohl man niemandem etwas tut. Im Jahrbuch der Abiturklasse wurde sie als Einschleimerin Nummer eins betitelt. Ich weiß nicht, wie gut sie damit umgehen konnte, aber nach außen zeigte sie keinerlei Schwächen. Sie war stolz, als ihr das Abiturzeugnis mit besonderer Auszeichnung – als beste Französisch-Abiturientin im ganzen Umkreis – überreicht wurde. Alle haben geklatscht, und sie feierte, dass sie es den anderen gezeigt hatte. Sie war sich sicher, dass sie mehr im Leben reißen würde als der Rest.

In Regensburg begann meine Schwester dann, Deutsch und Spanisch zu studieren, mit Schwerpunkt auf Internationale Beziehungen. Sie wollte vielleicht eines Tages bei einer großen, international tätigen Organisation wie UNICEF arbeiten und Gutes tun. Sprachen sind schon immer ihr Ding gewesen. Englisch, Spanisch, Russisch und Französisch beherrscht sie perfekt in Wort und Schrift. Ich kann nur mehrere Sprachen sprechen, sie kann sie auch schreiben.

Auch als sie auszog, blieb unser Verhältnis eng. Sie wusste immer, was bei mir abgeht. Ab und zu haben wir sie auch besucht, oder sie kam nach Hause, aber sie hat schon sehr viel Wert darauf gelegt, ihr eigenes Ding zu machen. Sie wollte ein selbstständiges, unabhängiges Leben führen, ohne meine Eltern über alles auf dem Laufenden halten zu müssen. Das verstehe ich heute viel besser als damals, als ich mich manchmal fragte, warum sie nicht einfach mal ein paar Tage länger zu Besuch kam.

Während ihres Bachelor-Studiums machte sie ein Auslandssemester in Madrid, wo Mama und ich sie auch besucht haben. Papa war leider nicht mitgekommen, weil er das Geld lieber zusammenhalten wollte. Er meinte, wenn er zu Hause bleibe, hätten wir etwas mehr über, als wenn er mitfahren würde. Dabei schliefen Mama, meine Schwester und ich sogar zu dritt in dem kleinen WG-Zimmer meiner Schwester, um den Trip so kostengünstig wie nur möglich zu halten. Trotzdem war es ihm zu teuer.

Ich fand es richtig krass, als heftigster FC-Barcelona-Fan in der Stadt des Erzrivalen zu sein. Da konnte ich es mir natürlich nicht nehmen lassen, im Stadion von Real Madrid eine Tour mit Barcelona-Trikot zu machen. Die Leute zogen mich zwar damit auf, dass ich Katalane hier gar nicht reindürfe, aber ich war ein 14-jähriger Knirps, dem man eigentlich nichts übel nehmen konnte.

Dass meine Schwester so ganz allein in einer fremden Großstadt, ja sogar in einem fremden Land ihr Ding durchzog, hat mich und bestimmt auch unsere Mama stark beeindruckt. Alles schien perfekt, das Studium lief gut, und meine Schwester war sogar zum ersten Mal so richtig heftig verliebt. Sie stellte uns ihren neuen Freund vor, der mir sofort sympathisch war. Ein Kolumbianer und etwa fünf Jahre älter als sie.

Bis hierhin hätte alles gut und gerne so weiterlaufen können, aber leider kam es anders.

Ihr damaliger Freund hatte nämlich eine Schwester, mit der wiederum mein heutiger Schwager zusammen war. Heißt: Meine Schwester hat ihren späteren Mann über ihren damaligen Freund kennengelernt. Ein blöder Zufall mit schwerwiegenden Folgen für die ganze Familie.

Kurz darauf verließ sie ihren Freund und stellte uns den Neuen vor. Bei unseren Eltern sorgte ihre Wahl für einige Verwunderung, denn der Altersunterschied zwischen den beiden beträgt stolze 20 Jahre. Mich hat das nicht groß gejuckt. Sie stellte ihn mir als »Geschäftsmann« vor, und das war's eigentlich schon.

Ich habe mir nicht allzu viele Gedanken gemacht. Letztlich war es ja ihre Sache, mit wem sie zusammen sein wollte. Man kann sich halt nicht aussuchen, wie alt derjenige ist, in den man sich verliebt. Klar war das auf den ersten Blick auch für mich eine Überraschung, aber sie hatte mir direkt erklärt, was für ein toller Mensch er sei, wie gut er sich um sie kümmere und wie erfolgreich seine Geschäfte liefen.

Bei meinen Eltern war das schon viel schwieriger. Sie konnten nicht begreifen, dass sich ihre Tochter, ein so hübsches und gescheites Mädchen (inzwischen natürlich eine junge Frau), einen so alten Knacker aussuchte, der fast so alt war wie meine Eltern selbst. Verliebt hin oder her, das war ein Schock, und sie taten sich extrem schwer damit, das alles zu akzeptieren. Hinzu kam, dass sie sich kaum mit ihm unterhalten konnten, da er nur Spanisch sprach, was sie nicht beherrschten. Trotzdem gaben sie sich Mühe, unvoreingenommen zu sein. Meine Schwester war ihren Weg bislang so vernünftig und verantwortungsvoll gegangen, dass es keinen Grund gab, ihr nicht zu vertrauen.

Anfangs führten meine Schwester und ihr neuer Freund eine Bilderbuchbeziehung. Sie bereisten die Welt, fuhren mit dem Auto durch Frankreich und Italien, reisten nach Lissabon. Er zahlte. Als Studentin hätte sich meine Schwester das alles niemals leisten können. Für sie schien ein Traum in Erfüllung zu gehen mit einem

Mann an ihrer Seite, der ihr all das ermöglichte. Ich denke, diese Unternehmungen haben die beiden extrem zusammengeschweißt, wie es eben nur gemeinsame Erfahrungen können. Sie entfernten meine Schwester erst mals so richtig von ihrer eigentlichen Familie und brachten sie näher hin zu ihrem heutigen Ehemann.

Dann ging alles ganz schnell. Im Frühjahr sind die beiden zusammengekommen, ein paar Wochen später hat sie uns davon erzählt und ihn uns vorgestellt. Und wieder ein paar Wochen später hat er uns alle zusammen nach Paris eingeladen, wo er ihr den Heiratsantrag machte.

Ich dachte: Jackpot! Meine Schwester hat so einen heftigen Business-Typen am Haken, der cool und erfolgreich ist. Was Besseres kann ihr gar nicht passieren, als dass sie einen Mann liebt, der was draufhat und ihr ein geiles Leben bieten kann. Niemand von uns konnte ahnen, dass er eine Show abgezogen hat und eigentlich ein Hochstapler war. Nichts deutete darauf hin, und wir alle vertrauten der Menschenkenntnis meiner Schwester. Sie war doch so intelligent und würde nie auf einen Typen reinfallen, der ihr nur was vorspielt.

Anders kann ich mir unsere damalige Haltung nicht erklären. Niemand von uns wollte ihr in ihr Privatleben reinreden. Wenn man verliebt ist, macht man nun mal keine Background-Checks. Als ich ein paar Jahre später anfing, mein eigenes Ding zu machen, hätte ich mich auch von niemandem aufhalten lassen. Genau genommen würde ich das auch heute nicht. Somit bin ich zwar das größte Opfer dieser Geschichte, wie sich noch herausstellen sollte, kann die Entscheidungen meiner Schwester aber trotzdem verstehen.

Der Trip nach Paris war einer der Hauptgründe, wieso wir diesem Mann geglaubt haben, was er uns erzählte. Er spendierte uns einen Wochenendausflug in die französische Hauptstadt. Es war Ende August, und meine Eltern zerbrachen sich den Kopf, was es mit dieser Einladung auf sich hatte. So eine Aktion kam ihnen irgendwie übertrieben vor. Aber sie dachten wohl, dass sie den neuen Freund ihrer Tochter lieber besser kennenlernen wollten, als nicht auf sein Angebot einzugehen und im Ungewissen zu bleiben.

Die Reise war die perfekte Kulisse für eine große Inszenierung. Es blieb nicht dabei, dass er die Kosten für Reise und Hotel übernahm, er machte uns auch teure Geschenke. Ich bekam ein iPad, und er bestand darauf, meiner Mama eine Louis-Vuitton-Tasche zu kaufen. Er ließ nicht mit sich reden, wenn man etwas ablehnen wollte, sondern bekräftigte immer, dass das doch alles gar nicht der Rede wert sei, schließlich arbeite er hart für seinen Erfolg und gebe das Verdiente gerne für die Menschen aus, die ihm wichtig seien. Der Freund meiner Schwester trumpfte richtig auf, gab sich als wohlhabender Typ, weltmännisch und charmant. Der ganze Trip hat ihn safe 10k gekostet, aber das war es ihm wohl wert, um uns hinters Licht zu führen.

Natürlich hat uns das beeindruckt. Alles war so selbstverständlich, wir haben keine Sekunde an ihm gezweifelt. Er nutzte den Augenblick, blendete uns, stimmte uns positiv. Zum krönenden Abschluss ging er vor meiner Schwester auf die Knie und machte ihr einen Heiratsantrag. Kein halbes Jahr, nachdem sie sich kennengelernt hatten.

Den Antrag inszenierte er heftigst. Wir waren auf einem Schiff auf der Seine zum Abendessen. Ein Neun-Gänge-Menü, das er arrangiert hatte. Es gab Muscheln und Schnecken, und es schmeckte richtig krass, daran erinnere ich mich ganz genau. Für uns war so ein Luxus natürlich komplettes Neuland, aber wir haben uns darauf eingelassen und es richtig genossen. Fünf Leute, neun Gänge und richtig guter Wein, da kommt man mit tausend Euro wahrscheinlich nicht hin.

Auf einmal gingen alle Lichter aus, und es ertönte Geigenmusik. Ein Lichtkegel wurde auf meine Schwester gerichtet. Ich war schon ein paar Stunden vorher eingeweiht worden, dass er um ihre Hand anhalten wollte. Er hatte es mir trocken über WhatsApp mitgeteilt und mich gebeten, dafür zu sorgen, dass alle schick angezogen waren. Ich freute mich für meine Schwester und hielt dicht. Meine Eltern waren natürlich völlig perplex, aber eine solche Show hätte ich auch nicht erwartet. Er hat es voll durchgezogen, ließ Champagner kommen, und in dem Glas meiner Schwester lag ein Cartier-Ring. Er hielt einen Monolog – natürlich auf Spanisch –, fragte dann meine Eltern, ob es für sie in Ordnung sei, dass er ihre Tochter bittet, ihn zu heiraten. Diesen kompletten Gentleman-Film eben. Dann ging er auf die Knie und hielt um ihre Hand an.

Er hat es perfekt gemacht. Er wirkte höflich, zuvorkommend und natürlich sehr wohlhabend. Sein Alter spielte für niemanden mehr eine große Rolle. Meine Schwester war überwältigt und sagte Ja.

Und Schlag auf Schlag ging es weiter. Nur zwei Monate später war meine Schwester schwanger. Die beiden reisten weiterhin viel, weil sie die verbleibende Zeit nutzen wollten, ehe mein Neffe zur Welt kam. Nach der Geburt des Kindes sei man ja etwas eingeschränkter, wie sie immer wieder betonten.

Wir hinterfragten diesen Mann nicht. Was er uns vorlebte, ergab ein glaubwürdiges Bild. Die Inszenierung in Paris, die darauf folgenden Reisen nach Südfrankreich und Südamerika, all die teuren Taschen und Schuhe, die meine Schwester plötzlich besaß.

Allem Anschein nach war dieser Mann extrem erfolgreich und gab sein Geld mit vollen Händen aus. Ich würde es genauso machen, dachte ich. Eines Tages wollte ich mir auch so einen Status erarbeiten und mir und meiner Familie einen solchen Lebensstandard bieten können.

Sein Beruf hingegen war nicht so wirklich greif- und nachvollziehbar. Geschäftsmann kann ja alles und nichts bedeuten. Er war nicht der CEO von BMW oder der Boss einer Bank, der jeden Tag ins Büro muss, Angestellte und feste Arbeitszeiten hatte. Dann wären wir ihm schnell auf die Schliche gekommen. Aber der Typ war gewieft und hat sich alles so zurechtgelegt, dass wir ihn nicht einfach so beim Lügen erwischen konnten.

In der Anfangszeit hat Papa ihn mal gegoogelt. Klar, wenn jemand vorgibt, Multimillionär zu sein, dann ist die Wahrscheinlichkeit hoch, dass irgendwo im Internet etwas über die Person steht. Es tauchten aber nur ein paar wenige, recht merkwürdige Ergebnisse auf. Natürlich alles auf Spanisch, aber was ich verstand, drehte sich um Geldwäsche und irgendwelche Grundstücke, die nicht bezahlt worden waren. Auf Nachfrage, warum sein Name mit solchen kriminellen Themen in Verbindung gebracht wurde, beharrte er darauf, dass diese Berichte allesamt fake seien und von Leuten stammten, die ihn schlechtreden wollten und daher falsche Behauptungen aufstellten. Dem sollten wir gar keine Beachtung schenken. Wenn man so erfolgreich sei wie er, gebe es immer irgendwen, der einem was anhängen wolle.

Uns hat er erzählt, dass er im Rohstoffhandel tätig ist, als Vermittler zwischen Verkäufer und Käufer. Eine Art Mittelsmann und Netzwerker. Da er Spanisch spreche und aus Venezuela stamme, habe er in Lateinamerika Kontakte zu vielen Zuckergebieten. Er kenne, so behauptete er, die drei größten Zuckerproduzenten Brasiliens und reise für die durch die Welt, um Käufer zu finden. Dafür würde er als Vermittler die Kommission absahnen. Das war sein Business-Konzept. Im Nachhinein ist das natürlich alles etwas mysteriös, aber damals verschwendete keiner von uns einen Gedanken daran, dass hier etwas faul sein könnte. Sein Konstrukt hatte er nämlich schon aufgebaut, ehe er meine Schwester kennenlernte.

Ab und zu erzählte meine Schwester von diesem Mann, auch schon bevor sie mit ihm zusammenkam. Nachdem sie sich über ihren damaligen Freund kennengelernt hatten, half sie ihm dabei, Dokumente für seine »Geschäfte« zu übersetzen. Sie spricht ja fünf Sprachen fließend. Diese Geschäftsmann-Nummer hat er also schon damals abgezogen und auch die ersten leeren Versprechungen gemacht. Bezahlt hat er meine Schwester für ihre Arbeit nämlich nie. Stattdessen sprach er davon, dass er eine heftige Position bekomme, sobald die Geschäfte abgewickelt und die Papiere unterschrieben seien.

Die Dokumente hatten es in sich. Meine Schwester erzählte uns davon, und die Größenordnung war enorm. Über eine Million Provision. Pro Monat! Drei Jahre lang! Sie war beeindruckt, dass ihr Bekannter mit solchen Multimillionären verhandelte, und stolz darauf, selbst etwas dazu beitragen zu können.

Auch sein Auftreten passte zu seiner Geschichte. In Madrid waren wir einmal mit ihm, seiner damaligen Freundin, meiner Schwester, ihrem Ex, meiner Mama und ein paar anderen aus der Madrid-Clique zum Essen in so einem fetten kolumbianischen Restaurant. Er trug teure Klamotten, Gürtel von Salvatore Ferragamo, Schuhe von Louis Vuitton, dieser ganze Film. Ohne auch nur darüber nachzudenken, hat er die Rechnung für zehn Leute gezahlt. Es wirkte deswegen alles so seriös, weil es für ihn so normal und alltäglich schien.

Als die beiden dann zusammenkamen, ging es mit den Reisen und Geschenken los. Meine Schwester bekam alles, was sie sich wünschte, das ganze Programm. Wie sehr ihr das getaugt hat, konnte man an den Fotos und Nachrichten sehen, die sie uns schickte. Schuhe für 900 Euro bedeuteten für sie automatisch, dass er nur ein toller Mann sein konnte. Sie war hin und weg und komplett verblendet.

Wir allerdings auch. Wir wussten ja, dass meine Schwester kein Geld verdiente, weil sie noch studierte. Wir wussten also auch, dass er für wirklich alles aufkommen musste und es bereitwillig tat.

Ich erinnere mich an unsere erste gemeinsame Reise, noch vor der Verlobung. Alles passte perfekt ins Bild. Er lud uns nach Prag ein. Meinen Eltern war das unangenehm, aber er legte solchen Wert darauf, dass sie schließlich zustimmten. Sie wollten ihm ja auch eine Chance geben.

Er zahlte alles. Natürlich auch das teure Restaurant. Es lag in einem Keller, wir waren ganz allein dort, also sehr exklusiv alles und so wie im Film. Mehrere Kellner bedienten uns, jeder Wunsch wurde uns von den Augen abgelesen. Das Essen kam auf warmen Tellern, abgedeckt mit silbernen Hauben, die dann gleichzeitig von den Kellnern angehoben wurden. Ich habe meine Schwester angeschaut und einen Lachanfall bekommen. Ich kam mir komplett bescheuert vor. Damals war ich vielleicht einmal alle sechs Monate in einem Restaurant. Und sicher nicht in einem so teuren. Jetzt wurden wir behandelt wie Könige, mit diesem silbernen Tablett und dem ganzen Theater drum herum. Aber es gefiel uns auch. Wer würde es schon scheiße finden, sich so etwas leisten zu können.

Danach dann die Reise nach Paris, der Antrag, alle waren überglücklich. Es gab absolut keinen Grund, auch nur irgendwas zu hinterfragen, keinerlei Anzeichen, dass auch nur das kleinste Puzzleteil nicht stimmte. Das Bild, das er abgab, war einfach perfekt.

In Bayreuth war ich mal mit ihm und meiner Schwester in einem Autohaus von Porsche. Er wieder in den schicksten Designerklamotten. Irgendein Geschäftsabschluss hatte angeblich geklappt oder war kurz davor zu klappen, und er würde Millionen verdienen. Daher wollte er sich jetzt ein Auto konfigurieren und ein Angebot einholen. Er suchte sich den nagelneuen Porsche Panamera Turbo S aus, also wirklich das teuerste Panamera-Modell. Er ließ alles reinpacken, was nur irgendwie ging. Endpreis: über 200.000 Euro.

Während des Gesprächs mit dem Verkäufer lehnte er sich total lässig zurück, hing ständig am Telefon, ließ das Auto nur ganz nebenbei zusammenstellen. »Krass, dass dich diese Summe gar nicht juckt«, sagte ich hinterher zu ihm.

Er meinte, er habe schon so viele Autos gehabt, das sei ihm heute alles gar nicht mehr so wichtig. Ich war natürlich neugierig und fragte nach. Mich hat einfach interessiert, wie ein Multimillionär lebt. Dann erzählte er von Venezuela und einem Penthouse in Madrid, von Zeiten, in denen er sechs Autos in der Garage stehen hatte. In Maracaibo, der Hauptstadt von Venezuela, sei er der Einzige mit einem Lamborghini Murciélago gewesen. Die ganze Stadt kannte ihn und seinen Wagen. Er sei überall vorgefahren wie der King, habe in Restaurants die Schlüssel abgegeben und den Wagen parken lassen, wie man das aus Filmen kennt. Richtig auf dicke Welle gemacht.

Heute sehe er das alles etwas anders. Er habe jedes Auto besessen, das er wollte, daher brauche er keine sechs Stück mehr. Es sei nichts Besonderes. Ein krasses reiche auch.

Und er hatte schon so ziemlich jeden lukrativen Job der Welt, zumindest erzählte er das. In Venezuela sei er Anwalt gewesen und habe angeblich den Vater von Venezuelas umstrittenem Präsidenten Hugo Chávez verteidigt. Dadurch habe er viele Kontakte in die höchsten Kreise knüpfen können. Aber obwohl er natürlich keinen einzigen Fall verloren hatte, war er es irgendwann leid, nur noch Mörder zu verteidigen. Durch seine Kontakte habe er aber einflussreiche Leute im Showbusiness kennengelernt, später große Konzerte in Spanien veranstaltet, war mit Shakira essen und so ein Quatsch. Eine Bank hätte er auch mal besessen, sie dann aber für 10 Millionen verkauft.

Was soll ich sagen, Leute, ich war ein Teenager und leicht zu beeindrucken. Für mich waren das so kranke Dimensionen, schon ein Drittel seiner Geschichten wäre unglaublich gewesen. Doch da meine Schwester uns von den Unterlagen erzählt hatte, die sie für ihn übersetzte, in denen es um viele Millionen ging, kaufte ich ihm seine Storys ab.

Von einem Tag auf den anderen war jedoch Schluss mit den Reisen, den teuren Geschenken und den schillernden Zukunftsplänen für ihn und meine Schwester. Nach einer ihrer Reisen saßen die beiden bei uns in Bayreuth im Wohnzimmer auf der Couch, und er eröffnete uns, dass er momentan ein paar Probleme mit seinem Business habe. Es gebe Verzögerungen, seine Partner schuldeten ihm Geld, aber er müsse auf die Kohle warten und wisse sich gerade nicht zu helfen. Ihm seien die Hände gebunden, da sein Schweizer Konto, auf dem sein ganzes Geld liege, eingefroren worden war. Er könne nichts mehr abheben.

Mir erschien das alles komplett nachvollziehbar. Man verbindet mit der Schweiz ja direkt Millionäre, Schweizer Bankkoten, das Bankgeheimnis und so weiter. Wer Geld hat, hat es dort.

Das Ende vom Lied: Die beiden zogen bei uns ein. Nur vorübergehend, natürlich! Alles kein Problem! Aber aus zwei Wochen wurden drei, aus zwei Monaten wurden drei und immer so weiter.

Das Ergebnis kennen wir ja schon. Er brachte meine Eltern auseinander und lag seitdem erst mal meiner Mama auf der Tasche. Ich vermute ja, dass er meinen Vater loswerden und die beiden Frauen der Familie separieren wollte, weil er die besser manipulieren konnte.

Zusammen mit meiner Mama zogen wir in eine neue Wohnung. Niemand schöpfte irgendeinen Verdacht, das Verhältnis zu meiner Schwester und ihrem Verlobten war gut. Zwar bestand die Sprachbarriere zu meiner Mutter nach wie vor, aber mein Spanisch wurde immer besser, und das meiner Schwester war eh perfekt, sodass wir, wenn nötig, übersetzen konnten.

Da mein zukünftiger Schwager wusste, dass ich extremer Fußballfan bin, haben wir oft über Fußball gesprochen. Er erzählte, dass er viele südamerikanische Profikicker kenne. Juan Argano zum Beispiel sei in Venezuela ein Nachbar von ihm gewesen, mit Ronaldo, Sidan und Enoo habe er zusammen zu Abend gegessen. Er versprach mir, dass er mich denen mal vorstellen werde, sobald alles wieder in Ordnung sei.

Überhaupt wollte er wahnsinnig viel tun, sobald »alles wieder in Ordnung« sei. Aber bis heute ist nichts in Ordnung – und es wird auch nie in Ordnung sein. Alles, wovon er immer erzählt hatte, die Geschäfte, die Fußballer, die vielen Versprechen: alles Lügen. Er war ein Geschichtenerzähler, der sich das Vertrauen meiner Familie erschlichen hat. Er hat meine Schwester derart manipuliert, dass sie mit der Zeit ein anderer Mensch wurde und nie mehr zur Besinnung gekommen ist. Er hat ihr eine regelrechte Gehirnwäsche verpasst.

Nach und nach gelang es ihm, unser aller Weltbild zu verschieben. Meine Mama brachte er dazu, sich von Papa zu trennen. Mich blendete er mit Geschichten von Fußballern, Autos und Luxus. Meine Schwester hielt es nach den Reisen und den paar Monaten Highlife nicht nur für normal, Schuhe und Taschen für ein paar Tausend Euro zu haben, sondern sogar für notwendig. Und genau diesen Lebensstil wollte sie unbedingt zurückhaben. Es war, als wüsste er ganz genau, welche Knöpfe er drücken musste, um sich immer weiter in unsere Familie einzuzecken. Es ist mir ein Rätsel, wieso nicht zumindest meine Eltern und ich irgendwann die Notbremse gezogen haben, als sich rein gar nichts positiv entwickelte. Doch stattdessen haben wir zugelassen, dass dieser Typ unsere Familie zerstörte.

In der neuen Wohnung krachte es irgendwann gewaltig zwischen meiner Mutter und meiner Schwester. Denn immerhin lebten meine Schwester und ihr Freund seit dem Umzug in die neue Wohnung auf Kosten meiner Mama. Das konnte sie irgendwann nicht mehr stemmen. Noch dazu war meine Schwester mittlerweile hochschwanger. Das Baby würde bald zur Welt kommen, aber sein Vater machte weiterhin nichts als leere Versprechungen. Sie würden nach Südfrankreich, Monaco oder Nizza ziehen und sich da ein Riesenhaus für mehrere Millionen kaufen, wenn die Geschäfte wieder liefen. Nur eine von tausend Lügen.

Als meine Schwester ihr Kind bekam, wurde die Lage immer schwieriger. Meine Mutter musste bis auf den Cent genau haushalten. Natürlich liebte sie ihre Tochter und vor allem ihren Enkel abgöttisch, aber es machte sie fertig, zusehen zu müssen, wie sich die finanzielle Lage weiter zuspitzte, ohne dass die frischgebackenen Eltern irgendwas auf die Reihe kriegten. Sie sah schließlich nur noch einen Ausweg: Sie musste die beiden rausschmeißen.

Doch statt sich nun endlich um eine eigene Bleibe zu bemühen, zog die junge Familie zu meinem Vater. Dort haben sie sich noch knapp zwei Jahre von ihm aushalten lassen.

Für mich war die ganze Situation einfach nur beschissen. Ich liebte meine Mama und wollte sie nicht allein lassen. Aber meine Schwester liebte ich auch und wollte sie nicht verlieren. Meine Mutter befürchtete, dass ich auch noch weggehen würde, während meine Schwester versuchte, mich zu beeinflussen. Ich war noch viel zu jung, um das alles einordnen zu können, fühlte mich extrem hin- und hergerissen. Krampfhaft versuchte ich, es allen recht zu machen – und scheiterte doch ständig.

Natürlich war es nur eine Frage der Zeit, bis sich auch mein Papa mit meiner Schwester und ihrem Freund in die Haare bekommen würde. Auch ihm erzählten sie permanent von irgendwelchen Vorhaben und lukrativen Geschäften, doch nichts davon trat ein. Als er endgültig die Nase voll hatte und die beiden rauswerfen wollte, erpresste ihn meine Schwester. Sie nahm die Büchse, in der er all sein Erspartes sammelte – immerhin etwa 6.000 Euro! –, und drohte ihm, dass er das Geld nur wiederbekomme, wenn sie bei ihm wohnen bleiben konnten. So weit war es schon gekommen!

Das weitere Hin und Her bekam ich nur noch aus der Ferne mit, denn ich zog mit Marcel nach Köln und begann, mein eigenes Leben aufzubauen. Mein YouTube-Life nahm langsam, aber sicher Fahrt auf. Die Abonnenten wurden mehr, die Kohle auch. Doch die Geschichte meiner Schwester sollte mich bald einholen und sich als never ending story entpuppen.

Während mein Kanal und meine Einnahmen weiterwuchsen, sprach ich weiterhin ganz offen mit meiner Schwester, hielt sie auf dem Laufenden. Sie wusste also von meinem Erfolg – und sie wusste, dass es für mich immer selbstverständlich sein würde, meine Familie zu unterstützen. Dass ich mich damit eines Tages an den Rand meiner Existenz bringen und mein komplettes Leben gegen die Wand fahren würde, hätte ich mir aber in den schlimmsten Albträumen nicht ausmalen können.

KAPITEL 9

GAMING-WG KÖLN

Nach unserem Köln-Trip hingen Marcel und ich bald wöchentlich miteinander ab. Entweder war ich bei ihm in Hameln, oder er kam nach Bayreuth. Als wir anfingen zu überlegen, eine WG zu gründen, hatte ich zunächst Gewissensbisse. Konnte ich denn meine Mama wirklich allein lassen? Nach dem Auszug meiner Schwester und ihres Mackers wäre ja niemand mehr da gewesen. Aber der Wunsch, aus der vertrauten Welt auszubrechen, war einfach zu groß. Ich wollte was Neues sehen und erleben. Ich wollte mir was Eigenes aufbauen, auch wenn ich erst 17 war.

Schließlich war es Marcel, der meiner Mama bei einem seiner Besuche erzählte, dass wir zusammenziehen wollten. Er erklärte ihr, wie wichtig es sei, dass wir auf eigenen Füßen stehen, und versicherte ihr wieder und wieder, warum sie sich um mich überhaupt keine Sorgen zu machen brauche. Er sei drei Jahre älter und würde immer ein Auge auf mich haben. Außerdem seien wir ja auch schon sehr erfolgreich mit unserem Hobby, und schon bald würden wir genügend Kohle verdienen, um ganz entspannt leben zu können.

Meine Mama sah das natürlich komplett anders. Sie nahm das Gaming noch immer nicht ernst und konnte auch nicht verstehen, wie man damit Geld verdient. Und ich sei doch noch viel zu jung, um ohne ihre Unterstützung auszukommen. Erst viele Gespräche mit Marcel und mir später hatte sie ein Einsehen und stimmte zu, dass ich ausziehe.

Marcel und ich hatten uns sofort Köln als neue Heimat ausgesucht. Das war zwar nicht in der Nähe seiner Heimat Hameln und noch weiter weg von Bayreuth, aber durch unseren Ausflug zur Gamescom hatten wir direkt eine gewisse Verbindung zu der Stadt. Außerdem war Köln so was wie die Hauptstadt der Medien, und einige andere erfolgreiche YouTuber lebten ebenfalls dort. Das passte also perfekt.

Kaum war meine Mama überzeugt worden, fingen wir an, uns diverse Wohnungen im Internet anzugucken und die jeweiligen Makler anzuschreiben, um Besichtigungstermine auszumachen. Das alles klappte superschnell, und schon bald waren wir auf dem Weg nach Köln, um gleich drei Wohnungen zu besichtigen, damit sich der Trip auch lohnte.

Wir waren auf der Suche nach einer größeren Wohnung. Im besten Fall sollte jeder von uns sein eigenes Aufnahmezimmer kriegen, weshalb die Wohnung mindestens drei Zimmer haben sollte. Ob sie zentral lag, war uns dagegen egal. Erstens waren wir es gewohnt, mit der Bahn zu fahren, und zweitens waren wir auch nicht die Jungs, die ständig auf Achse waren, von ein paar wilden Abenden mal abgesehen.

Die erste Wohnung war ein Rohbau. Sie lag zwar ganz in der Nähe der Gamescom, die Umgebung kam uns beiden sehr bekannt vor, aber dass sie noch nicht fertig war, war ein Ausschlusskriterium. Dazu waren wir einfach zu ungeduldig. Jetzt noch ein paar Monate zu warten, bis wir einziehen konnten, kam nicht infrage.

Die zweite Wohnung war auch ein kompletter Reinfall. Viel zu klein, viel zu alt, viel zu heruntergekommen. Wenn man in den Flur kam, wollte man direkt wieder raus.

Die dritte und letzte Wohnung an diesem Tag sollte eine Spaß-Besichtigung werden, denn sie spielte eindeutig in einer ganz

anderen Liga als wir. Die Fotos im Internet hatten überheftig aus-
gesehen. Erstbezug innerhalb einer neu errichteten Wohnanlage,
also war alles top in Schuss. Wenn man das Gelände betrat, war
es, als wäre man in einer eigenen kleinen Stadt. Das Ganze hieß
Park Linné, und jedes der Hochhäuser hatte eine Rezeption im
Erdgeschoss wie in einem Hotel. Wenn man wollte, konnte man
bestimmte Dienstleistungen gegen Bezahlung in Anspruch nehmen, zum Beispiel ein Putzteam, das die Wohnung regelmäßig
sauber macht. Man konnte sogar den Einkauf im Supermarkt erledigen lassen. Was für ein Life, Digga!

Marcel und ich machten beide große Augen, als wir in der Wohnung standen. Genau das, wonach wir gesucht hatten! Drei Zimmer, alles nagelneu, einfach zu perfekt. Aber konnten wir uns das
leisten? 1.500 Euro Miete, 750 Euro für jeden, ohne den ganzen
Kram wie Strom, Internet und was man eben sonst so braucht. Ich
verdiente damals gerade mal 1.500 Euro brutto. Und würden wir
die Wohnung überhaupt kriegen?

Zum Glück war der Makler ein junger Typ, der zumindest ein
wenig Ahnung davon hatte, womit wir unser Geld verdienten, und
uns nicht für zwei Verrückte hielt. Er gab uns seine Karte: »Meldet
euch, wenn ihr die Wohnung haben wollt.«

Die ganze Zugfahrt zurück nach Hameln malten wir uns aus,
wie geil es wäre, dort einzuziehen. Wir redeten uns ein, dass das
YouTube-Business heftigst durch die Decke gehen würde, sodass
die Miete absolut gar kein Problem mehr wäre. Wir verdrängten
den Hinweis des Maklers, dass er für den Vermieter unbedingt
Einkommensbescheide über die letzten Monate brauche. Damit
wir belegen konnten, dass wir uns die Miete auch leisten können.
Alle Zweifel vergessen und geistig schon die Wohnung einrichten –
das war jetzt angesagt.

Zu Hause setzte sich Marcel sofort an seinen Laptop und berei-
tete ein fünfseitiges PDF-Dokument vor, das uns helfen sollte, den
Makler und den Vermieter von uns zu überzeugen. Er erklärte darin unser Business-Modell, was wir genau machten, womit wir tatsächlich Geld verdienten und warum es in Zukunft – natürlich! –
supererfolgreich sein würde. Marcel war sehr eloquent und
geschickt darin, Menschen zu begeistern. Seine Mutter sagte sogar
zu, die Bürgschaft für uns zu übernehmen. Das heißt, sie würde
einspringen, sollten wir die Miete wirklich mal nicht zahlen können. Marcel packte PDF und Bürgschaft in eine Mail und schickte
sie gleich am nächsten Tag an den Makler.

Danach lauerten wir tagelang auf eine Reaktion, waren total
angespannt. Bei jedem Anruf, bei jeder Mail hofften wir, dass es
der Makler mit der Zusage war. Und dann kam der erlösende Anruf: Wir hatten die Wohnung.

Wir sprangen herum, schrien, umarmten uns. Wir hatten die
Wohnung, es war wie ein Traum. Ich konnte es gar nicht richtig
fassen. In drei oder vier Wochen würde ich mit meinem besten
Kumpel in eine neue Stadt ziehen. Bis dahin hatte ich mich nämlich noch gar nicht damit beschäftigt, was das genau bedeutet.
Eine Schnapsidee, die plötzlich Wirklichkeit wurde. Komplett surreal. Zwei junge Zocker auf ihrem Weg nach oben ziehen zusammen, machen ihr Hobby zum Beruf, leben von YouTube. Einfach
krank!

Wieder zu Hause in Bayreuth musste ich meiner Mama beibringen, dass nun doch alles viel schneller ging als gedacht. Aber
sie war gar nicht mehr so anti wie am Anfang. Sie hatte akzeptiert,
dass ich meinen Weg gehen musste, und sich entschlossen, mich
dabei zu unterstützen, indem sie mit mir gemeinsam an meinen
Traum glaubte. Natürlich hatte sie Angst und Bedenken, weil das

alles mit einem Risiko verbunden war, aber sie hielt mir nicht mehr vor, ich sei auf dem falschen Weg. Sie kam sogar ein paar Tage später mit einem Teppich an, den sie extra für unsere neue Wohnung gekauft hatte.

Auch mit meinem Papa traf ich mich, um ihm das erste Mal so richtig von meinen Plänen zu erzählen. Seit er ausgezogen war, hatte ich ja nicht mehr so viel Kontakt zu ihm gehabt.

Er nahm die Neuigkeiten einfach hin, hätte mich allerdings auch nicht mehr umstimmen können. Auch er hatte inzwischen eingesehen, dass ich diesen Old-School-Weg mit Gymnasium, Studium oder Ausbildung, den er sich wünschte, nicht gehen würde. Ich hatte mich entschieden und wollte ihn nur über Tatsachen informieren, nicht seine Meinung wissen. Er hatte bislang eh nicht so recht verstanden, was ich überhaupt machte. Für ihn war es unerklärlich, dass ich mein Spielen auf einer Konsole aufnahm, um das Ganze ins Internet zu stellen und damit Geld zu verdienen. Also habe ich auch gar nicht erst versucht, ihm noch mal zu erklären, wie sehr die Branche boomte und dass es Menschen gab, die damit schon reich geworden sind. Dieses Modell war einfach zu weit weg von seinem eigenen Leben, wie hätte er es da verstehen sollen?

Ich konzentrierte mich lieber darauf, einen guten Start in Köln zu haben. Das Nötigste wie den Schreibtisch, den ich fürs Zocken brauchte, nahm ich aus meinem Kinderzimmer mit in die neue Wohnung. Regale, Geschirr und Besteck haben wir uns bei IKEA geholt.

Anfangs waren wir krass motiviert, die Wohnung geil einzurichten und uns um Ordnung zu kümmern, aber das ließ alles ganz schnell nach. Genauso wie das Interesse an unserem WG-Channel, den wir zum Einzug gestartet hatten. Wir hatten vorgehabt, unser Leben Big-Brother-mäßig mit unseren Abonnenten zu teilen: was wir so machen, was wir essen, was wir planen, ganz banale Sachen wie IKEA-Möbel aufbauen oder Shisha rauchen, komplett egale Sachen aus dem Alltag, aber eben Real Life. Das vernachlässigten wir aber bald schon.

Unser gemeinsamer WG-Start stand nämlich unter keinem besonders guten Stern. Zum einen waren wir safe die heftigste Chaos-WG Deutschlands. Wir hatten monatelang keinen Küchentisch – oder auch nur eine Küche. Die kam erst nach etwa vier Monaten, bis dahin haben wir vor dem PC oder auf dem Boden gegessen. Wenn ich mal Nudeln gekocht habe, dann auf so einer Camping-Kochplatte. Das kam aber eh so gut wie nie vor, weil wir uns entweder Essen bestellt haben oder zum Essen rausgegangen sind. Da unsere Abonnentenzahlen stetig stiegen, verdienten wir mehr und mehr Kohle und konnten uns das leisten.

Es schien, als würde der absolute Gaming-Boom ausbrechen – und wir waren mittendrin. Ich habe nichts anders gemacht als vorher, habe meine Gameplays wie üblich veröffentlicht, aber durch den Kontakt zu den anderen Zockern, meine Auftritte beim Impact-Clan, die Fahnenflucht zu Apokalypto und die Freundschaft zu Marcel war ich ein bekannter Name in der Szene geworden. Das reichte offensichtlich, um mit den normalen Videos zu wachsen. Im Oktober 2014 erreichte ich die 200.000 Abonnenten. Die Menschen wussten über uns und unseren Werdegang Bescheid, und die Szene feierte es, dass zwei Gamer zusammenzogen und alles auf die Karte Gaming setzten. Ich denke, dass wir für viele so was wie Vorbilder waren, weil wir den Mut hatten, es durchzuziehen.

Hinter den Kulissen wurde unsere Freundschaft aber auf eine harte Probe gestellt. Denn unser Chaos und die Vernachlässigung der Wohnung waren das eine. Das andere: Wir standen beide von Beginn an auf dasselbe Mädchen. Sie gehörte jedoch ganz klar zu Marcel, also zog ich den Kürzeren. Er verbrachte viel Zeit mit ihr, wie das nun mal so ist, wenn man ein Mädchen kennenlernt, und ich hing allein zu Hause rum. Wir haben unsere Freundschaft nie für Aufnahmen oder Klicks gefaked, trotzdem waren wir jetzt an einem echten Tiefpunkt.

Finanziell hingegen ging unser Plan auf. Mit den steigenden Abozahlen stieg unser Verdienst und damit unsere Bequemlichkeit. Egal wo wir hinfuhren, wir bestellten ein Taxi und ließen uns kutschieren. Wenn wir Hunger hatten, bestellten wir Essen. Keiner von uns rührte einen Finger oder machte einen Schritt zu viel, wenn es nicht sein musste. Wir haben beide unsere Rolle vollends übertrieben, aber es lief eben, also kosteten wir es aus. Ich war 17 Jahre alt, das erste Mal von zu Hause weg, und ich genoss all die neu gewonnenen Freiheiten.

Meine Schmutzwäsche häufte sich über Wochen. Wenn ich keine frischen Unterhosen mehr hatte, zog ich eben gar keine an. Die Waschmaschine wurde nur in Ausnahmefällen angeschmissen. Das Wohnzimmer glich einer Abstellkammer, denn wir verbrachten eh die meiste Zeit in unseren Zimmern, vor dem Fernseher oder vor dem Rechner, das war alles, was wir brauchten. Der Rest glich einer Messie-Wohnung, und ich meine nicht den besten Fußballer der Welt. Alles stand überall herum, geöffnete Pakete, Wäsche, Koffer, Papiermüll, Geschirr. Es war wirklich abartig, aber es hat uns null gejuckt.

Während der ganzen Zeit, in der wir in dieser eigentlichen Traumwohnung gelebt haben, waren wir vielleicht dreimal im Supermarkt zum Einkaufen. Und selbst wenn uns mal die Motivation überkam, die Dinge anzupacken und in Ordnung zu bringen wie in einem normalen Haushalt, scheiterten wir entweder an unserer mangelnden Disziplin oder einer neuen dummen Idee. Nach unserem ersten Großeinkauf beispielsweise waren wir zu faul, das gekaufte Zeug die zehn Minuten zurück zur Wohnung zu tragen, also haben wir den Einkaufswagen einfach bis nach Hause geschoben. Der stand dann natürlich wochenlang bei uns rum.

Eines Abends haben wir uns aus unerklärlichen Gründen mit Sekt betrunken. Da wir ja eher selten Alkohol tranken, reichte eine kleine Menge aus, damit wir richtig dicht waren. Also packten wir uns den Einkaufswagen und polterten in den Hof, wo wir wahrscheinlich den Lärm des Jahrhunderts veranstalteten. Irgendwann kam das Sicherheitspersonal, versuchte, uns einzufangen, und rief letztlich sogar die Polizei. Wir liefen einfach weg und ließen den Wagen zurück. Punkt für uns: Nun mussten wir uns nicht mehr darum kümmern, dass er wieder in den Supermarkt gebracht wird.

Die Sache mit Marcels Girl belastete die Situation aber zunehmend. Ich zog mich mehr und mehr zurück. Ich war nicht so der Typ, der sich im Fitnessstudio anmeldet oder sonst wo Leute anquatscht. Das war überhaupt nicht mein Ding. Ich zockte lieber und war für mich allein. Auch meine eigenen Erfahrungen mit Mädchen waren ziemlich überschaubar.

Mein erstes Mal fand unter eher merkwürdigen Umständen statt. Ich war nun mal der absolut schüchternste Typ aller Zeiten und hatte keinen blassen Schimmer von Frauen, bislang erst eine so richtig gekusst. Alles in meinem Leben war CoD, eine 90er Gunstreak war mir wichtiger, als ein Mädchen zu treffen. Daher war es wohl auch nur konsequent, dass ich die Frau, mit der ich mein erstes Mal haben sollte, auf dem TeamSpeak von Montana-Black kennenlernte.

Sie war 26 und erzählte von ihren coolen Karren und was sie sonst alles so besitzt, das hat für Aufmerksamkeit gesorgt. Monte fragte sie, was sie denn beruflich mache, und sie meinte, sie würde mit Aktien handeln. Mich hat sie aber erst interessiert, als sie erwähnte, dass sie auch CoD spiele – und zwar richtig krass gut. Sie würde uns alle zerstören.

Damit hatte sie mich. Ich musste mich ja immer mit allen messen. Eine 26-Jährige, die CoD zockte und auch noch gut war? Das musste ich sehen.

Ich habe sie über Skype gecallt, und gleich am nächsten Tag haben wir gezockt. Klar, dass sie nicht ansatzweise eine Chance hatte. Spawnkill, Digga, sie konnte nicht mal loslaufen! Aber wir sind über Skype in Kontakt geblieben, und bald ging es nicht mehr nur um Zocken. Sie erzählte von sich, dass sie weiß Gott wie viele Millionen schwer sei und heftigste Geschäfte mache. Das kam mir zwar dubios vor, war mir aber nicht wirklich wichtig.

Irgendwann wollte sie von mir wissen, wie viel Erfahrung ich mit Frauen hatte. Ehrlich, wie ich bin, habe ich geantwortet: keine. Das muss sie auf eine ganz komische Art und Weise angeturnt haben. Plötzlich hat sie mir ständig Sprüche gedrückt, dass ich sie besuchen soll, damit sie mich entjungfern kann. Ich dachte nur, dass ich es leichter ja kaum haben konnte, und dann auch noch mit einer so erfahrenen Frau!

Doch so richtig habe ich es ihr nicht geglaubt. Als ob das einfach so passieren würde! Ich habe mit ihr bis 9 Uhr morgens irgendwelche Disney-Filme über Skype geguckt ... Als ob die mich dann entjungfern wollte! Und immerhin war ja auch recht unglaubwürdig, was sie so von sich gab. Macht die Nächte mit einem Teenager aus dem Internet durch und führt dann tagsüber einen Millionen-Konzern? Ja, sicher.

Aber ich war halt reckless und ziemlich neugierig. Also bin ich zu ihr nach Zürich geflogen. Klein Anton, dessen größter Erfolg im Leben es bislang gewesen war, drei Nuclear-Medaillen zu erspielen, steppte mit seiner Jogginghose und seinem CoD-Rucksack zum Düsseldorfer Flughafen, um sich in Zürich von einer 26-jährigen Multimillionärin entjungfern zu lassen. Marcel hat damals schon gesagt, dass das niemals mit rechten Dingen zugehen kann, aber mir war das egal.

In Zürich angekommen, hat sie mich abgeholt. Als ich so vor ihr stand, habe ich mich komplett fehl am Platz gefühlt. Sie war halt echt eine erwachsene Frau und ich – in meinen Augen – ein kleiner Junge mit 63 Kilo auf 1,80 Meter Körpergröße!

Kaum hatten wir uns begrüßt, fing sie sofort an, mit ihrem Handy zu telefonieren. Auf Schweizerdeutsch natürlich, für mich also komplett unverständlich. Hat auf wichtig und Business gemacht. Als sie fertig war, fuhren wir los. Aber nicht etwa mit der Bahn oder dem Taxi, nein, es musste natürlich ein privates Chauffeur-Unternehmen sein. In dem Moment überlegte ich, ob sie vielleicht doch nicht gelogen hatte und wirklich so reich war. Mein Kopf explodierte, das war alles etwas viel auf einmal.

Wir fuhren auch nicht zu ihrer Wohnung, sondern in ein Hotel. Ein Fünfsternehotel, was sonst? Sie hatte eine Suite in der obersten Etage gebucht und gezahlt. Keine fünf Minuten nach unserer Ankunft stand sie in Dessous vor mir. Ich lag auf dem Bett und hatte gerade noch am Handy gecheckt, wie mein letztes Video ankam. Sie legte sich zu mir, und ich zitterte vor Nervosität wie ein Aal. Auf die Situation kam ich echt nicht klar. Angekommen, halbe Stunde später im Hotel, fünf Minuten später ist sie fast nackt, weitere fünf Minuten später mache ich das erste Mal überhaupt mit jemandem rum! Aber sie wollte ihr Ding ganz offensichtlich durchziehen. Dass ich keinerlei Erfahrung hatte, turnte sie unnormal an.

Plötzlich hörten wir draußen den unverkennbaren Motor eines Lamborghini durch das offene Fenster aufheulen. Da hauchte sie mir ins Ohr: »Anton, darf ich dein Lamborghini sein?« Was soll man denn da sagen, Digga?! Ich habe natürlich Ja gesagt. Dann habe ich mich auf den Rücken gelegt und sie nach oben gelassen, damit ich wenigstens nicht so viel falsch machen konnte.

Doch nach zehn Minuten tat sich bei mir untenrum gar nichts mehr. Sie fragte enttäuscht, ob ich schon gekommen sei. Aber ehrlich: Ich hatte in dem Moment gar keine Ahnung! Ich wusste ja nicht mal, wie sich das beim Sex anfühlt! Heute kann ich sagen: Nein, bin ich nicht. Aber gut, es war jetzt immerhin auch nicht komplett scheiße gewesen.

Wir haben danach noch etwas Zeit zusammen in Zürich verbracht, ich bin wieder nach Köln geflogen und habe Marcel erzählt, dass ich den Jackpot gezogen hatte. Aber danach wurden die Storys, die sie mir erzählte, einfach immer wilder. Von ihrem Vater, dem Mafiaboss in London, von ihrer schwierigen Vergangenheit. Mir war das total suspekt, aber hey! Da war eine erwachsene Frau, die mit mir schlafen wollte! Da kann man auch mal den Mafiavater ignorieren.

Sie besuchte mich dann in Deutschland, zahlte wieder die Hotelsuite und das Essen. Ich hätte mir so was zu dem Zeitpunkt noch gar nicht leisten können. Selbst der skeptische Marcel war beeindruckt.

Doch schon als ich sie das nächste Mal besuchen wollte, wurde es völlig absurd. Ich war schon auf dem Weg zum Flughafen, da rief sie mich an und meinte, ich könne nicht kommen, weil es zu gefährlich sei. Irgendwelche Leute von der Mafia würden sie suchen und auch mir etwas antun, wenn sie mich fänden. Ich verstand gar nicht mehr, was abging, bin wieder nach Hause und konnte sie erst Wochen später überreden, sich noch mal mit mir zu treffen.

Also bin ich wieder nach Zürich. Diesmal gab es jedoch keinen Chauffeur, kein edles Essen, kein Luxushotel. Wir fuhren stattdessen mit der Bahn zu ihrer Wohnung, die nicht der krasse Palast war, von dem sie immer erzählt hatte, sondern eine ganz normale Wohnung eben – für die sie die Miete aber nicht mehr zahlen konnte. Ich bin damals eingesprungen und habe das für sie übernommen, was ich bis heute nicht so schlimm finde. Sie hatte ja vorher alles gezahlt, und irgendwie waren wir so dann wenigstens wieder quitt.

Das fehlende Geld war allerdings noch nicht alles. Bei ihrer Wohnung angekommen, sagte sie mir, dass wir uns jetzt drei oder vier Tage lang hier verstecken müssten, weil noch immer nach ihr gesucht würde. Sie hat diesen Film so ernst rübergebracht, als ob das wirklich wahr wäre. Und so haben wir uns vier Tage in der Wohnung versteckt, Jalousien runter, und sind nur einmal pro Tag raus, um an der Tanke um die Ecke was zu essen und zu trinken zu holen.

Am letzten Tag dann kündigte sie an, jetzt nicht länger schweigen zu können und mir ihre ganze Lebensgeschichte erzählen zu wollen. Ich konnte mir echt nicht vorstellen, dass da noch irgendwas kommen sollte, das noch abgedrehter war – aber ich hatte unrecht.

Sie erzählte, dass sie und ihre Mutter von fünf Männern vergewaltigt worden seien, als sie noch ein kleines Kind war. Dass ihr Vater, der Mafiaboss, im Gefängnis sitze, weil er ihr bei ihrer Rache hatte helfen wollen. Drei dieser Männer seien mittlerweile tot, sie habe sie selbst umgebracht. Die anderen beiden stünden noch auf ihrer Liste.

Ich ließ das kurz sacken, stand auf, griff dann meine Sachen und haute ab. Keine Ahnung, was das für eine psychische Störung war, aber das ging zu weit. Jahre später hat sie zugegeben, dass sie sich das alles nur ausgedacht hatte. Warum, verstehe ich bis heute nicht.

So viel also zu meiner ersten verrückten Frauengeschichte. Ist wohl nachvollziehbar, dass ich danach erst mal Sicherheitsabstand brauchte und alles mied, was in Richtung Beziehung ging. Das musste erst mal verarbeitet werden.

Da ich Marcel damals aber immer seltener zu fassen bekam, mittlerweile aber endlich volljährig war, habe ich ein paar YouTuber aus dem Umkreis mobilisiert, um abends zusammen in Clubs abzuhängen und mir die Zeit zu vertreiben.

An einem solchen Abend war ich auch zum ersten Mal in einem Bordell. Es war ein langweiliger Abend gewesen. Ich hatte mich mit einem Kumpel aus der CoD-Community in einer Shisha-Bar getroffen. Wir hockten ganz entspannt in einer Ecke und geierten, wer da so rein- und rausging und welche Mädchen am Start waren. Wir waren beide null selbstbewusst, gleichzeitig aber extrem wählerisch, obwohl wir selbst nicht gerade Topmodels waren. Jeder von uns wollte eine, die mindestens eine 9,8 von 10 ist. Eine 7 ging gar nicht – da hängten wir uns an den dämlichsten Dingen auf, die uns nicht passten. Kompletter Absturz eben, was wir da veranstaltet haben. Als hätten wir die alle einfach so haben können. Aber es war ein guter Trick: Wenn du dir nicht eingestehen willst, dass du viel zu unsicher bist, schieb es einfach darauf, dass dir die ganzen Mädels nicht gut genug sind.

Ich hätte mich total überwinden müssen, eine auch nur anzusprechen. Zudem saß mir meine letzte »Beziehung« noch echt im Nacken. Ich brauche von der Frau immer eine gewisse Sicherheit im Vorfeld, dass es nicht umsonst sein wird, wenn ich den Mut aufbringe. Dann kann ich mich auch öffnen, und alles ist easy. Aber dieses klassische Hingehen, einfach Ansprechen und Klären fällt mir schwer, dafür bin ich nicht der Typ. Nach dieser krassen ersten Erfahrung wollte ich Mädchen immer erst ein bisschen kennenlernen, über Freunde oder indem wir uns auf Insta geschrieben haben, bevor dann tatsächlich was lief.

Da ich aber eh die meiste Zeit in meinem Zimmer abhing, lief sowieso nicht wirklich viel. Manchmal habe ich auf Insta #Köln oder #Cologne in die Suche getippt und geschaut, welche Mädchen so in der Nähe waren. Dann habe ich eben ihre Bilder geliked oder sie auch mal angeschrieben. Immerhin hatte ich schon 200k auf Instagram, was bei solchen Aktionen natürlich geholfen hat. So viele Follower hatte man damals nicht einfach so, da musste schon was dahinterstecken.

Aber auch wenn es vielleicht recht einfach gewesen wäre, übers Internet Girls kennenzulernen, ich bin einfach nie der Typ gewesen, der sich ständig mit neuen Mädchen trifft. Meine Reichweite hätte mir zwar einen Anfangsvorteil verschafft, aber danach wäre ich wieder völlig unfähig gewesen. Außerdem wollte ich nie, dass sich eine nur für mich interessiert, weil ich was auf YouTube mache. Ich finde es geil, wenn man jemanden kennenlernt, der mit einem auf demselben Level ist, wo es passt und man sich auf etwas Ernstes einlassen kann. Ich bin keiner, der jede Woche eine andere weghaut, das passt überhaupt nicht zu mir und gibt mir keine Erfüllung. Ich hätte mir auch von der einen oder anderen einen blasen lassen können für ein Shoutout auf Instagram. Aber will man das wirklich? Mir ist das zu oberflächlich.

Wenn es also einfach nur um Sex geht, dachte ich damals, kann ich eigentlich auch zu einer Professionellen gehen. Für einen lausigen One-Night-Stand zahlt man schließlich auch Kino, Essen,

Getränke und Taxi, und dann hat man hinterher auch noch Struggle, weil irgendwas nicht passt, man irgendwas falsch gemacht hat, sich zu wenig meldet, sich zu viel meldet, whatever. Das war echt nicht mein Ding.

Sex an sich war aber natürlich schon eine gute Sache, das wusste ich mittlerweile. Und weil an dem Abend in besagter Shisha-Bar nichts los war, meinte mein Kumpel plötzlich: »Ja komm, lass doch ins Pascha fahren.«

Allein bei der Vorstellung, da reinzugehen, wurden meine Beine weich. Denn was das Pascha ist, wusste ja jeder. Einer, wenn nicht der bekannteste Puff in Deutschland.

Ich war komplett verunsichert und meinte: »Nein, sicher nicht, Digga.« Ich laufe sogar jetzt noch rot an, wenn ich daran zurückdenke. Aber er war so reckless, obwohl er selbst noch nie im Puff gewesen war. Er kam von 0 auf 100 auf diese Idee und wollte es, ohne zu zögern, durchziehen. Wir könnten doch auch nur schauen, meinte er. »Und dann entscheiden wir, ob wir reingehen.« Ich ließ mich überreden.

Im Taxi schob ich sofort Kopfkino. Was passiert da jetzt? Und wie sind die Weiber? Ich kannte das nur aus Pornos oder von Reportagen. So verging die Fahrt wie im Flug, und kurz darauf waren wir auch schon da. Alles war rosarot beleuchtet, ein riesiges Gebäude mit acht oder neun Etagen. Direkt daneben ein Stripclub, aber der hat uns nicht gejuckt. Wir bezahlten das Taxi und sind gleich ins Laufhaus. Die Türsteher da sind mehr Security-Typen, die kontrollieren nur die Ausweise und schauen, dass niemand rumstresst. Abgewiesen wird eigentlich niemand, der volljährig ist und keinen Ärger macht, egal wie er aussieht.

Ich war zwar 18, sah aber ganz sicher nicht so aus, ich war ein absoluter Milchbubi, aber das war kein Ding. Ausweis kurz gezeigt, einen Fünfer Eintritt gezahlt – und wir waren drin. Wir liefen von Etage zu Etage und guckten uns die ganzen Nutten an. Auf jeder Etage gibt es einen langen Gang mit vielen Türen, und die Girls rufen dich direkt rein, drehen sich für dich und lassen sich auf den Arsch hauen, um dich heiß zu machen. Damit du deine Kohle bei ihnen lässt und nicht woanders. Ich habe natürlich keine angefasst. Ich finde es erstens gar nicht so geil, einer fremden Frau direkt auf den Arsch zu hauen, und zweitens war ich sowieso komplett verschüchtert und wusste gar nicht, wo ich hingucken soll.

Die meisten professionellen Girls sind schon sehr sexy, also zumindest in den Etablissements, in denen ich bislang war. Und da geht's ja nun mal um Sex, da braucht man nicht lange, um zu funktionieren.

Das klingt jetzt übel oberflächlich und ist es auch, aber wenn du im Puff bist, bist du halt der oberflächlichste Mensch aller Zeiten. Das ist das ganze Prinzip: Du wählst nach deinem Geschmack aus, gehst komplett nach Optik und brauchst dir keine Sorgen zu machen, einen Korb zu kriegen. Zeig mir da mal jemanden, der nicht oberflächlich entscheidet.

Ich war schon in Köln, später auch in Barcelona komplett auf einem Latina-Film. Keine Ahnung, woher das kam, aber ich träumte immer von so einer heißen Brasilianerin wie aus dem Bilderbuch, also habe ich im Pascha auch direkt nach einer Latina gesucht. Na ja, jedenfalls nachdem ich kurz auf dem Klo verschwunden war, um meine Aufregung und Nervosität in den Griff zu kriegen. Ich musste überprüfen, ob sich da unten überhaupt was rührt vor lauter Überforderung. Tat es, also konnte es weitergehen.

Mein Kumpel und ich sind erst mal alle Etagen durch und haben darüber geredet, wer von uns welches Mädchen nehmen will.

So lange also hatte der Vorsatz »nur gucken« gehalten. Aber wenn du da erst einmal drin bist, dann willst du auch eine weghauen. 100 Prozent! »Nur gucken« funktioniert einfach nicht. Zumindest bei mir nicht.

Wir wurden fündig. Mein Kumpel hatte sich eine ausgesucht, deren Zimmer genau gegenüber dem Zimmer von meiner lag. Das gab mir Sicherheit. Ich sah, wie er mit ihr reinging und die Tür hinter ihnen zufiel. Okay, dachte ich, jetzt muss ich auch durchziehen. Scheiß drauf.

Mein Mädchen war keine Latina. An dem Tag gab es nämlich keine. Also habe ich mir eben eine Blondine ausgesucht, Ende 20, Rumänin, alles war in Ordnung. In ihrem Zimmer roch es nach Sex. Keine Ahnung, wie ich das sonst beschreiben soll. Es war kein Geruch, der mich angewidert hat, sondern er hat mich geil gemacht, weil ich wusste: Ich werde jetzt Sex haben.

Nachdem ich ihr einen Fuffi hingelegt hatte – man musste erst bezahlen –, fing sie an, an mir rumzuspielen. Ich kann mich gar nicht an alles erinnern, aber dass ich nicht gekommen bin, das weiß ich noch. Schon wieder, Digga! Wie bei meinem ersten Mal.

Ich war total voll und konnte mich überhaupt nicht auf die Situation einlassen. Die Aufregung, die Umgebung, die Aktion an sich, das war zu viel für mich. Außerdem ist sie unnormal abgegangen, ohne dass es dafür einen Grund gegeben hätte. Sie hat viel zu krass gestöhnt, um mich geil zu machen, schätze ich. Ich habe ihr gesagt, dass sie das lassen soll, weil mich das total abturnt. Dass sie nur stöhnen soll, wenn es ihr auch gefällt. Aber sie zog weiter ihren Porno ab und meinte: »Doch, doch, mir gefällt. Du hast aber großen Schwanz!« Mit so einem rumänischen Akzent. Mehr als »Äh … okay« fiel mir dazu dann auch nicht mehr ein. Das war so ein Quatsch, den sie wahrscheinlich jedem Typen erzählte, der reingelaufen kam. Sie hat einfach ihren Film abgespult. Irgendwann, ich glaube, so nach einer halben Stunde, war es vorbei. Ich habe ihr sogar einen Fuffi extra gezahlt, damit sie mir ohne Kondom einen bläst, aber letztlich habe ich mir einen runtergeholt, damit ich komme und der ganze Film sich irgendwie lohnt.

Wieder draußen traf ich auf meinen Kumpel, der natürlich heftig übertrieben hat: »Boah, ich habe die voll weggehauen!«, dies, das. Obwohl er ja auch noch total unerfahren war. Er meinte: »Das war die Krasseste aller Zeiten, die hat es mir so gegeben und die war so geil!«, und blabla.

Richtiger Blödsinn eben, aber das gehört dazu. Ich war inzwischen ein paarmal im Puff, aber immer mit Kumpels. Das Gefühl oder der Akt an sich sind gar nicht so geil, das ist natürlich viel schöner, wenn man eine Freundin hat. Man kennt sich, weiß, was man machen muss, damit es sich schön anfühlt, und was der andere mag. Aber wenn man mit Kumpels bei Prostituierten war, dann ist die Gaudi danach das Lustigste dran. Alle labern irgendwas und steigern sich rein, obwohl jeder weiß, dass es safe gar nicht soooo geisteskrank war. Durch die Aufregung und Anspannung vorher ist es immer ein spezielles Erlebnis, und wenn man es hinter sich hat und total euphorisiert ist, fühlt man sich einfach richtig gut und hat Spaß. Die Besuche lohnen sich also vor allem für die Geschichten, die man danach erzählen kann und die einen mit den anderen Jungs verbinden.

Eine Weile später war ich zum Beispiel für ein Event in Hamburg und zog mit den Jungs nachts um die Häuser. Dabei fiel immer wieder der Name eines Bordells, das man unbedingt mal von innen gesehen haben musste. Zumindest wenn man glaubte, was im Internet stand und was man darüber gehört hatte. Wir fackelten also nicht lange und entschieden uns, dem angeblichen Edel-puff einen Besuch abzustatten. Wir waren sicher, dass es dort nur die krassesten Girls geben würde. Diesmal war die Hemmschwelle schon deutlich niedriger, weil es ja nicht mehr das erste Mal war, aber die Anspannung war trotzdem da.

Wir also als Truppe hin und direkt Schocker bekommen am Eingang: 80 Euro Eintritt! Aber jetzt wollten wir natürlich unbe-dingt rein und durchziehen. Schon an der Tür wurde uns verspro-chen, dass hier nur 10er-Frauen seien, die Krassesten der Krassen. Der Eintritt war so frech, dass wir daran keinen Zweifel hatten.

Kaum waren wir drin, wurde direkt klar, dass es hier anders abging als im Pascha. Das war kein Laufhaus, in dem man jede Etage abläuft. Stattdessen sollten wir uns in einen Raum setzen, und die Frauen würden nacheinander reinkommen und sich uns vorstellen. Die Girls, die uns auf dem Weg dorthin entgegenka-men, waren allerdings so wirklich gar nicht mein Fall. Ich hoffte aber weiterhin, dass gleich ein paar der Dinge bestätigt würden, die ich im Vorfeld gehört hatte.

Wir haben also in diesem besagten Raum gechillt, uns Cola be-stellt und gewartet. 80 Euro Einritt, Digga, und eine 0,2-Cola für einen Zehner obendrauf. Da musste jetzt was Heftiges passieren.

15 Minuten vergingen, 20 Minuten, 25 Minuten. Ich fragte nach, was denn los sei. Es hieß, die seien alle beschäftigt. Nur eine Handvoll krasser Frauen, da wird man ja wohl ein paar Mi-nuten warten können.

Das hat uns richtig abgefuckt. Der Gedanke, dass die Frauen jetzt noch mit anderen Freiern beschäftigt waren, dann kurz raus-kamen und direkt uns drannahmen, war ein bisschen zu viel Rea-lität auf einmal. Das war natürlich deren Geschäft, aber die Vor-stellung, wie auf einem Fließband durchgereicht zu werden, war ekelhaft. Die paar Mädels an der Bar gingen auch überhaupt nicht klar, also sind wir raus und abgehauen. 100 Euro ins Klo geschmissen, für nichts!

Unser Ego war so angekratzt, dass wir zu einem anderen Puff fuhren. Kein Billig-Puff, aber auf jeden Fall nicht auf dem Niveau, wo man erst 80 Euro zahlen muss, um überhaupt reinzukommen.

Für einen Zehner Eintritt hatten wir dort den kompletten Jackpot. Geile Frauen, der Laden an sich war auch nicht so schlimm, die Luft war okay, es roch nicht so abgestanden und nach Gummis. Ich suchte mir ein Mädchen, das nur ein bisschen älter war als ich und damit viel jünger als die anderen Frauen, die da am Start waren.

Im Zimmer haben wir uns erst mal lange unterhalten. Sie war relativ neu in dem Business und versuchte noch nicht, mich in 15 Minuten abzufertigen. Es war richtig entspannt, so, als würden wir uns schon besser kennen. Wir quatschten und ließen uns Zeit. Es fühlte sich nicht an wie ein schnelles Geschäft, das man unbedingt hinter sich bringen musste. Deshalb war der Sex mit ihr auch top, und ich habe das ganze Programm durchgezogen. Sex, noch einen Blowjob extra, und dann war der Spaß auch schon wieder vorbei.

Ein anderes Mal habe ich eine Prostituierte doggy genommen und sie an den Haaren gezogen. Dabei habe ich mich vorgebeugt – und bin mit meinem Gesicht auf ihren Hinterkopf geknallt. Hat mich einen halben Zahn gekostet.

Die dämlichste Aktion leistete ich mir jedoch, als ich nach ewig vielen Verlängerungen kein Bargeld mehr hatte, aber zu faul war, um neue Kohle zu holen. Da habe ich dem Girl einfach meine Karte gegeben und ihr die PIN gesagt, damit sie selbst zum Automaten gehen konnte. Als mir klar wurde, wie absolut bescheuert das gewesen war, habe ich noch bei ihr im Zimmer mein Online-Banking gecheckt: Es fehlte kein Cent zu viel. Braves Mädchen, daher sorry, dass ich dir aus Versehen in die Haare gekommen bin statt in den Mund.

Die Hemmschwelle, in den Puff zu gehen, gab es immer. Das leichte Kribbeln, die Aufregung. Ich war oft ewig lang bei den Frauen im Zimmer, habe ständig verlängert. Ich fühlte mich da einfach immer so frei. Kein Stress, kein Druck, kein Abfuck. Ich musste nichts beweisen, nicht erst drei Wochen mit ihr auf Instagram schreiben. Ich hatte einfach meinen Spaß, das reichte mir auch schon. Natürlich wollte ich auch Erfahrungen sammeln. Wie sehen verschiedene Frauen nackt aus, dies, das. Und ich habe kapiert, dass sie nicht eine absolute 10 von 10 sein muss, um mit ihr geilen Sex zu haben. Jung und verblendet, wie ich war, dachte ich immer, ich müsste diese Pornofrauen haben. Alles Quatsch. Wenn die so überperformen, merkt man das. Mir hat das gar nicht getaugt.

Diese Bordellerfahrungen kann ruhig jeder für sich machen. Vorurteile müssen hier gar nicht sein, daran ist nichts Schmutziges oder Verwerfliches. Die Frauen in Bordellen sind oft cleaner als irgendwelche Club-Tussen, die sich jedes Wochenende mitnehmen lassen. Meine Einstellung dazu wäre sicher eine andere, wenn ich ständig allein in den Puff rennen müsste, weil ich einfach keine Mädchen abbekomme. Das wäre schon verdammt traurig. Aber ich bin immer mit Kumpels gegangen – teilweise waren wir zu zehnt und haben uns alle den Arsch abgelacht –, und nie, weil ich mir nicht anders zu helfen wusste.

Trotzdem habe ich mir immer eine Freundin gewünscht. Eine, die mir gefällt, die mich unterstützt, für mich da ist. Aber ich war die ganze Zeit in meinem YouTube-Film, immer im 24/7-Modus, gedanklich immer beim nächsten Video. Es fiel mir schon damals ultraschwer abzuschalten. 0,0 Prozent an die Videos zu denken, an meinen Job, an mein Instagram oder die Zahlen. Für mich gab es keine anderen Themen mehr. Deshalb hatte ich eigentlich auch gar keinen Bock, mich auch noch mit vielen verschiedenen Mädchen zu treffen, bis es mal klappt. Wenn ich mal eine kennenlernte, wusste ich meist direkt, das ist kein Mädchen, mit dem ich zusammen sein will. Für eine Nacht würde ich sie sicher mitnehmen, aber schon allein der Weg dahin war mir viel zu belastend. Es war mir zu blöd, irgendwem was vorzumachen, nur um vögeln zu können. Sex, nach Hause gehen und meine CoD-Videos machen, das war so mein Gedanke. Schnell und unkompliziert musste es gehen, das war mir damals am wichtigsten. So sind die ganzen Bordellbesuche entstanden. Ich bin halt kein Playboy, der im Club mit einem Wimpernschlag zig Frauen klargemacht und mitgenommen hätte. Um Gottes willen. Den geilsten Sex hatte ich ganz sicher nicht mit einer Nutte und auch nicht mit einem One-Night-Stand, sondern mit meiner Freundin. Aber es ist lustig, von diesen Bordellerlebnissen zu erzählen, und ich bereue nichts.

Die Zeit mit Kollegen war natürlich auch ohne Bordellbesuche cool und hat Spaß gemacht, aber es war nicht das Gleiche, wenn Marcel nicht am Start war. Seit er sich auf das Mädchen fixiert hatte, das dann auch seine Freundin wurde, ließ er sich kaum noch blicken. Heute kann ich das alles viel besser nachvollziehen, aber damals hatte ich überhaupt kein Verständnis dafür. Er war nur noch bei ihr und kam tagelang nicht nach Hause. Und wenn er vorbeikam, war er kurz angebunden. Das hatte einfach nichts mehr mit dem WG-Ding zu tun, wie ich es mir vorgestellt hatte.

Marcels häufige Abwesenheit nahm ich zum Anlass, das Haar in der Suppe zu suchen. Klar, das mit dem Zocken lief wunderbar. Die Menschen in der CoD-Blase feierten mich immer mehr und verlangten nach immer mehr Videos, aber das Leben abseits des Bildschirms war eine Enttäuschung. Ich hatte fast nur Connections in die CoD-Welt und keine wirkliche Anbindung an die soziale Welt außerhalb der Konsole. Ich hatte kein soziales Umfeld. Selbst bei Leuten, die mit YouTube nichts zu tun hatten, ging es immer nur darum, wie das alles funktionierte, wie man damit Geld verdienen konnte.

Klar war es cool, dass es mittlerweile irgendwie jeden zu interessieren schien, was ich machte. Das war ja früher, in der Schulzeit, noch ganz anders gewesen. Aber so bekam ich natürlich keinen Abstand, konnte nie abschalten. Wenn ich mal keinen Bock hatte aufs Zocken, fiel mir die Decke auf den Kopf. Da gab es keine Kumpels mehr, die ich anrufen und mit denen ich zum Bolzer oder in die Stadt gehen konnte.

Marcel und ich waren gerade mal sechs Monate in der Wohnung, und schon ging alles den Bach runter. Ich hatte meinen besten Kumpel mehr oder weniger an eine Frau verloren, und der Alltag hatte nichts mehr mit unserer ursprünglichen Idee zu tun. Von der geilen CoD-best-Buddies-WG war nichts mehr übrig. Nach außen hin sah es so aus, als würden wir noch immer den ganzen Tag zusammen chillen, zocken und die Zeit unseres Lebens haben. Aber wir lebten zwei verschiedene Leben. Es gab kein Miteinander mehr, sondern nur noch den Wunsch, dass es wieder so werden würde wie früher.

Wir hatten nie offensichtlich Streit oder haben uns richtig in die Haare bekommen, merkten aber beide, dass es nicht mehr passt. Ich traute mich jedoch nicht, Marcel zur Rede zu stellen, hatte nie den Mut, ihn zu fragen, warum er mich so hängen ließ. Also fraß ich alles in mich rein. Was sollte ich denn machen? Ihm vorwerfen, dass er sich verliebt hatte?

Marcel hingegen war entschlossener als ich, was ganz sicher auch mit dem Alter zusammenhing. Eines Tages kam er nach Hause und stellte mich vor vollendete Tatsachen. Er hatte sich entschieden auszuziehen ...

Mit seinem Entschluss hat er mich einfach überfahren, ohne dass wir wirklich ein Gespräch hätten führen können. Marcel hatte seine Entscheidung getroffen, und ich musste damit leben. Es ist nicht so, dass ich es nicht geahnt hätte, aber dass er unsere WG wirklich aufgeben würde, damit habe ich nie gerechnet.

Ich tat so, als wäre alles cool zwischen uns und als könnte ich das alles verstehen, aber gar nichts war cool, ich war heftigst abgefuckt auf ihn. Doch was tun? Ich konnte ihn nicht überreden, in der Wohnung zu bleiben, und ich wollte es auch nicht, wenn er keinen Bock mehr hatte, hier zu leben. In mir brodelte es, und ich projizierte meine Enttäuschung auf das Mädchen, seine Freundin, die ich für den Zusammenbruch unserer Jungs-WG verantwortlich machte.

Marcel und ich hatten damals noch überhaupt keinen Plan, wie man mit so einer Situation umgeht, es war für uns beide das erste Mal, dass ein Mädchen eine Rolle spielte. Wir hatten keinerlei Erfahrung, Marcel war das erste Mal im Leben verliebt. Die zweite große Reifeprüfung für uns als best Buddies und auch psychisch echt belastend. Seit wir zusammengezogen waren, stand da diese Wand zwischen uns – und wir haben nie darüber gesprochen, weil wir nicht wussten, wie das geht. Stattdessen waren wir uns aus dem Weg gegangen, bis Marcel beschloss, dass er wirklich Abstand wollte. Ab da sprachen wir nur noch das Nötigste miteinander. Keine große Diskussion, keine weitschweifigen Erklärungen. Er zog aus. Punkt.

Zunächst hatte Marcel zwar noch gemeint, dass er erst in etwa vier Wochen ausziehen würde, aber dann war er nur 48 Stunden später weg. Ich fühlte mich überrumpelt und verraten, konnte ihn nicht verstehen. Das Mädchen war ihm so schnell so viel wichtiger geworden als alles, was wir uns in den letzten zwei Jahren aufgebaut hatten. Diese WG war ja nicht einfach nur so aus einer Laune heraus entstanden, sie war der Höhepunkt eines langen Weges gewesen. Marcel hatte sein Studium abgebrochen, ich die Schule geschmissen, wir hatten alles auf eine Karte gesetzt, um als best friends die CoD-Szene zu rocken und uns einen Namen zu machen.

Wäre das alles nach hinten losgegangen, hätte ich Marcels Entscheidung verstanden, aber es war doch alles genau so gekommen wie geplant! Es lief perfekt, wir standen als Duo für CoD in Deutschland wie sonst niemand. Die meisten Leute, die das Spiel zockten, kannten zumindest unsere Namen und sahen irgendwann ein Video von uns. Davon hatten wir geträumt, als wir anfangs stundenlang über Skype kommunizierten, das war doch unser Traum, den wir gerade lebten – und er schmiss ihn einfach so weg. Wegen eines Mädchens. Auch wenn ich heute natürlich verstehe, wieso er so gehandelt hat, damals konnte ich es kaum glauben.

Klar haben wir uns hier und da mal gezofft, so wie alle Jungs, die ständig aufeinanderhängen. Marcel störte sich zum Beispiel daran, dass er in der Aufpasserrolle des großen Bruders war, die er manchmal freiwillig spielte, die ich ihm aber auch oft genug in die Schuhe schob, weil ich drei Jahre jünger war. Er fühlte sich für mich verantwortlich, und ich ließ ihn gern in dem Glauben, weil ich meine Rolle als der Unerfahrene ziemlich bequem fand. War doch okay, dass Marcel sich drum kümmerte, wenn mal in der Wohnung etwas nicht stimmte oder sich die Nachbarn über die Lautstärke beschwerten. Er war der Ältere von uns, also sollte er

131

beim Vermieter, beim Amt oder wo auch immer anrufen und alles klären, was es zu klären gab. Von dieser Bürokratie versteh ich sowieso nichts, der macht das schon, dachte ich immer. Ich versuchte gar nicht erst, etwas allein zu lösen, sondern lief sofort zu ihm: »Marcel, kannst du mal bitte …?«

Nur in dem einen verdammten Punkt war ich damals schon der Ansicht, den Erwachsenen spielen und Entscheidungen allein treffen zu müssen. Wenn ich mit meiner Schwester und ihrem Typen telefonierte, blieb meine Zimmertür immer geschlossen. Da wäre ich nie auf die Idee gekommen, auf Marcel zu hören … Und jetzt war er weg und mit ihm auch der vernünftige große Bruder, der sich immer um alles kümmerte.

Nach außen wollten wir keine große Welle machen und nahmen ein Video auf, in dem wir die Sachlage erklärten, ganz easy am Rhein sitzend. Die Botschaft war: Alles cool, Leute. Kein Grund zur Sorge. Wir machen weiter, es gibt keinen Beef. Marcel wohnt jetzt ein paar Straßen weiter, aber wir sind trotzdem beste Freunde und ziehen weiter durch.

Ich hockte nun allerdings allein in der großen Wohnung. Ohne eigenes soziales Umfeld außerhalb von CoD. Wäre bestimmt alles andere als gut gewesen, aber das Problem löste sich von allein, zumindest kurzzeitig.

Red wohnte in der Nähe von Köln und kam regelmäßig in die Stadt, um auszurasten. Er lebte das exakt gegenteilige Leben von Marcel und mir. Während wir zu Hause waren, zockten und nur aufeinanderhingen, führte er ein Rockstar-Leben. Er haute die Kohle nur so raus für Mode und vor allem für Sneaker. Er genoss den Fame und lebte ihn voll aus. Als er mitbekam, dass Marcel ausgezogen war, meldete er sich sofort und fragte, ob er sein Zimmer haben könne. Marcel hatte nichts dagegen, und ich fand die

Lösung auch viel besser, als allein auf 100 Quadratmetern zu bleiben. Marcel hatte eh zugesichert, weiter zu zahlen, sollte sich niemand finden, also machte ich mir um das Geld keine Sorgen. Und da Marcel die Miete für den kommenden Monat schon überwiesen hatte, bot Red ihm dafür seltene und entsprechend teure Sneaker an, damit sie quitt wären. Schuhe waren Reds Währung. Für fünf Paar willigte Marcel ein.

Anfangs war auch alles cool, Red und ich chillten gemeinsam und pushten uns gegenseitig. Wir machten zusammen Videos, gingen ständig raus, Shisha-Bars, dies, das. Reds üblicher Everyday-Saturday-Film. Er hat sogar meine Garderobe erneuert, weil er fand, dass ich nicht weiter so rumlaufen könne. Die Leute erkannten mich ja auf der Straße, wollten Fotos machen, während ich aussah wie der letzte Freak. Ich vertraute ihm, schließlich war er der Lifestyle-King unter den Zockern.

Aber auf Dauer war es mir zu heftig, ständig auf Welle zu machen. Das war nicht ich. Ich wollte wieder mehr chillen und im Spiel performen, meine Priorität nicht aus dem Blick verlieren. Jeder Move von mir war darauf ausgerichtet, noch einen Schritt zu wachsen. Nicht als Partytier, nicht als Playboy, sondern als Gamer und YouTuber. Auch wenn Zocken gern als Hobby abgetan wird, für mich war es viel mehr. Zocken finanzierte meinen Lebensstandard, ermöglichte mir einen gewissen Status, und ich hatte noch längst nicht alle Möglichkeiten ausgeschöpft. Der Boom hatte ja gerade erst begonnen.

Köln war der Anfang, das erste Abenteuer, die große Chance. Dass es nur so kurz halten würde – nicht einmal ein Jahr –, hatte ich allerdings nicht erwartet. Als Marcel auszog, war mir aber eigentlich schon klar, dass ich nicht für immer in Köln bleiben würde.

So intensiv alles begann, so schnell ließ es nun auch nach. Die Wohnung war längst gekündigt, Red chillte mit irgendwelchen Mädchen, ich packte meine Sachen und fuhr für ein paar Tage zurück nach Bayreuth. Der nächste große Schritt stand bevor: Ich hatte Geld zurücklegen können, war an nichts und niemanden mehr gebunden – und da gab es diesen Traum, den ich schon als kleiner Junge hatte: Barcelona. Ich liebte die Fußballmannschaft dieser Stadt über alles, wollte die Spiele des FC Barcelona besuchen, Leo Messi beim Kicken zusehen und mein Gaming- und YouTube-Business durchziehen.

Ich wusste: Jetzt oder nie.

AUSGABEN

- Reisekosten
- Mietwagen
- Offene Rechnungen, Versicherungen,
  Dokumente

4.000 €

KAPITEL 10

SCHWESTER II

Von jetzt auf gleich war dem Freund meiner Schwester der Geldhahn zugedreht worden. Er zog zu uns nach Bayreuth, brachte meine Eltern auseinander, folgte uns in Mamas neue Wohnung, wechselte dann die Seite und zog mit Frau und Kind zu Papa. Je nachdem, mit wem man sich gerade gut vertragen hat.

Mit der Zeit wurde die Situation zu einer echten Belastung für unsere Familie. Nach der Geburt meines Neffen musste ja sogar noch ein kleines Baby mitversorgt werden, denn meine Schwester und ihr Typ verdienten ja nichts. Erst als ich mit Marcel in der Kölner WG war, kamen auch meine Einkünfte hinzu.

Es begann mit kleineren Beträgen. Ein paar Hundert Euro, maximal ein Tausender. Ich hatte ja selbst kaum was, die Wohnung war teuer, und Marcel und ich waren erst am Anfang. Wo die beiden gerade lebten, kann ich gar nicht sagen, denn wenn sie mit Papa Stress hatten, gingen sie zu Mama und umgekehrt. Meine Schwester schrieb mir damals: »Papa macht Stress wegen ein paar Hundert Euro. Wir sind eh nur noch zwei Wochen da, und dann fahren wir in die Schweiz, um alles zu regeln, dann wird das Konto entsperrt. Anton, könntest du uns bitte 500 Euro geben, oder 1.000 Euro? Dann mieten wir uns ein Auto und fahren nach Zürich. Dann ist das alles abgehakt.« Nach Zürich mussten sie in den kommenden Jahren ständig, um die angeblichen Probleme mit dem Schweizer Konto zu beheben. Ohne Erfolg, versteht sich.

Neben Leihwagen, Versicherungen und Handyrechnungen wurde auch der Zoll immer wieder zum Thema: »Wir haben einen Deal durchgezogen mit einem Kaffee-Händler. Die Ware ist verschifft, aber es gibt Probleme mit dem Papierkram im Hamburger Hafen, und es kostet uns 600 Euro, damit das erledigt wird. Die Zollpapiere sind extrem wichtig, sonst ist das Geschäft in Gefahr. Wir brauchen wirklich nur diese paar Hundert Euro, dann ist der Deal safe, und wir bekommen unsere Provision.«

Mit solchen Beträgen fing es an. Ich dachte mir nicht viel dabei. Bei einem erfolgreichen Geschäftsmann können halt auch mal irgendwelche Probleme aufkommen. Das gehört ja zum Business dazu, das kann mal passieren. Dass ein erfolgreicher Geschäftsmann »ein paar Hundert Euro« eigentlich jederzeit im eigenen Portemonnaie haben sollte, Schweizer Konto hin oder her, daran habe ich leider nicht gedacht. Ebenso wenig wie ich mich darüber gewundert habe, wieso seine »Probleme« gar nicht mehr aufzuhören schienen.

Im ersten Jahr kamen die Bitten alle paar Wochen, und die Beträge waren auch nicht zu krass. Ich verdiente nach und nach mehr und konnte es stemmen. Meine Schwester war meine Bezugsperson, ich hatte sozial sonst nicht viele Anlaufstellen. Sie war extrem wichtig für mich, und so habe ich ihr immer wieder etwas gegeben.

Was ich verdiente, wusste sie, weil ich es ihr – ganz stolz auf meine Karriere – erzählte. Wahrscheinlich erzählte sie es wiederum ihrem Partner, aber ich sprach auch selbst mit ihm darüber. Ich mochte den Typen ja total. Vielleicht war er sogar so etwas wie ein Vaterersatz für mich. Während das Verhältnis zu meinem eigenen Vater ziemlich angekratzt war, vertraute ich ihm alles an, und er hörte mir immer zu.

Meine finanzielle Hilfe sah ich in gewisser Weise als Invest-
ment an. Mir wurde versichert, dass ich das Vielfache meines Gel-
des zurückbekomme: »Anton, mach dir gar keine Sorgen. Wenn
das bei uns erledigt ist, dann brauchst du dir sowieso keine Sorgen
mehr machen. Du bist komplett abgesichert.«

Ich weiß nicht, wie oft ich diesen Spruch in den letzten fünf
Jahren gehört habe. Aber ich dachte, meine Schwester ist so klug,
sie hat ihr Leben immer gut im Griff, ihr Studium gemacht, eine
Familie gegründet, die weiß schon, was sie macht. Blindes Vertrauen eben, weil ich meine Familie über alles liebe. Mein Gott, es
ging zwar schon über ein Jahr so, aber dann muss man das halt gemeinsam als Familie durchstehen.

Ein cooler Deal brachte mir damals auf einen Schlag 25.000
Euro ein. Auch davon erzählte ich meiner Schwester. Da wurden
die Beträge, nach denen ich gefragt wurde, plötzlich höher. Klar
hat mich das stutzig gemacht, aber ich konnte mir einfach nicht
vorstellen, dass alles gelogen sein sollte. Zum einen glaubte ich
nicht, dass meine Schwester mich jemals betrügen würde. Und
zum anderen war es doch absurd, dass jemand so viel Aufwand
betreibt, ein so ausgefeiltes Lügenkonstrukt aufbaut, und das über
so lange Zeit. Vorher war ja auch Geld da gewesen, das würde
schon wiederkommen.

Inzwischen benutzten die beiden immer öfter meinen Neffen
als Druckmittel. Der Kleine sollte ja nicht unter der Situation lei-
den müssen, er brauchte immer neues Spielzeug und Klamotten.
Ich überwies, ohne zu fragen.

Zudem klangen ihre Geschichten absolut glaubwürdig. Einmal
sprachen sie zum Beispiel von einem Geschäft mit Masut, einem
speziellen Erdöl, das ausschließlich in Russland gehandelt und
nur in östlichen Ländern zur Energiegewinnung genutzt werde.

Ein Millionen-Geschäft. Aber es verzögerte sich. Natürlich. Verzögerte sich weiter. Ich wurde vertröstet. Dann die Auflösung: Mein Schwager und meine Schwester berichteten mir, dass sie von einer Scheinfirma über den Tisch gezogen worden seien. Richtige russische Banditen! Monatelang war ihnen nichts aufgefallen – und dann, plötzlich, merkten sie, dass sie verarscht wurden. Heute weiß ich: Mit der Masche kannten sie sich bestens aus. Sie haben den Spieß einfach umgedreht und sich selbst als Opfer dargestellt, um ihren eigenen Betrug zu decken. Aber damals dachte ich: Oh Gott, krass, die wurden da verarscht. Wie krass ist das denn? Zum Glück haben sie noch nichts unterschrieben! Sie hatten mich in ihren Fängen, und ich habe es nicht gecheckt.

Meine Eltern hatten mittlerweile längst die Nase voll. Darum habe ich ihnen auch verheimlicht, dass ich die beiden mehr und mehr finanzierte. Zum einen, weil ich nicht mit ihnen darüber diskutieren wollte, zum anderen, weil mich meine Schwester immer wieder darum bat: »Bitte, sag nichts Mama und Papa. Die sind eh schon so misstrauisch, die sind so pessimistisch, die verstehen davon gar nichts. Von diesem Geschäftsgebiet. Die kennen nur Ausbildung, Studium und Arbeiten. Die haben gar kein Gespür dafür, dass es diese Freelance-Tätigkeit gibt. Die denken, das ist alles Schwachsinn. Die sind da sowieso negativ eingestellt. Anton, glaub uns, du kannst uns vertrauen. Bitte, sag Mama und Papa nichts.«

MARCELSCORPION

Hallo! Ich bin Marcel Althaus, auf YouTube auch besser bekannt als MarcelScorpion, und der beste Freund von Anton. Wir kennen uns seit 2013 und haben Höhen und Tiefen gemeinsam gemeistert. Das Realtalk-Video, in dem Anton über eine Stunde lang erzählt hat, wie er – vermutlich systematisch – von seinem Schwager ausgenommen wurde, ist in meinem Aufnahmezimmer entstanden. Ich bin die Stimme aus dem Off, die ab und zu Fragen gestellt hat.

Dass Anton und ich uns kennengelernt haben, war entweder ein riesengroßer Zufall – oder Schicksal. Ich bin drei Jahre älter als er und war schon ein wenig länger auf YouTube unterwegs. Ich war zwar noch lange keine riesen Nummer, hatte aber immerhin ein bisschen was erreicht. Von Anfang an habe ich bewusst nicht alle Kommentare und Nachrichten gelesen, die ich bekam. Nicht, weil ich ein arroganter Kerl bin und es mich nicht interessiert hätte, sondern weil ich mich immer ganz auf mein Ding konzentrieren wollte. Was andere davon hielten, sollte mich nicht ablenken. Schon früh hatte ich meinen eigenen Weg ziemlich genau im Kopf.

Mit seiner Nachricht an mich erwischte Anton aber genau den richtigen Zeitpunkt. Er war vorher in derselben Lobby gewesen wie ich, als ich gegen Solution ein Duell in Call of Duty gespielt hatte. Daher konnte ich mich zumindest an seinen Namen erinnern, auch wenn ich ihn nicht kannte. Dass ich ihm antwortete und dann auch das Duell zu seinem 100-Abonnenten-Special mit ihm aufnahm, war diesem Zufall geschuldet.

Die erste Aufnahme hatte allerdings irgendeinen schweren Audiofehler, sodass wir sie wiederholen mussten. Anton war mir total dankbar dafür, dabei war es ja nun nicht so, dass ich damals schon so krass beschäftigt gewesen wäre. Er war mir sympathisch und hat mich auch irgendwie fasziniert, weil er in dem Spiel einfach so gut war. Das hat dann den Ausschlag gegeben.

Als wir später mehr Kontakt hatten, bin ich von der xBox auf die PlayStation gewechselt, um mit ihm spielen zu können. Die Leute auf der xBox waren zwar auch gut, aber Anton hatte diesen krassen Ehrgeiz. Ich könnte mir vorstellen, dass das etwas mit seiner Erziehung zu tun hat, das ist aber reine Spekulation. Bei seiner Schwester ist mir dieser Drang nach höheren Zielen später allerdings auch aufgefallen.

Ich habe jedenfalls gemerkt, dass ich selbst besser werde, wenn ich mit ihm zusammen spiele. Es war ein effizienteres Spiel. Die Chance, dass bei einer Aufnahme mit ihm was Gutes rumkam, war einfach größer. Außerdem habe ich nach ein paar Wochen gemerkt, dass ich offenbar ein geborener PlayStation-Spieler bin. Es hat also einfach gepasst: Wir haben ingame gut funktioniert, konnten bessere Videos in kürzerer Zeit machen, und mein eigenes Spiel wurde auch besser. Außerdem verstanden wir uns auf Anhieb. Zwischen uns gab es quasi eine Standleitung per Skype, wir waren ständig miteinander verbunden und haben auch außerhalb des Spiels über alles Mögliche geredet.

Nach drei oder vier Monaten aber kam dann schon der erste Bruch. Ich arbeitete damals noch in der Bank und war für einige Tage auf so einem komischen Teambuilding-Seminar. Als ich nach Hause kam, wurde ich vor vollendete Tatsachen gestellt. Anton hatte das Team gewechselt, von Impact zu Apokalypto, und unsere zwei besten Spieler gleich mitgenommen.

Ich war krank sauer auf ihn, wirklich. Ich glaube, dass sich Fremdgehen von der eigenen Freundin nicht viel schlimmer anfühlen könnte. CoD und das Team waren mehr als nur irgendein Hobby von mir. Ich hatte den Impact-Clan gegründet, Anton da reingeholt und ihm dann auch eine absolut führende Rolle in dem Ganzen überlassen. Bei seinen ersten 5.000 oder 6.000 Abonnenten habe ich ihm also massiv geholfen. Und jetzt haute er einfach ab.

Das Gefühl war wirklich unbeschreiblich. Anton und die beiden anderen Jungs, die gewechselt waren, riefen mich über Skype an, kriegten aber alle drei kein Wort raus. Sie konnten es mir nicht mal sagen. Das werde ich nie vergessen, auch wenn es jetzt schon so viele Jahre her ist.

Natürlich war Anton noch extrem jung, noch nicht mal 17. Da kann man nicht erwarten, dass jemand komplett reflektiert darüber nachdenkt, was er sich für die Zukunft wünscht. Er wollte zu den in seinen Augen cooleren Jungs gehören, auch wenn ich der Meinung bin, dass er nicht wirklich zu dem anderen Clan passte. Trotzdem hätte ich gern zumindest die Möglichkeit gehabt, vorher mit ihm darüber zu reden, auch wenn das nichts am Ergebnis geändert hätte. Es wäre immer noch so gewesen, als würde der beste Dortmund-Spieler zum Trainer gehen und ihm sagen, dass er zu Bayern wechseln will. Ich hätte Anton diesen Schritt nie empfohlen und ihn damit selbst zum »Verrat« ermutigt. Es wäre nur nicht ganz so plötzlich gewesen, wie es letztlich war.

Das Spiel hatte immer nur den Hintergrund gebildet. Wir waren mehr als nur Bekannte, die ab und zu mal zusammen zockten. Wir hatten täglich sechs oder sieben Stunden geskypt, waren praktisch immer verbunden. Dass wir uns dabei nicht gegenübersaßen, machte gar keinen Unterschied. Es hätte auch eine Shisha-Bar sein können, in der wir uns täglich trafen und stundenlang miteinander redeten. Der Verrat bestand nicht darin, dass Anton auch mit anderen Leuten spielte, sondern darin, dass er statt in unsere Shisha-Bar jetzt in eine andere ging, um mal bei dem Bild zu bleiben. Er verließ das gemeinsame soziale Umfeld und unsere Freundschaft außerhalb des Spiels. Alles, was drum herum dazugehörte, war plötzlich davon überschattet.

Aber Anton ist für mich wie ein kleiner Bruder, und der große Bruder kann natürlich über Fehler hinwegsehen und sollte das auch. Ich habe manchmal versucht, Anton gewissermaßen etwas mitzuerziehen. Sozial gesehen war ich zwar selbst nie übertrieben geskillt, aber ein paar Werte habe ich ihm schon mit auf den Weg gegeben, die er sich auch zu Herzen genommen hat. Verzeihen können gehört definitiv dazu, also musste ich mit gutem Vorbild vorangehen.

Deshalb habe ich unseren ersten gemeinsamen Trip, den wir bereits geplant hatten, nicht abgesagt, sondern mich mit ihm in Köln zur Gamescom getroffen. Hätte ich das Hotel storniert, hätten wir uns wahrscheinlich nie wiedergesehen. Aber Anton hatte immer wieder Phasen, in denen er extrem auf sich selbst bezogen war. Ich wusste, dass es meine Aufgabe als »großer Bruder« war, ihm das zu sagen und ihn auf seine Fehler hinzuweisen.

Er hat mir die Kritik zum Glück nicht übel genommen, sondern konnte sie annehmen. Wenige Wochen nach der Gamescom kam er zurück zu Impact und brachte auch die beiden anderen Jungs wieder mit. Eigentlich also völlig unnötig, dieser Wechsel, weil er nur um die drei Monate gehalten hat. Aber daraus hat er, glaube ich, gelernt, dass es doch wichtiger ist, mit *wem* man etwas macht, als nur darauf zu achten, *was* man dadurch bekommt.

Ich jedenfalls habe richtig dafür gekämpft. Ich hatte mein duales Studium geschmissen, weil es einfach nicht das Richtige für mich war. Daher konnte ich viel Zeit und Energie darauf konzentrieren, die Sache mit Anton wieder in Ordnung zu bringen. Es gibt heute noch ein Video auf meinem Kanal, in dem ich die ganzen Änderungen erkläre. Man hört mir total an, wie geknickt ich bin, aber ich habe trotzdem alles dafür getan, Antons Ruf zu wahren. Ich hätte auch die Karte ziehen können, ihm vorzuwerfen, dass ich ihm erst so krass helfe und er mich dann im Stich lässt, doch das wollte ich ihm nicht antun. Ich wollte, dass wir das wieder hinkriegen.

Als Anton dann gegen Ende des Jahres wieder bei Impact war, haben wir uns immer häufiger getroffen. Auf Skype und im Spiel gute Freunde zu sein ist das eine. Da musst du den anderen nicht aushalten, wenn du mal keinen Bock hast, und kannst Konflikten einfach aus dem Weg gehen. Im echten Leben ist das aber noch mal was anderes. Da haben wir dann nebeneinandergesessen und uns beim Spielen auch mal angezickt, wenn der andere eine bessere Runde hatte. Wir haben uns permanent bei allem miteinander gemessen und waren nicht nur beste Freunde, sondern auch immer unsere schärfsten Konkurrenten. Eigentlich natürlich Kinderkram, aber wir konnten trotzdem nicht einfach so aus der Situation flüchten, sondern mussten lernen, damit umzugehen. Wieder mit dem Fußball verglichen, wäre es so, als hätten wir zwar in der gleichen Mannschaft gespielt, aber jeder von uns wollte die meisten Tore schießen. Wir haben es allerdings geschafft, das nie zum Problem werden zu lassen, sondern es als Ansporn zu sehen.

Wir fingen also an, echt viel Zeit miteinander zu verbringen, obwohl wir nicht gerade nah beieinander wohnten. Bayreuth–Hameln dauert mit dem Zug um die fünf Stunden. Trotzdem kam es vor, dass wir bis morgens um fünf geskypt haben, und dann einer von uns meinte: »Ach, scheiß drauf, ich fahr jetzt los!«, und sich in den ersten Zug gesetzt hat. Das war eine so geile, spontane Zeit damals. Intensiver geht es eigentlich gar nicht.

Auch bei der Entscheidungsfindung zu seinem Schulabbruch im Januar 2014 habe ich ihn unterstützt. Er rief mich mitten in der Nacht an und wollte wissen, was ich davon halten würde. Ich konnte ihm nur sagen, was ich selbst für mich drei Monate zuvor festgestellt hatte, als ich mein Studium abbrach: Wenn es nicht passt, lass es einfach sein. Bei Anton wusste ich, dass der Typ schlau war und eh immer einen Weg finden würde, auch ohne Abitur.

Irgendwann sprachen wir dann darüber, dass wir dieses WG-Ding in Angriff nehmen müssen, wenn wir uns eh so oft treffen. Klingt vielleicht erst mal harmlos, aber für uns war das ein unfassbar großer Schritt. Ich war in den wenigen Monaten, die wir uns kannten, vom absoluten Kellerkind zu jemandem geworden, der ernsthaft in die Großstadt ziehen wollte! Bis dahin war ich sozial einfach komplett faul gewesen, hatte noch nie ein Mädchen geküsst, war noch Jungfrau. Meine Mutter hätte im Leben nicht geglaubt, dass ich mit 20 dann plötzlich ausziehen würde. Ich wirkte wie jemand, der bis 40 noch im Keller wohnt. Und Anton war gerade mal 17! Aber nachdem es einmal ausgesprochen war, wollten wir den WG-Plan auch so schnell wie möglich in die Tat umsetzen.

Kurz darauf standen die ersten Besichtigungstermine an. Am Tag vorher hatten wir eine krebskranke Abonnentin besucht und fuhren nun, ohne zu schlafen, einfach direkt durch nach Köln, weil wir so aufgeregt waren. Nach 30 Stunden ohne Schlaf und zwei fünfstündigen Zugfahrten haben wir uns die Wohnungen angeguckt und die beste letztlich auch bekommen. Eigentlich konnten wir die uns da noch gar nicht wirklich leisten, aber wir hatten den Plan, dass jeder von uns bis Ende des Jahres fünfstellig im Monat verdienen würde – was übrigens geklappt hat. Das alles war wie im Film und lief total spontan ab. Innerhalb von ein paar Wochen veränderte sich alles, obwohl wir beide eigentlich null dafür bereit waren.

Im Nachhinein betrachtet, waren wir damals eigentlich noch zwei komplett unterschiedliche Persönlichkeiten. Mittlerweile, besonders in den letzten anderthalb Jahren, haben wir uns stark in eine ähnliche Richtung entwickelt, und auch unsere Lebensführung nähert sich krass an. Aber als wir zusammenzogen, war das noch ganz anders. Anton wollte viel lieber was mit mir unternehmen und aus der Wohnung rauskommen, ich dagegen konnte mich locker mal zwei Tage nur in meinem Zimmer aufhalten und meine Videos machen. Ich habe ihm deshalb oft abgesagt, was mir heute echt leidtut. Sein Lieblingsbeispiel ist, dass es geschlagene anderthalb Jahre gedauert hat, bis ich das erste Mal mit ihm ins Kino gegangen bin.

Aber unser WG-Leben hatte auch einfach einen beschissenen Start. Wir standen nämlich beide auf dasselbe Mädchen. Das hat uns zu einem zweiten absoluten Tiefpunkt geführt. Tatsächlich war die WG-Zeit die schwerste Zeit unserer Freundschaft. Allein schon die komplett neue Situation, sich um alles selbst kümmern zu müssen, was vorher die Mütter übernommen hatten. Heute, mit Mitte 20, bin ich gefühlt immer noch so weit davon entfernt, selbstständig zu sein! Das ist ja ein ständiger Lernprozess. Und Anton war ganze Galaxien davon entfernt. Die Wohnung sah aus wie ein Schlachtfeld. Dazu dann noch die Belastung durch meine Beziehung zu diesem Mädchen und Antons Enttäuschung darüber, dass ich eher Zeit mit ihr verbringen wollte als mit ihm. Ich konnte sie ja auch nicht mitbringen, weil das einfach nur weird gewesen wäre. Eine absolute Patt-Situation. Das hat uns echt auf die Probe gestellt.

Die Stimmung war zwar nicht völlig am Boden, aber es war schon so, dass wir tageweise das Business über die Freundschaft stellen mussten, wenn wir unsere Videos machen wollten. Das ist keine grundlegende Einstellung. Bei keinem von uns. Eher im Gegenteil. Wir haben also permanent gute Miene zum bösen Spiel gemacht. Wir wussten, dass etwas nicht stimmt, dass etwas – oder eben jemand – zwischen uns steht. Aber wir wollten unbedingt daran glauben, dass Freundschaft und Business zusammen funktionieren kann. Insofern haben wir auch niemandem was vorgemacht, was nicht gestimmt hätte. Stattdessen haben wir die Scheiße ausgeblendet, um an unserem Traum festzuhalten. Wir waren immer Profis. Wenn die Kamera lief, lieferten wir ab. Die Situation war wie ein brüchiges Gebäude, das wir mit unseren Händen zusammenzuhalten versuchten, weil es uns so wichtig war.

Wir wollten diese Zuversicht, und vor der Kamera fiel uns das auch nicht schwer. Zuversichtlich und glücklich mag sich schließlich jeder lieber, was ja auch der Grund ist, wieso Leute auf Fotos immer lächeln, obwohl ihnen vielleicht gar nicht danach zumute ist. Deswegen haben wir das Ganze durchgezogen, solange es eben ging. Allerdings nie für Klicks. Daran haben wir keine Sekunde lang gedacht, egal wie viel Geschäftssinn in uns stecken mag. Sondern für die Hoffnung, dass unser Traum zu retten ist.

Irgendwann aber überwog das ungute Gefühl zwischen uns. Ich wusste, dass es sich erst lösen würde, wenn wir wieder räumlich getrennt wären und etwas Abstand voneinander hätten. Also zog ich nach zehn Monaten aus unserer WG aus, was zu unserem ersten und einzigen richtig heftigen Streit führte. So heftig, dass wir uns vor praktisch fremden Menschen, noch dazu in einer geschäftlichen Situation, wie die Irren angeschrien haben. Absoluter Tiefpunkt.

Aber das Verrückte daran war, dass »absoluter Tiefpunkt« für uns immer noch bedeutete, an zwei oder drei Tagen die Woche zu skypen, um in Kontakt zu bleiben. Es ging nie um das Ende unserer Freundschaft, das haben wir nicht mal in Betracht gezogen. Dazu waren wir uns gegenseitig viel zu wichtig. Aber wir mussten erst mal auf unser eigenes Leben klarkommen.

Anton ging dann nach Barcelona, und mit der Zeit entspannte sich auch unser Verhältnis wieder. Dass ich ihn in Barcelona nie besucht habe, nimmt er mir trotzdem heftig übel. Aber damals war ich tatsächlich froh, dass erst mal Ruhe einkehrte.

Die Sache mit seiner Schwester und seinem Schwager hatte schon begonnen, bevor wir zusammenzogen. Wir kannten uns erst wenige Monate, da erzählte Anton von irgendeinem krassen Rohstoffdeal, durch den die beiden jetzt finanziell ausgesorgt hätten. Das war sogar eines der ersten Details, die ich über sein Privatleben zu hören bekam. Es gab für mich keinen Grund, daran zu zweifeln.

In der WG dann habe ich Antons Gespräche über Skype auf Spanisch mit seinem Schwager mitbekommen. Das waren die einzigen Momente, in denen Antons Zimmertür immer geschlossen war. Er fing an, einen regelrechten Kult um diesen Typen aufzubauen. Ich habe ihn immer wieder gefragt, was denn nun mit dem Geld sei, das war meine Standardfrage. Mir kam es nämlich mittlerweile ziemlich seltsam vor, dass ständig die Rede von irgendwelchen Geschäften war, zu denen Anton Geld beisteuern sollte,

148

es aber aus den vielfältigsten Gründen nicht zurückbekam und dauernd vertröstet wurde.

Nachdem ich ausgezogen war, nahm unser Kontakt ab, und ich bekam von der weiteren Entwicklung einige Monate lang nicht mehr viel mit.

Ende 2015 dann, als Anton in Ulm lebte, war unser Verhältnis aber wieder richtig gut. Ich supportete ihn auf seinem Weg als Profi-Spieler und erlebte ihn eigentlich als total fokussiert und positiv. Von da an ging es permanent bergauf für uns, und wir erreichten noch mal ein ganz anderes Level in unserer Freundschaft.

Wie ich heute weiß, ging sein Kontostand parallel dazu allerdings ironischerweise immer weiter runter – aber damals hatte er bereits aufgehört, mir davon zu erzählen. Weil es ihm peinlich war. Als zum Beispiel die ersten Pfändungen reinkamen, hat er mir nur gesagt, dass das wegen der Steuern sei, die er vergessen hätte zu zahlen. Da ich wusste, was er in etwa verdient, bin ich davon ausgegangen, dass er es wirklich einfach nur vercheckt hat, seine Steuern zu machen. Nichts also, was er nicht wieder ausgleichen konnte.

Erst 2017 wurde ich wieder mit dem Thema konfrontiert und sagte ihm auch ganz offen, dass es Betrug sei, was da mit ihm gemacht wird. Aber ich glaube, das wollte er nicht wahrhaben. Er wollte nicht der sein, der verarscht wird. Er wollte der sein, der hilft, immer schon. Der seiner Schwester die Hochzeit auf den Seychellen bezahlt, damit ihr Verlobter nicht abgeschoben wird. Ich sehe ihn da noch heute sitzen, im Reisebüro, wie er mit seinem letzten Geld diese Reise bucht, als wäre es eine Selbstverständlichkeit. Als würde es nicht um einen fünfstelligen Betrag gehen. Als wäre es normal, Zehntausende von Euro nach Venezuela zu schicken. Ich fragte ihn nur: »Digga, Anton, bist du dumm oder was?« Aber wenn jemand so sehr von etwas überzeugt ist, dann kannst du den nicht davon abbringen.

Anton war voll in seinem Film. Irgendwann fuhr er diesen krassen Lifestyle, den ihm eigentlich nie jemand abgekauft hat. Man hat ihn nicht positiv mit Mode oder Luxus identifiziert, dafür dann aber sehr bald negativ. Er war für die Leute immer der gute CoD-Spieler gewesen – auch dann noch, als er seine Versace-Klamotten in die Kamera hielt. Das haben sie nie vergessen. Doch sein Lifestyle kam allerspätestens nach dem Skandal um das Schwester-Video nicht mehr gut an.

Ich fand das damals absolut lächerlich. Er kaufte sich ständig lächerlich hässliche Sachen für Hunderte Euro. Irgendwann hatte ich aber keine Lust mehr, ihm das zu sagen. Ich wollte meinem Kumpel nicht dauernd ans Bein pissen – auch wenn das Bein in einer 700-Euro-Jeans-Shorts mit bescheuertem Hai-Aufnäher steckte, die aussah wie von einem Achtjährigen.

Seine Schwester hatte ihm immer eingeredet, dass nur ein Luxusleben erstrebenswert sei. Man müsse geile teure Sachen kaufen, um sich besser zu fühlen als andere. Eine echt bescheuerte Definition von Luxus, wie ich finde. Für mich ist Luxus, Rücklagen zu haben, um einfach mal von jetzt auf gleich alles stehen und liegen lassen zu können und einfach nichts zu tun. Und eine schöne Wohnung als Rückzugsort. Alles andere ist mir egal. Ich wohne ja nicht in meinen Klamotten.

Für Anton war dieser Konsum aber der letzte positive Kick, den er sich selbst geben konnte, als alles andere schon komplett scheiße war. Das hat er sich mir gegenüber allerdings erst sehr spät eingestanden. Hätte er das Geld nicht für die teuren Klamotten rausgeworfen, hätte er es am Ende eh seiner Schwester geben müssen. Dazwischen war nichts mehr. Auch nichts, um davon Steuern zu bezahlen.

Seine ganzen Ausgaben für sich selbst, für die hässlichen Klamotten, die Wohnungen, Autos, Schmuck, all das hätte Anton nicht gekillt. Die Ausgaben für seine Schwester und seinen Schwager waren es, die Villa in München mit Tausenden Euro Miete im Monat und zwei Möbelstücken als einziger Einrichtung und dann die Steuern, für die einfach kein Geld mehr übrig war.

Ich kann mir das nur so erklären, dass er einer permanenten Gehirnwäsche unterzogen worden war und keinerlei ernsthafte Gespräche mehr mit anderen Menschen führte. Wie in einer Sekte. Er ließ gar keinen anderen Input mehr zu und konnte daher nur noch das glauben, was ihm von seiner Schwester und seinem Schwager aufgetischt wurde. Sein Schwager hat ihm sogar erzählt, dass er mit Gott sprechen würde!

Und Anton war das perfekte Opfer. Er selbst ist gläubig und als Mensch einfach total gutmütig, damals sogar wirklich naiv. Er war extrem anfällig für so was.

Verrückt daran war vor allem, dass der Schwager schon da gewesen war, ehe das YouTube-Money kam. Daher frage ich mich immer wieder, was eigentlich seine ursprüngliche Absicht gewesen ist. Ich bin mir aber sicher, dass er Anton ausgenommen hat, sobald ihm klar wurde, dass bei dem Jungen was zu holen war. Ich kann auch nachvollziehen, dass erst mal niemand skeptisch geworden ist, denn der Schwager konnte ja nicht wissen, dass Anton irgendwann zu melken sein würde wie sonst was. Aber was die Schwester bewogen hat, ihren Bruder zu betrügen, ehrlich, keine Ahnung. Und ich hasse es, wenn ich etwas nicht verstehe. Eigentlich habe ich ein ganz gutes Gespür für Zusammenhänge, aber dieses ganze Konstrukt ergibt so dermaßen keinen Sinn. Zwischenzeitlich habe sogar ich wieder geglaubt, dass da irgendwann so ein fetter Betrag kommen würde, weil es teilweise so echt und glaubwürdig klang – und im nächsten Moment dann wieder so dumm. Wie in der Situation, als ich Anton ernsthaft 20.000 Euro überweisen wollte, damit er sein Idol Messi treffen konnte. Sein Schwager hatte ihm erzählt, dass er Kontakte habe, die einen Videodreh mit Messi ermöglichen konnten. Dass Anton zu dessen Hochzeit gehen könnte und all so einen Quatsch. Der ganze Trip nach Südamerika sollte um die 20.000 Euro kosten, um die Anton mich dann gebeten hat. Zum Glück bin ich im letzten Augenblick zur Vernunft gekommen und habe mir das Geld zurücküberweisen lassen. Er würde es mir sonst wohl bis heute schulden, denn es wäre safe nie zu diesem Treffen und dem Videodreh gekommen.

Anton selbst wollte die Storys aber einfach glauben. Er wollte nicht verarscht werden. Darum hat er natürlich auch immer versucht, mir alles so glaubwürdig wie möglich zu verkaufen. Er wollte, dass ich es mit ihm glaube, um nicht allein dazustehen.

In das ganze Ausmaß aber weihte er mich erst an einem Abend auf der Gamescom 2018 ein. Da saßen wir in seinem Hotelzimmer, und er fing einfach an zu erzählen. Was ich da zu hören bekam, war für mich unfassbar. Eine Stunde lang habe ich nur dagesessen und zugehört, ohne eine Zwischenfrage zu stellen. Dass er sich am Ende nicht mal mehr etwas zu essen leisten konnte, war zu krank. Einfach nur surreal und komplett unmöglich, sich in Antons Lage hineinzufühlen.

Noch am selben Abend haben wir darüber gesprochen, dass er mit der ganzen Geschichte an die Öffentlichkeit will, doch bis es dann wirklich zu dem Video kam, das alles verändern würde, sollte noch mal ein halbes Jahr vergehen. Seine Freundin hat schließlich den Ausschlag gegeben, indem sie sich nicht mehr anders zu helfen wusste, als Anton zu verlassen.

Er rief mich an, als ich gerade auf einem Darts-Turnier war. Ich war richtig geschockt und dachte nur, dass das doch jetzt nicht wahr sein konnte. Seine Freundin hatte ihm echt gutgetan und ihm wahnsinnig geholfen. »Setz dich ins Auto, Digga, und komm nach Berlin«, sagte ich sofort. Wir würden eine Woche chillen und schauen, dass sich alles beruhigt. Aber er meinte, dass er unbedingt dieses Video drehen müsse. Also habe ich ihm angeboten, dass wir das zusammen machen.

Am nächsten Tag war er da. Er kam rein, setzte sich hin, wir redeten zehn Minuten, und dann haben wir zwei Stunden lang aufgenommen. Ich habe weder daran gezweifelt, dass es die richtige Entscheidung ist, dieses Video zu veröffentlichen, noch gedacht, dass das, was er zu erzählen hatte, von den Leuten falsch aufgenommen werden könnte. Meine einzige Sorge war, dass er einknicken könnte, sollte seine Schwester Stress machen.

Mein Part bei der ganzen Sache war, ihn zu ermutigen, den Schritt in die Öffentlichkeit zu gehen, und auch die Tage danach bei ihm zu bleiben, um ihn aufzufangen. Nach all der Zeit, in der er mir nichts oder nur wenig erzählt hat, in der ich hilflos war und einfach nichts hatte tun können, konnte ich jetzt endlich aktiv werden. Das Ergebnis kennen wir, denke ich, alle: Eine Welle positiver Rückmeldungen flutete Antons Leben, und er konnte endlich damit aufhören, allen etwas vorzumachen. Die Fassade war gefallen.

So etwas wie ihm kann jedem passieren. Wahrscheinlich nicht in dem Ausmaß, aber die Instanz, der die allermeisten Menschen vertrauen, ist nun mal die Familie. Man rechnet nicht damit, dass die eigene Familie einen verarscht. Das ist auch der Grund, weshalb ich Anton niemals vorwerfen würde, dass es einfach nur dumm war, der eigenen Schwester zu helfen. Nein. Mir tut es einfach nur leid, was er erleben musste.

Was ich Anton mit auf den Weg geben möchte? Du bist ein unglaublich gutherziger Mensch, und ich bin extrem glücklich, dass wir uns kennengelernt haben. Wie krank ist es bitte, dass wir diesen ganzen Weg gemeinsam gegangen sind und dass alle unserer Träume in Sachen YouTube wahr wurden! Wir haben wirklich etwas zusammen aufgebaut.

Es gibt nicht viele Menschen, mit denen ich so lachen kann. Und das, obwohl wir auch Phasen hatten, in denen unsere Freundschaft auf harte Proben gestellt wurde. Aber als großer Bruder war es immer meine Aufgabe, Fehler zu verzeihen und auf dich aufzupassen. Deshalb tut es mir auch wahnsinnig leid, dass ich dir in deiner allerschlimmsten Zeit nicht wirklich helfen konnte, weil ich einfach keine Ahnung hatte, wie krass das alles bei dir war. Aber ich habe den Eindruck, dass dir das Ganze als Mensch extrem geholfen hat, dich zu entwickeln.

Unsere Freundschaft ist seitdem noch intensiver geworden, weil wir heute einfach beide reifer sind. Ich möchte dir mit auf den Weg geben, dass du einfach so bleiben solltest, wie du bist. Du kommst aus deiner Situation wieder raus und wirst den richtigen Weg finden!

Ich liebe dich (nohomo).

Marcel

KAPITEL 11

BARCELONA

Köln war durch. Die Zeit war rasend schnell vergangen. Von zu Hause ausziehen, die erste eigene Wohnung, die erste WG, sich selbst organisieren, keine Verpflichtungen, nur noch Zocken. Ein intensiver, aber eben auch ziemlich kurzer Traum. Marcel war nun bei seiner Freundin, Red lebte weiterhin sein Highlife, und ich dachte immer noch nur an das Spiel und wie ich besser werden konnte.

Noch einmal fuhr ich nach Köln, um die letzten Sachen zu holen und die Wohnung zu übergeben. Meine Mama und ihr neuer Freund begleiteten mich. Mit Red war vereinbart, dass er mitsamt all seinen Sachen weg sein würde, wenn wir ankommen. Die Wohnung musste besenrein übergeben werden, so war es mit dem Vermieter abgemacht.

Auf dem Weg freute ich mich sogar darauf, dieses Kapitel endgültig abschließen zu können, und ich dachte vor allem an die vielen positiven Dinge, die während der Kölner Zeit passiert waren. Es war schon unglaublich, was für einen Schritt Marcel und ich dort gemacht haben. Unser Plan war voll aufgegangen. Jeder in der CoD-Szene kannte unsere Namen. Ich steuerte inzwischen auf die halbe Million Abonnenten zu und konnte entsprechend gut von YouTube leben. Alles war so, wie ich es mir vorgestellt hatte, als ich die Schule schmiss. Das gab mir Selbstvertrauen und das gute Gefühl, auf dem richtigen Weg zu sein.

Einige Jungs, unter anderem Red und KsFreak, der früher auch im Impact-Clan gewesen war, hatten schon längst angefangen, auch Lifestyle-Videos zu drehen, die teilweise gar nichts mehr mit dem Game zu tun hatten. Für mich war das keine Option, denn ich hatte Angst, Hate zu bekommen. Ich hatte keinen Bock auf diese Kommentare von wegen »Hey, du Schwuchtel, mach mal lieber deine Plays und hör auf mit diesem Möchtegern-Scheiß«. Ich war der CoD-Master, und es lief ja alles gut. Deshalb wollte ich dabei bleiben, auch wenn ich sah, dass Red durch die Decke ging, weil er seine Sneaker-Filme auch als Videos veröffentlichte, mit KsFreak diverse Challenges machte, zu rappen anfing oder über sein Rockstar-Leben berichtete, statt den Fokus nur aufs Game zu legen.

Als ich die Wohnungstür öffnete, fiel ich fast in Ohnmacht. Ein Schwall abgestandener Luft kam mir entgegen, es roch nach ekelhaftem Furz, sodass mir kurzzeitig schwindelig wurde. Red hatte die ganze Woche, in der ich nicht da gewesen war, safe kein einziges Mal das Fenster aufgemacht. Draußen war helllichter Tag, aber in der Wohnung war es stockdunkel. Er hatte alle Rollläden runtergelassen. Seit Tagen musste er hier wie in einer Höhle gehaust haben.

Ich öffnete die Tür zu seinem Zimmer.

»Bro!«

»Red, Digga! Was ist los mit dir?«

»Warum, Bro? Was ist los?«

»Digga, wir hatten doch was ausgemacht. Du solltest die Wohnung räumen, bis ich wiederkomme, damit wir hier alles gut übergeben können an den Vermieter. Meine Mama und ihr Freund sind auch hier, wir wollten klar Schiff machen und dann für immer hier abhauen.«

»Ja, sorry, Bro. War bisschen viel die letzten Tage, wegen …«

»Schon gut, Bro. Ich weiß schon. Bitte pack dein Zeug jetzt und hilf mit, dass wir hier schnell alles erledigen, damit das ein Ende hat.«

Meine Mama sagte kein Wort, ihr reichte wahrscheinlich schon, was sie sah und roch. Die Wohnung war ein einziges Chaos, und man wollte nur noch raus an die frische Luft.

Zu viert packten wir's an. Es war offensichtlich – auch für den übermüdeten Red –, dass meine Mama und ihr Freund das hier so schnell wie möglich hinter sich bringen wollten.

Einige Stunden später saß ich in einem brechend vollen Auto, nun wieder auf dem Weg nach Bayreuth.

Barcelona war die logische Konsequenz aus den letzten Monaten, ja sogar Jahren. Die WG in Köln war eine gemeinsame Entscheidung mit Marcel gewesen, jetzt musste ich den nächsten Step allein tun. Auf nach Barcelona. Schon als Kind war ich größter Barça-Fan, guckte jedes Spiel, verfolgte alles, was das Team um Leo Messi betraf. Irgendwann würde ich auch dort sein, in derselben Stadt leben. Das hatte ich mir fest vorgenommen.

Und ich konnte es mir endlich leisten. Das Geld sammelte sich auf meinem Konto. Ich spielte CoD, machte meine Videos, das war mein Alltag, das war mein Leben. Da kamen monatlich locker ein paar Tausend Euro rein, manchmal sogar ein fünfstelliger Betrag, also hatte ich ein entspanntes Leben und würde mir ein paar Monate in Barcelona leisten können, selbst wenn mein Kanal morgen abstürzen sollte.

Damals engagierte ich auch zum ersten Mal einen Steuerberater. Marcel hatte mich darauf hingewiesen, da er mit seinen Finanzen immer sehr sorgfältig umging, damit es nie irgendwelche

Probleme mit dem Geld gab. Also suchte ich mir im Netz einen Steuerberater, beauftragte ihn damit, sich um meine Steuern zu kümmern, und damit war von meiner Seite aus alles im Lot. Geld kam rein, wurde ordnungsgemäß versteuert, und ich war safe.

Meine Mama hatte ich auch nicht mehr so im Nacken wie bei meinem ersten Auszug. Sie war natürlich nicht begeistert davon, dass ich direkt wieder abhaute, diesmal sogar in ein anderes Land. Aber sie vertraute mir mittlerweile, weil mein erster Auszug nach Köln nicht die befürchtete Vollkatastrophe zur Folge gehabt hatte.

Mein Vater war da ganz anders gepolt. Er konnte meinem Werdegang immer noch wenig abgewinnen und sorgte sich ständig um meine Zukunft. Ich bin mir sicher, er dachte damals mehr als einmal, dass ich komplett verrückt geworden sein musste. Er hatte wirklich Angst um mich. Ich war gerade erst 18 geworden und wollte allein in einer Weltstadt wie Barcelona leben, ohne Kontakt zu irgendwem vor Ort. Aber er wusste auch, dass ich keine Scheiße bauen würde. Das hätte ich ja auch schon in Köln tun können. Deshalb gab auch er nach einigem Zögern grünes Licht.

Was noch fehlte, war eine Wohnung in Barcelona. Doch was ich fand, übertraf all meine Erwartungen: fettes Loft, Rezeption im Erdgeschoss, zentral gelegen, möbliert, fette Terrasse mit Pool, kein Scheiß. Digga, alles, wovon ich immer geträumt habe, gab es hier im Gesamtpaket, nur vier Kilometer vom Camp Nou, dem Stadion des FC Barcelona, entfernt. Die 4.000 Euro Miete im Monat haben mich da auch nicht mehr abschrecken können. Die Kohle war da, und es ging ja auch nur um drei Monate. Ich wollte mir das nach dem Absturz in Köln am Ende einfach nur gönnen – und niemand hätte mich davon abbringen können.

Ein paar Tage später ging es mit dem Auto nach Barcelona. Meine Mama und ihr Freund fuhren mich hin. 1.500 Kilometer des Grauens, es schien, als würde die Fahrt niemals enden, fast 20 Stunden im Auto, aber ich hatte keine andere Wahl. Schließlich musste mein ganzes Equipment mit, Monitore, Lautsprecher, Konsole, Kameras und alles, was ich sonst noch zum Arbeiten brauchte. Mein Business musste laufen, das war das Wichtigste. Egal ob von Bayreuth, Köln oder Barcelona aus.

Als wir endlich in meinem Loft ankamen, fehlte mir die Ruhe, das Ganze erst mal zu genießen. Vor drei Tagen hatte ich auf YouTube angekündigt, dass ich für drei Monate nach Barcelona gehen und mich von dort direkt melden würde, um zu zeigen, wie ich wohne. Also musste ich jetzt liefern.

Ich bin mir sehr sicher, dass es niemanden groß gestört hätte, wenn das Video einen Tag später online gekommen wäre, aber ich wollte um jeden Preis einhalten, was ich versprochen hatte. Dieser YouTube-Film hatte mich dahin gebracht, wo ich jetzt war, und ich war schon immer sehr fokussiert bei solchen Dingen. Ich lebte meinen Traum und konnte mir mal eben ein Loft in Barcelona leisten, weil ich fleißig war und dieser ganzen Geschichte alles untergeordnet habe. Mein Anspruch an mich selbst war extrem hoch. Das war mein Mindset gewesen, als ich von Bayreuth aus in die Welt gezogen war, und noch hielt ich daran fest.

Wir schleppten also alles hoch, und ich setzte mich direkt an den Rechner, ein Video musste gedreht, geschnitten und rausgehauen werden!

»Geht ihr mal spazieren.«

»Anton! Wie bitte?«

»Ja, geht ihr mal raus. Ich muss jetzt ein Video drehen und schneiden und online stellen. Ich brauche Zeit für mich, ich muss abliefern.«

»Du musst gar nichts. Wir sind eben 20 Stunden mit dem Auto gefahren und brauchen etwas Ruhe. Was ist los mit dir?«

»Bitte, Mama. Ich habe keine Lust, mit dir zu streiten. Geht einfach spazieren, macht, was ihr wollt, ich muss jetzt mein Ding machen.«

Meine Mama starrte mich an und fing an zu weinen. Sie konnte nicht fassen, dass ich sie jetzt aus der Wohnung schmiss, um ein Video zu drehen, nachdem sie mich mal eben 20 Stunden hergefahren hatte. Weder sie noch ihr Freund konnten auch nur ein Wort Spanisch, waren in einer riesengroßen fremden Stadt, und ich setzte sie erst mal vor die Tür. Mir war das Video in dem Moment wichtiger als alles andere, und ich schäme mich dafür, wenn ich heute daran denke. Aber letzten Endes gingen die beiden ohne weitere Diskussion, und ich zog meine Roomtour durch, wie ich es geplant hatte.

Das Ganze schlug ein wie eine Bombe. Die Leute waren geflasht, wie krass ich wohnte und was ich mir da rausgelassen hatte. Ein Zocker, der einen fucking Pool auf seiner Terrasse in seinem Loft in Barcelona hat. WTF!

Es ging gar nicht so sehr um den Besitz, glaube ich. Der Grund, wieso Lifestyle in der Gaming-Szene für so viel Aufsehen sorgte, war nicht, dass die Leute scharf auf Statussymbole waren. Es war viel eher die Hoffnung darauf, aus dem eigenen Klischee ausbrechen zu können. Zocken selbst war nicht cool. Zocken brachte dir keine Mädchen ein und erst recht keine Kohle. Wenn du Gamer warst, dann wurdest du als Freak angesehen. Dicke oder dünne, aber auf jeden Fall blasse Kellerkinder, die Killerspiele spielten und für immer Jungfrau blieben, das war bis dahin die Sicht von außen, und die ändert sich erst jetzt ganz langsam.

Aber Jungs wie Marcel, Red, MontanaBlack und nun auch ich zeigten da plötzlich einen neuen Weg auf. Wir standen zu unserer Leidenschaft und sagten jedem ganz klar: Zocken ist geil, kein Grund, sich im Keller zu verstecken! Wir lebten nicht nur unseren Traum, sondern auch den einer verdammt großen Gruppe von Menschen, denen nie viel Verständnis entgegengebracht worden war. Die ausgelacht und verhöhnt wurden.

Sicher spielte auch die Idee von Reichtum und Erfolg eine Rolle, aber das eigentlich Wichtige war das, was uns die Gesellschaft lange Zeit nicht gegeben hatte und was wir uns jetzt einfach selbst gaben: Anerkennung und Respekt.

Als meine Mama und ihr Freund irgendwann wieder zurückkamen, hat meine Mama kein Wort mehr gesagt. Sie war enttäuscht, verletzt und traurig. Wir sind uns da beide sehr ähnlich. Wenn uns etwas nicht passt, fressen wir alles in uns rein und kriegen kein Wort mehr raus. Lieber traurig und enttäuscht sein, als eine Diskussion und einen Streit anzufangen. Gar keinen Bock auf bad vibes, lieber still sein und Konflikten aus dem Weg gehen. So war das früher zu Hause schon gewesen und ebenso in der WG mit Marcel. Lieber den Kopf einziehen, als zu streiten, ganz egal, ob ich im Recht war. Hätte meine Mama mich angeblafft, ob ich noch ganz dicht sei und was mir einfalle, mich so zu benehmen, vielleicht wäre ich dann aufgewacht. Aber so gab es keinen Gegenwind, und ich zog mein Ding eben durch.

Nach zwei Nächten fuhren die beiden zurück nach Deutschland. Nun hatte ich das Loft und die Stadt für mich. Die ersten Tage waren allerdings richtiger Struggle, weil das High-Speed-Internet nicht ordentlich funktionierte. Für einen YouTuber natürlich ziemlich ungünstig. Ich musste unzählige Male hustlen, damit das gerichtet wird und alles klappte wie gewünscht. Ansonsten galt es, das Leben einfach zu genießen. Ich hatte Cash und schmiss es mit vollen Händen aus dem Fenster. Egal wohin, ich nahm eigentlich immer das Taxi. In den drei Monaten saß ich keine fünfmal in der Bahn. Abends ging ich immer in Restaurants und ließ es mir gut gehen. Es machte mir anfangs auch überhaupt nichts aus, dass ich allein war. Ich war voll in meinem Film.

Als die ersten Abonnenten anfingen, mich zu fragen, warum ich da allein chille, denn das Ganze sei doch gar nicht so krass, wenn man es nicht mit anderen zusammen erlebt, kam ich immer mit derselben Antwort: Die Jungs werden mich sowieso ständig besuchen, sobald ich mich ein paar Tage eingelebt habe. Ich glaubte ja fest daran.

Aber es kam niemand. Woche um Woche verging, und niemand kündigte sich an. Dabei hatten sie doch alle zugesagt, dass sie mich besuchen und wir Barcelona abreißen würden ... Aber nichts passierte. Marcel war immer noch voll auf seine Freundin fixiert, der machte gar keine Anstalten, nach Barcelona zu kommen. Red kam ständig etwas dazwischen, der war ja immer extrem verplant und in seinem eigenen Film, und KsFreak und Krappi schoben ihren Besuch immer wieder auf.

In den ersten Wochen kam ich noch ganz gut drüber hinweg. Alles war neu, und ich unternahm eine ganze Menge. Ich ging in die Stadt, ins Stadion oder auf den Berg Tibidabo, von dem aus man ganz Barcelona überblicken kann. Ich bin ans Meer und dort Achterbahn gefahren. Ich habe jeden Tag etwas Neues erlebt, deshalb fiel es mir sehr leicht, neuen Content zu generieren. Ich zweifelte auch erst mals nicht mehr, ob ich tatsächlich diese Lifestyle-Schiene fahren sollte. Barcelona hat mich mehr oder weniger dazu eingeladen und indirekt gezwungen, da es so viele Möglichkeiten bot, Dinge zu erleben und Content zu filmen.

Für meine Abonnenten war das eine dankbare Abwechslung, wie ein Fenster zur großen weiten Welt. In Köln hätte ich so etwas niemals liefern können. Die vielen Facetten, das Meer, die Stadt selbst, das Stadion, alles ein ganz anderes Level, Digga.

Trotzdem saß ich immer öfter traurig in meinem Loft, schwamm allein im Pool und machte mir allein Gedanken über Gott und die Welt. Egal wie cool die Videos waren, die ich in dieser Zeit gemacht habe, und egal wie viel ich auf den Fotos lachte: Wenn man das Erlebte nicht teilen kann, ist es nicht so viel wert. Am Ende des Tages ist ein Abenteuer, das man mit jemandem gemeinsam erlebt, viel lebendiger.

Immer wieder habe ich den Jungs geschrieben und sie gefragt, wann sie mich besuchen, ihnen erzählt, wie geil es ist, aber nichts tat sich. Ich war enttäuscht und hatte irgendwann auch keinen Bock mehr, nachzuhaken und sie anzubetteln.

So einen Rückschlag mit sich selbst ausmachen zu müssen ist schon echt schwer. Aber vor Zigtausenden von Zuschauern die eigene Enttäuschung immer wieder wegzulächeln, obwohl sie einen mit der Nase drauf stoßen, ist hardcore.

Tag für Tag wurde ich unglücklicher und vergrub mich mehr oder weniger in meiner 4.000-Euro-Wohnung. Ich hatte keine Kumpels, ging kaum mehr raus und zockte nur noch den ganzen Tag. Als ich einmal genug Motivation gesammelt hatte, um mich tatsächlich ganz allein in einen Club zu quälen, traute ich mich natürlich nicht, ein Mädchen anzusprechen, und stand komplett verloren in der Gegend herum. Ich kam mir so armselig vor, dass ich nach einer halben Stunde wieder heimging.

Schließlich fragte ich mich sogar, ob Barcelona die richtige Entscheidung gewesen war. Mein großer Traum war blass geworden. Ich spürte, was es heißt, sich einsam zu fühlen. Freiwillig mal für sich sein, mal allein sein, ist das eine. Aber einsam ist niemand freiwillig, das macht einen völlig fertig.

Ich hatte keinen Bock auf gar nichts, hing nur rum. Ich hatte die Lust an allem verloren. Meine Motivation, Videos zu machen, war verschwunden, die Gier, neue Abonnenten zu erreichen, erloschen. Die Einsamkeit fraß sich durch alles hindurch und machte auch vor meinem Kanal nicht halt. Die Zahlen stagnierten, weil ich nur noch ein Video die Woche machte. Dass ich wusste, woran es lag, machte es aber nicht leichter, diese Entwicklung zu akzeptieren.

Dann – endlich! – kündigte sich Besuch nicht nur an, sondern fand auch statt. KsFreak, Krappi und Red kamen für ein Wochenende, und plötzlich drehte sich die Welt wieder zu meinen Gunsten. Gleich am ersten Abend gingen wir ins Opium, einen Nachtclub, über den ich schon öfter gelesen hatte. Er lag direkt am Strand von Barcelona. Wir besetzten einen Tisch, bestellten Flaschen, die Girls kamen sofort. Auf einmal war Highlife, und Barcelona war – drei Wochen, bevor es wieder zurück nach Deutschland ging – so, wie ich es mir immer vorgestellt hatte.

Wir verprassten unser Geld und stellten richtige Dummheiten an. Wir bestellten eine Shisha für 300 Euro, ließen Kohle nachlegen für 80 Euro, orderten Champagner, den wir mehr verschütteten als tranken, aber das musste einfach sein. Bei mir hatte sich so viel angestaut, das musste alles raus, und die Jungs halfen mir aus diesem Loch. Die Rettung in Form eines Besuchs kam spät, aber sie kam.

Wir gingen jeden Tag raus, drehten Videos, rasteten abends in Clubs aus und stürzten uns auf die Frauen. Die Jungs haben es so krass gefeiert, dass sie ihren Besuch auf eine Woche ausdehnten. Es spielte alles einfach keine Rolle mehr, weil wir Flaschen hatten und auf Highlife gemacht haben, also kamen die Girls wie von selbst und feierten mit. Keine wollte Cash oder so, nur umsonst trinken. Ich und Krappi bekamen eine klasse Nackenmassage, danach war er, glaube ich, kurz mal verschwunden, tauchte aber irgendwann wieder auf. Alles ganz entspannt.

Tagsüber waren wir produktiv, die Jungs nutzten den Trip für ihre Kanäle und machten geilen Content. Wir unterstützten uns gegenseitig. In dem Fall die Jungs mehr mich als ich sie, weil ich komplett down gewesen war und mein Feuer erst wieder entfacht werden musste. Aber das ging ganz schnell, und dann war ich wieder voll drin.

Es war wie eine Initialzündung kurz vor dem Ende. Plötzlich wollten alle kommen, weil sie in den Videos sahen, wie viel Spaß wir hatten und wie geil es in Barcelona war. Es blieben mir nur noch etwa zwei Wochen, aber Massi und Kivi waren schon im Anflug. Kivi war ein Kandidat, der für alles zu haben war, und kaum waren die beiden angekommen, sind wir direkt raus in die Bars und haben Gas gegeben.

Weil wir keine passenden Girls fanden, fing ich an, Kivi vollzulabern, mit mir ins Bordell zu gehen. Ich wollte das unbedingt mal machen, solange ich in Barcelona war, natürlich in der Hoffnung, dort wären nur so heftige Latinas, von denen ich mir dann eine aussuchen konnte.

Kivi musste ich tatsächlich nicht lange überreden, Massi hingegen hatte gar keine Lust auf solche Filme und wollte draußen auf uns warten. Kivi und ich googelten nach einem Bordell ganz in der Nähe und gingen einfach hin, ohne uns weiter Gedanken zu machen. Dort angekommen, mussten wir uns in einem Raum auf Barhocker setzen, während ständig Girls reinkamen und sich uns vorstellten. Ich bin Maria, ich bin 24 Jahre alt und komme aus

Brasilien, so eben. Ich hatte total Schiss, dass eine kommt, die richtig nice ist und dass Kivi mir die dann wegschnappt, deshalb war ich komplett fokussiert und habe die Frauen gespawntrapped. Doch als es so weit war und eine Heftige reinkam, war Kivi zum Glück schon so dicht, dass er es gar nicht checkte. Ich schnappte sie mir, und wir gingen aufs Zimmer.

Hier bestätigte sich allerdings direkt jedes einzelne Vorurteil, das man so hat, wenn man an ein Bordell denkt. Neonlicht, es riecht nach Kondomen, ein komisches Bett, daneben auf einem Tisch Gleitgel, Gummis und Taschentücher, eine Dusche im Raum. War jetzt alles nicht krass ranzig, aber eben auch nicht geil. Aber egal, ich hatte eine nice Brasilianerin am Start, die auch sofort Gas gab.

Mir hat das extrem getaugt, und ich wollte immer wieder. Das bedeutete natürlich, dass ich ständig verlängern und ihr neues Geld geben musste, da ich immer nur für eine halbe Stunde bezahlen konnte. Ich habe irgendwann das Zeitgefühl verloren und immer wieder verlängert, sodass meine Rechnung am Ende fast 400 Euro betrug.

Kivi und Massi warteten währenddessen die ganze Zeit über draußen und hatten sich schon Sorgen gemacht. Als ich rauskam, meinte Kivi, er sei kurz davor gewesen, die Polizei zu rufen. Aber alles war cool, ich hatte sogar die Nummer von Corinny, so ihr Name, und es sollte nicht das letzte Mal gewesen sein, dass ich sie sah.

Denn kaum waren Kivi und Massi ein paar Tage später in ihr Taxi zum Flughafen gestiegen, schrieb ich ihr. Kein Plan, was genau ich ihr schrieb, ich wollte mich einfach nur treffen, chillen und vögeln. Sie antwortete auch sofort, und wir verabredeten uns zum Essen im Olympischen Hafen.

Sie tauchte superseriös auf, trug ein langes Kleid ohne Aus-schnitt. Alles überhaupt nicht vulgär oder anzüglich, wie man sich das vielleicht vorstellt, wenn man an eine Prostituierte denkt. Es-sen mit ihr war top, Small Talk auch. Jeder erzählte ein bisschen was über sich, und es war ganz entspannt. Es fühlte sich an, als hätte ich ein relaxtes Date.

Nach dem Essen sind wir zu mir ins Loft, und sie hat mich so-fort verführt. Wir hatten geilen Sex, und ich dachte schon: Wow, wie die das einfach spontan ohne Forderungen durchzieht! Nor-malerweise muss ja vorab bezahlt werden. Aber zu früh gefreut.

Als wir fertig waren und noch ein bisschen chillten, fragte sie nach Cash. Dann ging sie. Für mich war das aber okay, schließlich hatte ich eine echt geile Nacht hinter mir und lebte zu dem Zeit-punkt extrem verschwenderisch. Ich hatte gerade erst den Frust der vergangenen Monate überstanden, die Jungs waren zu Besuch gewesen, wir haben gefeiert wie die Könige der Welt, und ich hatte jetzt auch noch eine Professionelle im Bett. Ich war im Pablo-Esco-bar-Modus!

Eines Tages habe ich Corinny dann statt 100 Euro einen Fünf-hunderter gegeben und meinte: »Das passt so«, weil wir so eine geile Nacht hatten. Das war das letzte Mal, dass ich für den Sex mit ihr bezahlt habe.

Danach haben wir uns noch ein paarmal getroffen, sind sogar zusammen für ein Wochenende nach Paris geflogen. Eine Freun-din war wohl kurzfristig abgesprungen, also fragte sie mich, ob ich Bock hätte mitzufliegen, da der Flug eh schon gebucht sei. Im Gegenzug habe ich das Hotel gezahlt, und wir sind geflogen. In Pa-ris zogen wir das komplette Touristending durch. Eiffelturm, Champs-Élysées, Arc de Triomphe. Wir waren sogar zusammen im Louvre und im Moulin Rouge. Im Hotel haben wir es uns am ersten Abend so richtig gegeben, beide dicht vom Alkohol und komplett horny. Sie hat nackt für mich getanzt und mich verführt. Ich musste nichts mehr zahlen.

Eigentlich Jackpot, aber wie aus dem Nichts hatte ich in der zweiten Nacht eine Blockade im Kopf. Irgendwie kam plötzlich der emotionale Anton durch. Ich dachte: Alter, ich zahle zwar nicht, wir haben uns angefreundet, sie ist so etwas wie eine Affäre, aber das turnt mich alles total!

Sie war eine Prostituierte, und ich lebte so, als wäre sie meine Freundin. Ich war eben nicht mehr in dem Modus »Mit Kumpels im Bordell«, diese Gaudi, die ich damit verbunden hatte. Die Leichtigkeit und der Spaß waren weg. Ich wurde nicht mehr geil, weil sich das plötzlich in eine ganz andere Richtung entwickelte.

Sie merkte, dass was mit mir nicht stimmte, und fragte nach. Ich war direkt ehrlich zu ihr und sagte, dass ich nicht gut mit der Situation umgehen könne, sobald ich an ihren Beruf dachte, da sie ja ab morgen oder übermorgen wieder im Puff anschaffen gehen würde. Sie verstand, und ich nahm mir vor, ihr zu helfen, aus dieser Szene rauszukommen, sobald wir wieder in Barcelona wären.

Unser Verhältnis wurde immer freundschaftlicher. Mit dem Geld, das sie verdiene, unterstütze sie ihre Mutter in Brasilien, erzählte sie. Als sie einmal ihr Überweisungslimit erreicht hatte, gab sie mir 1.000 Euro und meinte: »Anton, bitte, ich flehe dich an, bitte nimm das Geld und überweis es an folgende Daten in Brasilien, das Geld ist für meine Familie!« Sie weinte und war komplett aufgelöst. Selbstverständlich habe ich ihr geholfen.

Selbst in München, wohin ich nach meiner Barcelona-Zeit gezogen war, blieben wir in Kontakt. Und als sie eines Tages ihre Familie in Brasilien besuchte, stellte ich den Kontakt zwischen

Corinny und meiner Schwester her. Die war nämlich zur selben Zeit dort. Sie hatte ihren Verlobten – auf meine Kosten – geheiratet und lebte schon eine Weile lang – auf meine Kosten – in Südamerika, mal wieder wegen irgendwelcher Geschäfte, die wahrscheinlich keine Geschäfte waren.

Ich bat meine Schwester, sich in São Paulo mit Corinny zu treffen, vielleicht könne sie ihr ja helfen. Ich habe offen und ehrlich kommuniziert, dass Corinny eine Prostituierte sei, und meine Schwester willigte ein, sie kennenzulernen.

Zu dem Treffen brachte Corinny ihren Lebenslauf mit, eine Bewerbung, ihre Zeugnisse, alles auf einem USB-Stick. Mein Schwager wollte ihr nämlich angeblich einen Job besorgen. Aber wie alles, was er sagte, war auch das nur Gelaber gewesen. Wahrscheinlich wollte er sich nur bei mir einschleimen, weil er gemerkt hat, dass es mir was bedeutet, wenn er Corinny Hilfe anbietet.

Doch er konnte nichts für sie tun, und danach verlief unser Kontakt im Sande.

Die letzten Tage in Barcelona verflogen nur so, plötzlich ging alles viel zu schnell. Zum Glück war es aber ein schönes Ende. Als ich mein Loft räumte, war mir klar, dass dies nur der Anfang gewesen war. Ich würde wiederkommen und noch mal hier leben. Die Menschen sind freundlicher und offener, man hat das Gefühl, dass insgesamt mehr gelacht wird als bei uns in Deutschland. Durch das Klima und das Meer ist die Atmosphäre entspannter, die Menschen sind relaxter. So habe ich es zumindest erlebt.

Aber die Erkenntnis, die am meisten nachhallte, war, was Einsamkeit mit einem machen kann. Ich habe gemerkt, dass man alles haben kann, was man sich wünscht, aber wenn man es mit niemandem teilen kann, ist es kaum etwas wert.

Mein Papa holte mich ab, um mich wieder nach Bayreuth zu bringen, wo ich mich neu sammeln würde. Was war der nächste Step, wohin sollte es gehen? Einfach so in Bayreuth wieder anzuheuern ohne einen echten Auftrag kam nicht infrage. Ich wollte auch nicht wieder zu Hause wohnen und schon gar nicht so weit weg von all meinen Kumpels. Für mich war es wichtig, immer jemanden um mich zu haben.

Beim Zocken mit Kivi und Massi kam dann die Idee auf, eine neue WG zu gründen. Aber nicht einfach nur eine Zocker-WG, sondern wir dachten viel weiter. Bislang war ich nur Zocker aus Spaß gewesen, wenn auch ein wahnsinnig guter. Die beiden anderen Jungs hingegen waren Profis. Sie schlugen mir vor, auch als Pro einzusteigen und gemeinsam mit ihnen in einem Team zu spielen. Damit rannten sie bei mir offene Türen ein.

Ich war ready, ein Profi zu werden.

AUSGABEN

- Reisekosten
- Mietwagen
- Lebenshaltungskosten
- Offene Rechnungen, Versicherungen,
  Dokumente
- Hochzeit
- Bartransfers

16.000 €
 4.000 €
==========
20.000 €

KAPITEL 12

SCHWESTER III

Als ich 2015 in Barcelona lebte, sollte ich den ersten fetten Batzen überweisen. Bis dahin waren es eher kleinere Beträge gewesen, insgesamt so um die 4.000 Euro. Das war überschaubar. Ich lebte inzwischen auf großem Fuß, leistete mir eine heftige Wohnung und dachte insgesamt nicht so viel an Kohle. Bei mir war also jetzt viel mehr zu holen. Ich verdiente um die 10k brutto im Monat und hatte alles unter Kontrolle, legte genug beiseite für die Steuern, um da keinen Stress zu kriegen.

Mein Neffe war mittlerweile drei Jahre alt, und seine Eltern hatten offenbar den heftigsten Struggle: »Anton, wir müssen unbedingt heiraten, weil wir als Mann und Frau geschäftliche und steuerliche Vorteile haben. Gerade ist alles so ins Stocken geraten, aber bald wird alles gut, und dann ist es eh viel besser, wenn wir auch als Eltern unseres Sohnes offiziell verheiratet sind.«

Ich weiß all ihre Begründungen gar nicht mehr genau, aber offenbar war es besser für sie, als Ehepaar aufzutreten. Damit verbunden kam auch schon die nächste heftige Story: Da er Venezolaner war und sie Deutsche, hätten sie überall auf der Welt gesucht, wo sie mit diesen Papieren am schnellsten heiraten könnten und die Ehe ohne Weiteres anerkannt wird, sodass sie auch in Deutschland sofort Gültigkeit hätte. Hauptsache schnell und unkompliziert also. Es hieß jeden Tag: »Wir wollen das schnell machen, umso schneller wird auch unser Geschäft klappen, dann kriegst du dein Geld auch wieder. Und natürlich um ein Vielfaches mehr.«

Dann war es so weit: »Anton, wir haben einen Ort gefunden. Auf den Seychellen geht es am schnellsten. Da werden direkt die Papiere angenommen, bearbeitet und ausgehändigt. Das ist das Paradies auf Erden, dort heiraten viele Leute und verknüpfen das direkt mit den Flitterwochen. Die sind darauf spezialisiert, da können wir sofort ohne Probleme heiraten.«

Ja, ich habe mich absolut nicht weiter damit befasst. Ja, ich habe ihnen einfach wieder vertraut. Ich war wie eine Marionette, habe nur funktioniert. Sie war doch meine Schwester! Also habe ich Flüge gebucht, das Hotel bezahlt, die Zeremonie, die Dokumente. Alles zusammen: 10.000 Euro. Zur Hochzeit eingeladen war natürlich niemand, die beiden sind nur mit ihrem Sohn dorthin.

10k auf einen Schlag waren auch für mich nicht ohne, auch wenn ich gut verdiente. Aber ich redete mir ein, dass wir das schon irgendwie wieder hinbekommen. Wenn ich jetzt ausnahmsweise mal zwei Monate lang keine Steuern zahle und die Kohle vorstrecke, passiert schon nichts. Sie werden es ja bald zurückgeben, nach der Hochzeit hört das auf, dann ist alles safe …

Aber es hörte nicht auf. Es ging erst richtig los. Kaum von den Seychellen zurück, mussten sie dringend nach Brasilien. Auf meine Rechnung. Wieder ein paar Tausend Euro.

Von da an war ich der Alleinzahler und habe ihnen schlichtweg alles finanziert. Mama und Papa erzählten sie, dass sie alles selbst zahlen, dass kein Grund zur Sorge bestehe. Also dachten Mama und Papa, es habe alles geklappt. Die machen jetzt ihr Ding, und ihre Geschäfte in Brasilien laufen. Alles gut. Aber von wegen: Gar nichts war gut.

GAMING-WG ULM

Die letzten Tage in Barcelona waren richtig heftig. Ich war wie im Rausch, obwohl ich nur nachts besoffen war, wenn ich mit den Jungs um die Häuser zog. Massi und Kivi waren die letzten zwei Besucher in meinem Loft, und obwohl wir ständig feiern waren, haben wir die Sache mit dem Gaming nie aus den Augen verloren. Das war unsere Basis, das war der Grund, warum wir uns kannten. Ohne CoD hätte es diese Connection, dieses Loft, diese geile Zeit überhaupt nicht gegeben. Es war der Klebstoff, der uns alle zusammenhielt.

Kivi und Massi kannte ich von der Gamescom. Sie waren professionelle CoD-Spieler, keine random Figuren der Community, so wie ich anfangs, sondern Berufsspieler, die bei internationalen Turnieren antraten und zu Weltmeisterschaften fuhren. Ich war quasi der krasse Freestyler vom Bolzplatz, der Leute mit seinen Moves und seiner Show zerstören konnte, während die beiden seriöse Spieler waren, die zielgerichtet ihre Mission erfüllten, ohne Faxen zu machen. Ich hatte sie bei der Weltmeisterschaft und in der stärksten CoD-Liga verfolgt. Allein das genügte, dass ich großen Respekt vor den Jungs hatte.

Mein CoD-Film war komplett anders. Meine Gegner hatten meistens kein heftiges Niveau, ich konnte krasse Tricks auffahren, Drehungen beim Schießen einbauen, da ging es mehr um Spaß und Show. Genau das brachte mir den Fame. Es war CoD-Entertainment. Ich versuchte, 100 Leute in zehn Minuten zu zerstören – mit auch nur einem Pro-Gamer als Gegner völlig utopisch.

Hier trafen also zwei Welten, zwei komplett unterschiedliche Herangehensweisen an das Spiel aufeinander. Genau über diese Unterschiede sprachen wir drei häufig. Kivi und Massi kannten meine Fähigkeiten und versicherten mir immer wieder, dass ich das Zeug zum Profi hätte. Und je öfter ich mit ihnen zockte und trainierte, desto mehr verfestigte sich mein Gefühl, dass ich als Pro wirklich was reißen könnte.

Aber man meldet sich nicht einfach so als Profi irgendwo an, sondern braucht ein Team. Kivi und Massi hatten ein Team. Es passte also perfekt zusammen. Die Chemie zwischen uns stimmte, und ich wollte eh nicht zu Hause rumhängen.

In das Team zu kommen war dann aber doch nicht ganz so leicht. Es reichte natürlich nicht, nur gut zu sein und den Jungs als Typ zu gefallen. Das Team wurde von Fab Games finanziert, und die entschieden letztlich auch, wer reinkam.

Ich hatte die Skills und den Support der anderen Spieler, ich brachte eine Reichweite von etwa einer halben Million Abos mit, um die Aufmerksamkeit auf das Team zu lenken, es waren also genügend Argumente auf meiner Seite, um mich zu signen. Aber ich verstand auch, dass man sich vielleicht noch andere Kandidaten ansah, um die beste Wahl zu treffen.

Wir warteten also ein paar bange Tage, bis dann endlich klar war: Ich kam ins Team.

Das Team war safe und hieß FabE. Eigentlich war es total unnötig und auch gar nicht vorgesehen zusammenzuziehen, aber in dem Punkt war ich extrem stur. Ich wollte unbedingt, dass wir gemeinsam leben und zocken, so wie ich mit Marcel in Köln. Die Gründer von Fab Games und auch Kivi lebten in Ulm, also über-

175

legte ich, dorthin zu ziehen. Ich erzählte ihnen, wie krass es wäre, von einer gemeinsamen Base aus zu spielen. Ich hatte auch die Hoffnung, dass Fab ein bisschen was für uns springen lassen könnte. Es stellte sich zwar leider heraus, dass mehr als ein paar Hundert Euro im Monat nicht drin waren, aber das kümmerte mich nicht. Als Pro verdiente man halt deutlich weniger als auf YouTube. Im Schnitt eben nur ein paar Hundert Euro monatlich. Darum war es den anderen Teammitgliedern auch viel zu riskant, groß in diese Unternehmung zu investieren. War ja auch überhaupt nicht absehbar, was daraus würde.

Aber ich hatte durch YouTube die finanziellen Mittel. Wir waren junge, motivierte Zocker und wollten als Pro-Team Gas geben, daher habe ich mich in meinen Plan verbissen, auch wenn das heißen sollte, den Großteil der Kosten selbst zu tragen. Ich wollte diese Base so unbedingt für uns, ich habe so sehr an diese ganze Sache geglaubt, dass ich es allein durchzog.

Ich besorgte uns eine Wohnung, unterschrieb den Mietvertrag, ohne groß mit den Jungs zu diskutieren, zahlte die Kaution und kaufte ein paar Möbel. Alles lag in meiner Verantwortung. Ich wollte das hier, also habe ich es gemacht. Immerhin war ich bislang der Einzige in der Clique, der von der Zockerei gut leben konnte. Die Jungs hatten zwar eigene Channels, blieben aber im Vergleich zu mir total unter dem Radar. Was die anboten, war keine Unterhaltung, sondern ganz sachliches Zocken auf hohem Niveau. Wer Profi war, konnte sich damit etwas nebenbei verdienen, aber niemals einen geilen Lebensstandard erreichen. Das klappte vielleicht bei den fettesten Pros in Amerika, die heftigst bezahlt wurden, aber bei uns war das unmöglich.

Ich plante, diese beiden Welten zu verbinden. Den Unterhaltungsfaktor in den seriösen Profi-Alltag zu bringen. Ich wusste, dass meine Zuschauer es feiern würden, wenn sie eine Gang aus so hochkarätigen Spielern dabei verfolgen konnten, wie sie zusammen leben und zocken. Die Leute wollen Einblicke hinter die Kulissen haben, wollen wissen, wie der Tagesablauf aussieht, was man unternimmt. Big Brother eben, um mehr oder weniger das Gefühl zu haben, Teil der Gruppe zu sein, weil man alles mitkriegt. Ich war sicher, dass das Projekt durch die Decke gehen würde.

Im November 2015 zogen wir zu viert in die zweigeschossige Wohnung ein. Kivi und QuiCky, ein Profi-Zocker aus der Schweiz, hatten jeder ein eigenes Schlafzimmer, Massi, der aus München nach Ulm kam, teilte sich mit mir ein Bett im fetten Dachgeschoss. Das ging für uns beide klar, denn unser Leben spielte sich ja vor allem im großen Wohnzimmer ab. Dort standen vier Tische, die ich besorgt hatte, und darauf fette Bildschirme. Viel mehr gab es in der Wohnung nicht. Nur Tische, Bildschirme, Rechner, Betten und natürlich eine Küche, die aber so gut wie nie benutzt wurde, weil wir ständig essen gegangen sind oder etwas bestellt haben. Mehr brauchten wir nicht.

Ulm ist eine kleine Stadt voller Studenten. Abends hätte man so einiges unternehmen können, aber wir hatten da alle gar keinen Bock drauf. In den ersten Monaten ging es uns nur ums Game und ums Zocken, alles andere war egal. Zeitgleich mit unserer WG-Gründung war das neue CoD rausgekommen, wir waren daher viel zu hyped, um unsere Bildschirme zu verlassen.

Mein erstes Turnier fand schon im Dezember in Köln statt. Es ging um einen Platz in der European Pro League. Ein Wettbewerb in Form einer Liga, in der alle heftigen Teams Europas gegeneinander spielen. Wie bei der Champions League im Fußball. Das war unser Ziel, deshalb waren wir zusammengekommen, deshalb gab es diese Gaming-WG überhaupt.

Die erste Chance auf die Qualifikation hatten wir allerdings verkackt. Im Vorfeld war es möglich gewesen, sich bei einem Online-Turnier einen Platz in der Liga zu sichern. Die zweite Chance war nun das Turnier in Köln, bei dem man sich gegen alle anderen Teams durchsetzen musste.

So ein Offline-Event lag uns deutlich mehr. Es war, als würden wir vor Zuschauern erst richtig heiß laufen. Bei unseren Duellen gegen die anderen Teams war die Stimmung richtig geil, und auch die Zuschauerzahlen im Lifestream waren während unserer Matches auf einem ganz anderen Level als bei allen anderen. Bei uns guckten über 100.000 Menschen zu. In der Halle schrien die Leute und feuerten uns an, es war wie im Fußballstadion.

Zu meiner großen Freude war auch Marcel gekommen, um uns zu unterstützen. Der räumliche und zeitliche Abstand hatte unserer Freundschaft ganz gutgetan, auch wenn ich es noch immer mies fand, dass er mich in Barcelona kein einziges Mal besucht hatte. Aber jetzt war er da und nach einem der ersten Duelle schon komplett heiser vom Schreien. Wir haben als Team hohe Wellen geschlagen und Zuschauerrekorde gebrochen. »German players are breaking records« war das Fazit eines Journalisten, der uns interviewt hat.

Ich war einfach nur geflasht vor Glück, weil alles, was ich mir ausgemalt hatte, aufgegangen war. Wir performten als Profis *und* als Entertainer. Die Kanäle von Massi und Kivi waren nach nicht mal zwei Monaten schon auf über 100k Abonnenten angewachsen. Die beiden zeigten alles aus der Perspektive eines Pros, wie sie trainierten, wie sie sich verbesserten, alles sehr auf das Game bezogen.

Wie erwartet, fanden das auch meine Zuschauer interessant. Ich selbst pushte so richtig und habe drei, manchmal vier Videos die Woche rausgehauen. Mal CoD, aber auch viel Real Life: wie wir so leben, was wir machen, was in Ulm so abgeht, wie das Zusammenleben läuft. Einfach das gesamte Paket. Nebenbei haben wir jeden Tag stundenlang trainiert. Nach außen wirkte das alles bestimmt total easy, aber wir hatten ein straffes Programm, um besser zu werden und unser Ziel zu erreichen: den ersehnten Platz in der europäischen Topliga ...

Doch wir sind gescheitert. Köln endete in einem Herzschlagfinale, das wir verloren. Unser Gegner, das Team Splyce, hat uns im letzten Spiel zerlegt. Bei der WM sollten sie später den zweiten Platz belegen, waren also absolute Weltklasse, aber ich konnte es trotzdem nicht fassen. Erst hatten wir online verkackt und jetzt auch noch beim Turnier. Richtiges Drama, keine Ausreden. Wenn man online zockt, hängt vieles von der Verbindung ab, manches geschieht leicht verzögert, sodass alles etwas unberechenbarer ist. Hier beim Turnier hatten jedoch alle die gleichen Voraussetzungen und Bedingungen. Wir waren am Arsch. Und das vor so vielen Menschen aus der Szene. Extrem bitter.

Mir brannte die Niederlage richtig in der Seele. In meinem Kopf war ich doch der beste Zocker Deutschlands und hatte die letzten Monate und Jahre so viel Zeit investiert, um immer besser zu werden. Ich hatte ein geiles Team, die Jungs hatten es richtig drauf – aber es sollte einfach nicht sein.

Ich wusste, dass ich auf meinem Kanal mit Konsequenzen zu rechnen hatte, wenn wir versagten. Meine Zuschauer hatten schließlich Erwartungen an mich: dass ich geile Moves im Spiel mache, coolen Content liefere, exklusive Einblicke gewähre und eben auch dass die Performance stimmt.

Insgesamt also ein richtiger Absturz für mich. Wir waren raus, so einfach war das, und ich hatte die nächsten Tage das größte

Down ever. Ich hatte gar keinen Bock auf gar nichts und hing tagsüber nur im Bett rum, fing an, mir die Birne zuzukiffen und schlief 16 Stunden täglich. Es gab zwar noch eine letzte Chance, sich für die Rückrunde der Liga zu qualifizieren, aber wir waren alle komplett von der Rolle und kriegten in den nächsten Wochen nichts mehr auf die Reihe. Anstatt zu trainieren, ließen wir alles schleifen. Wenn wir nicht in Selbstmitleid ertranken, lenkten wir uns ab, trafen irgendwelche Girls aus Ulm, gingen fast jeden Abend in irgendwelche Shisha-Bars, betranken uns zu Hause, kifften bis zum Umfallen und luden wildfremde Menschen ein, die bei uns rumhingen. Wir waren komplett lost.

Mein Channel hat darunter sehr gelitten. Ich war angetreten, um zu beweisen, dass ich einer der besten im Game bin und auch als Pro abliefern kann – und noch ehe es richtig angefangen hatte, war ich schon im Arsch. Auf den ersten Hype und all meine Erwartungen an mich selbst und das Team folgte direkt der totale Crash.

Die Hater krochen aus ihren Löchern, als hätten sie nur darauf gewartet, dass ich es verbocke, um endlich ihre Kommentare rauslassen zu können. Jeden einzelnen habe ich mir zu Herzen genommen, habe den Scheiß an mich rangelassen. Es hieß, dass ich zu schlecht sei und mir nur einbilden würde, zu den Besten zu gehören. Dass ich nur ganz normaler Durchschnitt sei, der sich lieber auf YouTube konzentrieren solle und endlich mal auf den Boden der Tatsachen zurückgeholt werden müsse.

Nicht mal die Props von anderen Teams konnten mich darüber hinwegtrösten. Skrapz, ein Engländer, der seit der ersten Stunde CoD zockte und mittlerweile zu den besten Spielern weltweit zählte, hatte in einer Frage-Antwort-Runde auf Twitter gesagt, dass er mich für den besten deutschen Spieler hält. Was folgte, war klar: Die ganzen deutschen Zocker kommentierten bloß »LMAO«. Sie lachten sich den Arsch ab.

Massi sprang mir oft zur Seite, um mich zu verteidigen, meinte, dass man extrem Respekt davor haben muss, was ich in der kurzen Zeit geschafft hatte. Von dem Typen, der schnellstmöglich hundert Laien killt, zum ernst zu nehmenden Pro-Spieler. Aber genau das war es wohl, was viele abgefuckt hat. Manche trainieren jahrelang und schaffen es trotzdem in kein Team, das auf großen Turnieren vor Tausenden von Menschen spielt. Und dann kommt da einer um die Ecke, der eher das Entertainment im Spiel sieht, auf YouTube groß auftrumpft und dann auch noch Props von großen internationalen Zockern bekommt. Die Verbindung der beiden Welten Profispieler und YouTuber schmeckte den Leuten plötzlich nicht mehr.

Wir kamen aus unserem Down nach der ersten Turnierniederlage einfach nicht mehr raus. Nachdem wir diese heftige europäische Liga verpasst hatten, war da kein Antrieb mehr. Wir chillten nur unser Leben. Trainieren mussten wir allerdings trotzdem, und zwar täglich. Schließlich waren wir ein Team, das war unser Job.

Nun merkte ich zum ersten Mal, was es bedeutet, tatsächlich Profi-Spieler zu sein. Die Jahre zuvor war alles von innen gekommen, der Spaß hatte meinen Alltag und meine Inhalte dominiert, ich selbst hatte mich von meiner – meist guten – Laune treiben lassen. Aber hier und jetzt hatten wir eine klare Aufgabe – ob wir wollten oder nicht –, und die zu erfüllen fiel uns schwer.

Allerdings wollte das keiner von uns so richtig wahrhaben. Lieber flüchteten wir uns weiterhin in unseren Penner-Lifestyle. Schlafen, rumhängen, feiern und alibimäßig zocken. Da war keine Spannung mehr im Team. Wir waren wie eine Gang von faulen Arbeitslosen, die keinen Bock haben und vor sich hin hartzen.

Für die Jungs mochte das sogar eine Zeit lang klargehen, aber ich hatte alle Kosten zu tragen. Miete, Strom, meist sogar das Essen. Doch darüber wollte ich mir keine Gedanken machen. Mir fehlte jegliche Motivation, irgendwas zu ändern oder auf Konfrontation mit den Jungs zu gehen. Also zahlte ich einfach und lebte in den Tag hinein.

Drei Monate später stand ein weiteres Turnier in Köln an, bei dem wir alles hätten geraderücken können, aber auch da scheiterten wir und verloren ein entscheidendes Match. Bekanntheitsgrad als Einzelspieler und Team hin oder her, unsere Performance war einfach schlecht. Da half es auch nichts, dass unsere Abos stiegen und Leute Fotos mit uns wollten: Wir hatten den Hype, aber konnten nicht abliefern.

Für mich war jede Niederlage eine persönliche Bloßstellung, die ich nicht verarbeiten konnte. Es gelang mir nie, eine professionelle Distanz zu dem Ganzen zu entwickeln, dazu ging es mir viel zu nah. Ich war deprimiert, antriebslos. Selbst eine harmlose Erkältung, die ich mir einfing, hielt sich über Wochen. Ich war komplett durch.

Auch die Organisation, die hinter FabE stand, war frustriert über die Entwicklung. Sie hatten an jeden von uns ein paar Hundert Euro gezahlt, was nicht die Welt ist, aber in ihren Augen war es verbranntes Geld. Das ganze Projekt war zum Scheitern verurteilt. Jeder im Team hat das gespürt. Natürlich hätten wir wieder ein paar Monate warten und beim nächsten Turnier antreten können, aber uns fehlte jeglicher Ansporn. Schließlich knickten wir ein. Es war April 2016, und das Projekt Gaming-WG in Ulm war gestorben. Wir lösten die Wohnung auf.

Für mich war klar, dass ich erst mal wieder nach Bayreuth gehen würde. Das war immer mein Rückzugsort. Egal was ich vorhatte, bei Mama war immer der Start, aber eben auch das Ende. Mir war klar, dass ich dort nicht langfristig leben wollte, doch um mich zu sammeln, zu erholen, Motivation zu tanken und mir neue Ziele zu setzen, war das die perfekte Basis.

Ich nahm mir vor, mich nun auf die Suche nach Sponsoren zu machen, denn noch mal konnte ich so eine Aktion nicht allein stemmen. Den Ausschlag für den nächsten Ortswechsel gab Massi, der zu seiner Familie nach München zurückgehen wollte. München war noch von keinem Zocker oder YouTuber »besetzt«, warum also nicht von uns?

AUSGABEN

- Reisekosten
- Mietwagen
- Lebenshaltungskosten
- Offene Rechnungen, Versicherungen,
  Dokumente
- Südamerika-Aufenthalt
- Investitionen und Geschäfte
- Arztkosten
- Wohltätige Zwecke
- Pfändungen
- Bartransfers

  90.000 €
  16.000 €
   4.000 €
==========
110.000 €

KAPITEL 14

VOM GAMER ZUM LIFESTYLER

Als ich im Dezember 2012 mit YouTube anfing, gab es für mich nur Call of Duty. Das war meine Welt. Ich ging zur Schule, spielte Fußball und zockte CoD. Damals existierte das Genre Real-Life-Videos für mich gar nicht, das entwickelte sich erst über die Jahre. Mein erstes Facecam-Video kam am 11.12.2013, also fast genau ein Jahr nach meinem Start. Ich war bei knapp 25.000 Abonnenten und hatte die Idee von Marcel und Red übernommen, die bereits so aufnahmen.

Dem Spiel ein Gesicht zu geben, selbst zur Identifikationsfigur zu werden, hat für noch mehr Interesse bei der Community gesorgt. Jeder stellt sich zu einer Stimme immer auch ein Gesicht vor, und zusammen mit Mimik und Gestik entsteht erst der Gesamteindruck von einer Person. Es gibt auf YouTube nur wenige Beispiele, bei denen der krasse Erfolg kam, obwohl man nicht wusste, wer die Leute sind und wie sie aussehen.

Eines meiner ersten Real-Life-Videos entstand auf dem Bolzplatz, wo ich mich sinnlos dabei filmte, wie ich allein ein paar Moves mache und aufs leere Tor schieße. Ich hatte nicht mal eine richtige Kamera, geschweige denn ein Stativ, damit das annähernd cool aussieht. Ich nahm alles mit meinem Handy auf, das musste reichen. Ich hatte extra mehrere Kartons mitgenommen und sie aufeinandergestapelt, damit die Perspektive stimmte. Dann noch meinen Schuh obendrauf, da rein dann das Handy, damit es einen sicheren Stand hat, Selbstauslöser programmiert und einfach laufen lassen.

Zu Hause schnitt ich alles schnellstmöglich zusammen, legte Musik drunter und stellte es online. So entstanden meine ersten Videos, die nichts mit CoD zu tun hatten. Ziemlich amateurhaft also, ich habe mich nicht gerade mit Ruhm bekleckert.

Nach und nach gewöhnte ich mich daran, auch meinen Alltag mit der Kamera zu begleiten. Zu Beginn war das total komisch und ungewohnt, aber irgendwann habe ich praktisch alles gefilmt. Was ich nach der Schule gemacht habe, wie ich in die Stadt gegangen bin, um mir neue Nikes zu kaufen, so was. Ich habe einfach ein bisschen ausprobiert und herumexperimentiert, um zu sehen, wie es ankommt, wenn ich solche Alltags-Vlogs mache.

Marcel und Red hatten bereits gezeigt, dass die Leute es gut aufnahmen, den YouTuber außerhalb des Spiels kennenlernen zu können. Ich glaube, eines der ersten Real-Life-Videos von Marcel heißt nicht nur »Das dümmste Video auf ganz YouTube«, sondern ist es auch: Er steht nur im Garten rum und labert irgendeine Scheiße, filmt seine Katze und stellt irgendwelche Vergleiche zu Call of Duty auf.

Doch genau das war später unser Erfolgsrezept in Köln. Wenn wir ein Real-Life-Video gedreht haben, haben wir immer CoD-Vergleiche gebracht. Banales Beispiel: Der Vogel läuft ganz schnell irgendwo lang, und Marcel sagt: »Der Vogel hat gerade Marathon Pro«, also einen Perk in Call of Duty, um unendlich zu sprinten. Oder im Zoo: Da haben halt sechs oder acht Elefanten »Bodenkrieg« gespielt, einen CoD-Modus von eigentlich Neun gegen Neun, aber so viele Elefanten gab es halt nicht. Wir haben die reale und die virtuelle Welt zusammengebracht, denn in unserem Leben hatte einfach alles einen Gaming-Bezug.

Beim Thema Realtalk hingegen hielt ich mich noch zurück, ebenso wenn es darum ging zu zeigen, was man sich leisten konnte. Die anderen Jungs fingen langsam an, auch Storys aus ihrer Vergangenheit zu erzählen oder Klamotten zu zeigen, die sie sich gegönnt hatten. Das fühlte sich für mich aber erst mal nicht richtig an. Ich brauchte den CoD-Bezug, diese Brücke war mir wichtig. Daher zeigte ich maximal Controller oder Headsets, weil die ja offensichtlich was mit dem Spiel zu tun hatten. Zu privat wollte ich nicht werden, weil mich meine Abonnenten ja als den krassen Gamer kannten und diesen Content auch kriegen sollten. Das Spiel durfte nicht in den Hintergrund geraten. Andere Themen anzureißen war kein Problem, aber mein Content war damals 25 Prozent Real Life und 75 Prozent CoD.

Der Umzug nach Köln bot jedoch die perfekte Möglichkeit, auch immer mehr Real-Life-Videos zu machen. Es war ja nicht nur irgendein WG-Alltag, sondern ein Gaming-WG-Alltag. Wir zeigten unsere Zimmer, wir zeigten unsere Wohnung, wir dokumentierten unser Zusammenleben. Die Leute mochten das und fragten in den Kommentaren, wieso wir nicht einen WG-Channel starten. Wir hielten das für eine super Idee und nannten den Channel »Fullhouse«. Es gibt ihn heute noch, und wir haben ihn mit allen möglichen Videos gefüttert, teilweise ohne Message oder besonderen Mehrwert. Nudeln kochen auf dem Fußboden, weil wir nach Monaten noch immer keine Küche hatten, einkaufen gehen, essen bei McDonald's, CoD-Events mit anderen Zockern oder Klempner-Versuche bei einem verstopften Klo. Unser Leben eben, das halt manchmal aus sinnlosem Quatsch bestand. Wir haben nichts inszeniert, sondern einfach festgehalten, was so abgeht in der Chaos-WG, drei Monate lang fast jeden Tag. Ich habe nie den festen Entschluss gefasst, dass ich jetzt mehr Real-Life-Videos bringen müsste. Das hat sich hier und da einfach angeboten, also habe ich es gemacht.

Damals habe ich etwa zwölf Videos im Monat veröffentlicht, also drei pro Woche, mal mehr, mal weniger. Von den zwölf waren vielleicht zwei oder drei Real Life. Die Leute wollten dann aber immer mehr Fußball, wollten wissen, was mein Lieblingsverein ist und was es mit meinem Namen auf sich hat. Meine Liebe zum Fußball und zum FC Barcelona ist Teil meiner Identität, und mir gefiel die Möglichkeit, das auch auf YouTube zeigen zu können.

Als ich die finanziellen Mittel hatte, um mir Reisen erlauben zu können, drehte ich meinen ersten Stadion-Vlog. Ich flog nach Barcelona zum Champions-League-Halbfinale, Bayern gegen Barça. Die Klickzahlen sind explodiert, es ging komplett durch die Decke. Meine krassesten Gameplays erreichten etwa 200k Klicks, aber dieses Barcelona-Video holte das mit Leichtigkeit und innerhalb kürzester Zeit ein. Eine Triple Nuclear, also dreimal 30 Kills hintereinander, war damals das absolute Nonplusultra in CoD, das Maximum an Skills, das ich abliefern konnte. Aber der Stadion-Vlog hat das locker eingesackt.

Natürlich war die Reise nach Barcelona samt Tickets, Unterkunft und so weiter ultrateuer. Das konnte ich logischerweise nicht jede Woche machen. Aber weil das erste Video so gefeiert worden war, gönnte ich mir auch direkt Tickets für das Champions-League-Finale mit Barça. 4.000 Euro, Digga, aber ich wusste, es würde krass ankommen. Und Barça hat dann auch den Pokal geholt. Alles passte perfekt zusammen.

Wichtig war, die Balance zu halten. In den Wochen mit Red in Köln habe ich sicher sechs Paar Sneaker gekauft, und wir haben viel Real Life gefilmt. Bei Red hatte sich das Verhältnis mittlerweile auf 80 Prozent Real Life, 20 Prozent Gaming verlagert, aber die Leute zogen immer noch mit. Als er allerdings ankündigte, nur noch Real Life zu machen, kam die krasse Hate-Welle. In den Kommentaren hagelte es Beleidigungen. CoD habe ihn groß gemacht, und nun kehre er dem Spiel und der Community für Lifestyle-Scheiß den Rücken.

Für mich war das eine klare Warnung: Solche Schritte kommen bei den CoD-Leuten nicht gut an. Red konnte vielleicht mit negativem Feedback umgehen oder es ignorieren, aber ich war darin noch nie gut gewesen. Negative Kommentare gingen mir schon immer extrem ans Herz. Daher war mir klar, dass ich meinen Film nicht komplett auf Real Life umstellen konnte. Ich wollte das, was ich mir aufgebaut hatte, auf keinen Fall gefährden.

Red hat die Hate-Welle gut überstanden. Nach ein paar Wochen ging sein Kanal sogar durch die Decke. Sein Wachstum hat sich locker verdreifacht, mal vervierfacht. Red bot mir auch seine Hilfe an, um gemeinsam durchzustarten und den Spagat hinzubekommen. Aber ich hatte viel zu viel Angst davor, dass ich damit nicht durchkomme. Ich war kein krasser Entertainer oder Lifestyler wie er. Außerdem bestand mein Umfeld sonst nur aus CoD-Leuten. Ich traute mich nicht, allein eine andere Richtung einzuschlagen.

In Barcelona wurde mir das besonders bewusst. Ich hatte keinen Partner, mit dem ich Videos drehen konnte, musste deshalb Stadion, Freizeitparks oder den Hafen allein besuchen. Das hat mich auf die Dauer wahnsinnig unglücklich gemacht. Ich war einsam. All diese Ausflüge konnte ich gar nicht wirklich genießen und machte sie nur, um Klicks zu generieren.

Den Druck, den Menschen Barcelona zeigen zu müssen, hatte ich mir selbst gemacht, indem ich immer wieder voller Vorfreude angekündigt hatte, dass ich es kaum erwarten könne, dort zu sein. Also musste auch etwas folgen, das meinen Hype rechtfertigte. Zum ersten Mal war das, was ich zeigte, jedoch viel mehr Schein als Sein. In Wahrheit saß ich fast nur noch enttäuscht zu Hause.

Insofern war ich hin- und hergerissen. Unglücklich darüber, ohne Kumpels keine Freude an den Real-Life-Videos zu haben, sah ich gleichzeitig, dass das Genre auf YouTube immer besser ankam und auch kommerziell Sinn ergab. Man hatte ja viel mehr Möglichkeiten! Immer nur ein und dasselbe Spiel zu spielen schränkte mich nicht nur massiv ein, es fiel mir auch schwer, daraus ständig etwas Neues und Spannendes für die Zuschauer zu machen. Mir selbst fehlte die Abwechslung. Zwar wollte ich nicht blind einem Trend folgen, nur weil der gerade den heftigsten Hype hatte, aber ich wollte auch nicht naiv an etwas festhalten, was eben nur einen Teil meines Lebens ausmachte. Ich wollte mich weiterentwickeln und wachsen, scheute aber auch das Risiko, die Zuschauer damit zu enttäuschen. Also redete ich mir ein, dass ich die goldene Mitte finden musste, um meine Community zufriedenzustellen und mich gleichzeitig den aktuellen Veränderungen anzupassen. Gar nicht so einfach, denn schon in Barcelona kamen immer öfter Kommentare, dass man sich den »alten« ViscaBarca, den hundertprozentigen CoD-Spieler, zurückwünscht.

Das Ulmer Gaming-Haus war das Ergebnis dieses Struggles. Ich hatte mich entschieden, beim Gaming zu bleiben, es nicht fallen zu lassen wie die anderen. Aber ich brauchte neuen Ansporn, damit es mir weiterhin Spaß machte. Die Profi-Schiene war dieser Ansporn, doch die Zweifel blieben trotzdem. Sobald ich morgens aufwachte, waren sie wieder da: Soll ich mehr Real Life machen? Soll ich nicht? Ertrage ich es, als Real-Life-Schwuchtel bezeichnet zu werden, so wie es Red passiert war? Halte ich das aus?

190

Ich habe noch mal alles auf die Karte Gaming gesetzt. Selbst das bisschen Real-Life-Content war wieder komplett auf Gaming bezogen. Eine Roomtour halt oder ein Video über zehn Arten von Pro-Gamern. Ich wollte den Leuten zeigen, dass ich es von 0 auf 100 in der Pro-Szene schaffen konnte. Doch mein Plan ging nicht auf. Ich hatte auf die falsche Karte gesetzt.

Mit dem Ende des Ulmer Gaming-Hauses war auch mein Fokus aufs Zocken vorbei. Ich zog mit Massi nach München, die Wohnung stellte Elgato zur Verfügung. Wir versuchten zwar noch einmal, ein Profi-Team aufzustellen, aber dann sagten uns wiederholt Leute ab, die wir dabeihaben wollten, und irgendwann hatten wir die Schnauze voll. Wir glaubten nicht mehr daran, Verstärkung zu finden, um die Niederlage in Ulm vergessen machen zu können.

Eines Tages schnappte ich mir Massi und erklärte ihm meinen Plan: Im Gaming-Bereich hätten wir alles versucht, waren aber einfach an eine Grenze gestoßen. Wir müssten etwas ändern, wenn wir wollten, dass die ganze Sache weiter wächst. Wir müssten einen anderen Weg einschlagen: mehr Real-Life-Content!

Massi war an Bord – und wir legten los: Fußball-Challenges, Paintball-Challenges, alles, was uns einfiel. Hauptsache Real Life. Da wir beide total lebenslustige Typen sind, harmonierten wir gut vor der Kamera. Monatelang brachte ich kein Gaming. Eine echte Premiere. Natürlich gab es wieder Leute, die wissen wollten, was mit CoD ist, aber die gefürchtete Hate-Welle blieb aus, und unsere Videos kamen extrem gut an. Es ging aufwärts. CoD zockte ich jetzt nur noch ab und zu auf meinem Zweitkanal, allerdings nur, wenn mir wirklich danach war. Ich wollte nicht schauspielern, dass ich darauf total Bock hätte, und mich auch nicht zwingen. Nach drei Jahren nonstop CoD fühlte ich es einfach nicht mehr so wie früher. Die Zuschauer übrigens auch nicht: Die Views der

CoD-Videos nahmen stetig ab. Wahrscheinlich haben sie mir angemerkt, dass ich nicht mehr so viel Spaß daran hatte.

Ich brauchte einfach eine Pause – und CoD wurde danach nie wieder zu meinem Lebensmittelpunkt.

Mittlerweile macht mir die ganze Sache wieder sehr viel Spaß. Denn ich habe für mich selbst die Balance gefunden. Die Inhalte, die ich online stelle, vertrete ich aus ganzem Herzen. Natürlich ist es immer ein Struggle, und ich mache mir viele Gedanken, ob meine Videos beim Publikum ankommen. Ich bin einfach jemand, der viel, manchmal auch viel zu viel nachdenkt und immer alles unbedingt richtig machen will. Aber statt mich ausschließlich danach zu richten, was ich *glaube*, was andere feiern *könnten*, gehe ich jetzt danach, was *ich* feiere. Das ist nämlich viel leichter herauszufinden, dafür muss ich nicht hellsehen können.

Der Fußball, als eine der wichtigsten Säulen in meinem Leben, hat endlich mehr Raum bekommen. Auf YouTube ist das perfekt, weil es kaum Kanäle gibt, die persönliche Fußballvideos machen. Berichterstattung kriegt man natürlich überall, aber ich bringe viel von meiner Persönlichkeit in meine Videos. Ich filme nicht nur, ich bin mittendrin, mit allen Emotionen und voller Leidenschaft. Ich hoffe, dass das die Leute näher ans Geschehen bringt, dass ich sie so besser teilhaben lassen kann.

Inzwischen mache ich nur noch selten Videos, in denen ich über mein Leben erzähle. Mit meinem Realtalk-Video habe ich mich demaskiert, alles offengelegt. Meine Community weiß um meine Situation, alle Karten liegen auf dem Tisch. Schoin wurde zu Sein – und das hat mich gerettet. Ich bin extrem glücklich, dass ich mich geöffnet habe, auch wenn es schwerer war als alles, was ich bislang getan habe. Denn durch das Video habe ich viel gelernt. Und ja, ich werde es wieder machen, wenn es etwas Wichtiges zu sagen gibt. Denn ich glaube, mit der Wahrheit kommt man am weitesten, auch wenn es mitunter wehtut. Es ist einfach sinnlos, über lange Zeit ein falsches Spiel zu spielen. Man hofft, dass die Menschen es einem nicht ansehen, aber sie spüren es.

Gaming mache ich ab und zu noch, weil es mir nach wie vor großen Spaß macht und ich tolle Sponsoren habe, die mich schon lange unterstützen. Im Oktober 2019 kommt ein neues CoD auf den Markt. Und wie jedes Jahr wird sich dieselbe Frage stellen: Wird es noch mal so sein wie früher? Die Hoffnung ist immer da, aber die Szene hat sich verändert. Andere Spiele sind groß geworden, allen voran Fortnite, auf die die Leute eher warten. Es wird schwierig, noch mal an die alten Zeiten anzuknüpfen.

Ich persönlich muss das aber auch gar nicht. CoD hat mich über so viele Jahre begleitet, mich dahin gebracht, wo ich heute bin, mit allen großartigen und allen traurigen Erfahrungen, die mein Leben geprägt haben. Trotzdem – oder vielleicht gerade deswegen – sehe ich mich in Zukunft nicht mehr bei CoD. Ich habe das Gefühl, dass ich damit durch bin.

Momentan würde ich am liebsten nur Fußballvideos machen. Am besten nur Champions League. Am besten auf jedes Spiel fahren, mit jungen Spielern und Profis drehen. Reise-Fußball-Vlog-Kanal. Muss natürlich nicht nur mit Barça sein. Alles, was mit Fußballern und Fußball zu tun hat, interessiert mich. Hinter die Kulisse blicken. Sehen, wie die Spieler ticken. Fußball-Lifestyle, das ist es, was mich im Moment bewegt.

Natürlich kann sich auch das irgendwann wieder ändern. Vielleicht begeistert mich in zwei Jahren etwas völlig anderes. Aber wenn ich es jetzt fühle, wieso sollte ich es dann jetzt nicht tun? Wenn ich irgendwas in den letzten Jahren gelernt habe, dann, dass ich nicht aus Angst vor Veränderung auf der Stelle treten darf. Ich werde es nie allen recht machen können, aber das ist okay. Am wenigsten erfolgversprechend ist es sowieso, irgendwem was vorzuspielen.

Und wenn ich das Gefühl habe, dass ich meinen Leuten was mitzuteilen habe, dann werde ich auch mal ein Video machen, in dem ich mich einfach vor die Kamera setze und ein Update gebe über mein Leben. Was gerade passiert, wie sich meine Situation entwickelt. Mein Publikum hat mich mehr oder weniger in den Abgrund begleitet. Irgendwann klickte kaum noch jemand meine Videos, weil ich mich verloren hatte. Es war wie eine Bestrafung für meine Scheinwelt. Es gab gar keinen anderen Ausweg mehr, als die Wahrheit auf den Tisch zu legen. Das hat mich gerettet. Ich mache diesen Kanal schließlich nicht nur für mich, sondern auch für mein Publikum. Deshalb werde ich immer versuchen, genau hinzuhören, wie sich das Publikum entwickelt, was es von mir erwartet. Aber ich werde in Zukunft auch noch genauer hinhören, wie ich selbst mich entwickle und was ich eigentlich erwarte.

KAPITEL 15

ELGATO-HAUS

Aus Ulm zurück in Bayreuth, fühlte ich mich wie überfahren. Die letzten Jahre hatte ich wie auf der Überholspur gelebt. Immer on fire, immer Vollgas, um weiterzukommen, immer wieder Neustarts, in die ich all meine Energie gesteckt hatte. Mit dem Schulabbruch hatte es angefangen, danach die WG mit Marcel in Köln, dann im Alleingang nach Barcelona und zuletzt die Ulmer Gaming-WG.

Ich fühlte mich ausgebrannt, wusste aber gleichzeitig, dass ich keine Zeit verlieren durfte, wenn ich mein Level halten wollte. Und ich wollte mein Level nicht nur halten, ich wollte es weiter ausbauen und krasser werden.

Mama hat mich umsorgt, als wäre ich ein Kleinkind. Ich musste keinen Finger rühren, sie war einfach nur froh, dass ich nach all den Abenteuern wieder zu Hause war. Sie hatte zwar immer hinter mir gestanden und mir nie Steine in den Weg gelegt, aber natürlich hoffte sie jedes Mal, wenn ich ein paar Tage zu Hause war, dass ich auch bleiben, im besten Fall meinen ganzen Film beenden und eine Ausbildung anfangen würde, so wie ich es damals versprochen hatte. Aber vermutlich wussten wir beide, dass mein Weg ein anderer ist.

Mama war die Einzige, die mir mein Leid in dieser Down-Phase angemerkt hat. Sie fragte mich aber nicht aus, selbst wenn ich den ganzen Tag nur im Bett lag, sondern ließ mich einfach in Ruhe.

Keine Ahnung, was genau mit mir passiert war, aber ich war nicht mehr imstande, mein Ding durchzuziehen.

Wochenlang war ich krank, hatte keine Lust, aufzustehen oder rauszugehen, keinen Bock zu zocken, ich wollte keine Leute treffen, ich war einfach für nichts zu gebrauchen. Ich hatte das Gefühl, dass alles über mir zusammengebrochen war. Die Erwartungen an mich als Pro-Gamer, denen ich nicht gerecht werden konnte, die hohen Ansprüche an mich selbst als YouTuber, das Highlife, das ich gelebt habe, ohne mir wirklich Gedanken darüber zu machen. Ich hatte mein Geld für die WG verballert, für die Jungs und auch für meine Familie, vor allem für meine Schwester und ihren Mann. Jedes Mal, wenn sie mich gefragt haben, habe ich ihnen Geld ausgelegt. Ich dachte ja immer, dass ich das schon irgendwann wiederkriegen würde, wir sind schließlich eine Familie, und natürlich gebe ich was ab, damit auch sie gut leben können. Außerdem hatte ich gar keine Zeit gehabt, um mir über Kohle den Kopf zu zerbrechen. Ich musste vorankommen, Abonnenten gewinnen, den Hype pushen und abliefern. Geld war halt da, also warum sollte ich mich groß damit beschäftigen? Die Erwartungen der Menschen, die mir folgten und meinen Weg begleiteten, waren hoch, und ich wollte nun mal niemanden enttäuschen.

Mit all diesen Dingen im Kopf lag ich in meinem Bett und war wie gefangen, wusste nicht, wie ich aus diesem Down rauskommen sollte. Mir ging es schlecht, und je mehr ich darüber nachdachte, wie schlecht es mir ging, desto fertiger machte mich das.

Trotzdem waren meine nächsten Schritte schon geplant. Mit Massi sollte es nach München gehen, in eine neue WG. Wir hatten sogar schon erste mögliche Partner angeschrieben, die unser Projekt finanzieren sollten, aber noch war nichts in trockenen Tüchern. Auch deshalb war ich so am Arsch. Ich war extrem ungeduldig, wollte wissen, wie es weitergeht – aber ich hatte keine Kraft, um mich auf die nächste Etappe zu freuen.

Eines Nachts passierte etwas ganz Komisches. Ich lag hellwach in meinem Bett und starrte die Decke an, obwohl es schon drei Uhr morgens war. Ich war krank und eigentlich ultramüde, aber ich konnte einfach nicht schlafen. Plötzlich spürte ich wie aus dem Nichts einen heftigen Druck in meiner Brust. Kein Plan, wo das herkam, es fühlte sich an, als würde eine Energiewelle durch meinen Körper branden. Aber nicht unangenehm, nur eben total überraschend.

An dieser Stelle sollte ich wohl erwähnen, dass ich gläubig bin. Darum habe ich diese Form der Energie auch als ein Zeichen gewertet, mich nicht mehr so gehen zu lassen. Irgendwas hat mich gepusht aufzustehen, hundert Gedanken und Ideen schossen mir durch den Kopf. Ich versuchte gar nicht, sie zu unterdrücken, sondern dachte wirklich: Krass! Gott gibt mir Energie und zieht mich endlich aus diesem Loch raus … Also, auf geht's!

Ich war richtig hyped und sprang aus dem Bett, fühlte mich aufgeladen wie eine Powerbank, durch die der Strom pulsiert. Ich lief ins Wohnzimmer und fing an, alles aufzuschreiben, was mir durch den Kopf ging. Es waren vor allem Ideen und Visionen von Videos, die ich in Zukunft drehen könnte, um meinen Channel wieder zu pushen. Challenges, Battles mit anderen oder auch Zocken mit Konsole und Monitor in der Badewanne. Ich hatte voll den Struggle, alles aufzuschreiben, um bloß nichts zu vergessen.

Die Wochen vorher war ich extrem inaktiv gewesen, hatte höchstens ein Video pro Woche gepostet. Höchste Zeit also, endlich wieder abzuliefern. Und nach dieser Nacht ging es plötzlich wie von selbst – und meine Videos durch die Decke.

Ich zockte tatsächlich in der Badewanne: 1,1 Millionen Aufrufe. Boooom! Ich bezog meine Mama mit ein und spielte mit ihr zusammen, was extrem gut ankam, weil es so lustig war, dass sie keinen Plan von dem Game hatte. Ich hatte so viele Ideen.

In der Nacht, als mich die Energiewelle durchflutete, schrieb ich aber nicht nur Ideen für Videos auf, sondern auch ganz grundlegend, was ich in Zukunft machen will. Ich wollte festhalten und vor Augen haben, was mir durch den Kopf schwirrte. Ein wichtiger Punkt war natürlich der Umzug nach München, um mit Massi durchzustarten. Gleich am nächsten Tag klemmte ich mich wieder dahinter, einen geeigneten Sponsor zu finden, der uns eine Wohnung finanzieren würde.

Bei mir hatte ja alles in meinem Kinderzimmer angefangen. Mit Elgato, diesem Aufnahmegerät, das es mir ermöglicht hatte, meine Plays auf den Rechner zu übertragen und meinen YouTube-Film überhaupt zu starten. Das wäre der perfect Match, um etwas gemeinsam auf die Beine zu stellen, dachte ich – und rief bei Elgato an. Ich erzählte von unserem Vorhaben, erklärte, dass Massi und ich beide als Werbeträger helfen könnten, den Namen der Firma größer zu machen. Und ich bekam meine Chance. Der Geschäftsführer lud mich nach München ein, um ihm die ganze Sache zu pitchen.

Als ich ihm ein paar Tage später gegenübersaß, sprudelte ich nur so vor Energie und steckte ihn damit an. Ich machte klar, dass Gaming-Videos allein nicht mehr ausreichen, dass Real-Life-Videos viel besser bei der Community ankommen. Ich hatte nicht vor, das Gaming an den Nagel zu hängen, es war in meiner DNA, aber der Großteil der Videos sollte den Zuschauern Einblicke in das WG-Leben ermöglichen. Stundenlang nur vor dem Bildschirm zu sitzen und zu zocken, war einfach nicht mehr spannend genug für die Leute. Der Zocker von heute zog sich nicht mehr zurück, um sein Leben nur dem einen Computerspiel zu widmen. Das war Schnee von gestern. Heute seien Gamer auch Lifestyle-Vorbilder, erklärte ich.

Ich redete bestimmt über eine Stunde Freestyle auf den Verantwortlichen ein und versuchte, ihm klarzumachen, was für Elgato dabei rausspringen würde. Der Name werde positiv konnotiert, ständig mit positiven Erlebnissen verknüpft, sowohl in Bezug auf das Gaming als auch im Alltag durch die Real-Life-Videos. Ich war absolut überzeugt davon, dass es perfekt funktionieren würde, zumal keine anderen YouTuber in München vertreten waren. Das würde also unsere Stadt werden und das mögliche Elgato-Gaming-Haus in der Szene repräsentativ für München stehen. Jeder würde es kennen.

Der Geschäftsführer von Elgato Gaming war überzeugt und verkündete, er wolle uns mit seiner Firma supporten und den Weg mit uns gehen. Und das, obwohl ich ihm klarmachte, dass es nicht so eine durchschnittliche 60-Quadratmeter-Wohnung sein dürfe, sondern etwas Großes sein müsse, etwas, das die Leute ein wenig träumen lässt und begeistert. Etwas, das sie sich nicht einfach selbst leisten konnten und nicht jeden Tag sahen. Meine Argumente konnte er nachvollziehen und stimmte zu.

Ich fuhr wieder nach Bayreuth und suchte von dort aus über diverse Internetseiten nach krassen Wohnungen in deutlich vierstelliger Preiskategorie. Ich machte ein paar Besichtigungstermine aus und nistete mich bei Massi ein, damit ich nicht ständig von Bayreuth aus pendeln musste. Genug Zeit im Kinderzimmer verbracht!

Massi und ich gingen zusammen mit einem Elgato-Mitarbeiter zu den Besichtigungen. Und die Wohnungen waren direkt ein anderes Level. Da war zum Beispiel diese Wohnung direkt am Marienplatz, quasi neben der Frauenkirche. Fünf Meter hohe Decken, Kronleuchter, riesige Zimmer, wie die Gemächer eines Königs, das war zu heftig. Wir wollten unbedingt einziehen und bekamen auch am Tag darauf die Zusage. Als wir allerdings offenlegten, dass wir YouTuber seien und ständig Videos in der Wohnung drehen würden, sprang der Vermieter wieder ab. Der Makler erklärte uns, der Besitzer der Wohnung sei selbst eine öffentliche Person und wolle nicht, dass eine seiner Immobilien im Internet gezeigt wird.

Am Tag danach fuhren wir in den Stadtteil Trudering. Diesmal ging es um eine heftige Galeriewohnung. 180 Quadratmeter, zwei Ebenen mit zwei Schlafzimmern, zwei möglichen Gaming-Zimmern, großem Wohnzimmer, Küche und fettem Bad. Sogar ein kleines Gästezimmer und einen Garten gab es.

Wir waren sofort komplett geflasht. Das Beste: Die Wohnung war schon vollständig möbliert. Tische, Betten, Schränke, alles war da. Wir mussten also nur noch unseren Kram wie Klamotten, persönliche Gegenstände und natürlich das ganze Gaming-Zeug mitbringen.

Wir waren Feuer und Flamme, und der Elgato-Mitarbeiter ließ sich anstecken. Die Miete war zwar saftig, aber alle waren so begeistert, dass wir nicht zögerten. Wir bekamen die Zusage – und nur ein paar Tage danach, im Mai 2016, zogen wir ein.

Ich war so glücklich, dass jetzt endlich alles unter Dach und Fach war. Ich hatte keine Lust mehr, in Bayreuth rumzuhängen. Ich hatte auch keine Lust mehr, bei Massi zu pennen, obwohl seine Familie extrem nett war und seine Eltern mit mir umgingen, als wäre ich ein weiterer Sohn. Aber ich wollte wieder was Eigenes, mein eigenes Ding machen.

Wir legten auch sofort los. Ich sprudelte vor Energie, und Massi zog voll mit. Seit jener Nacht in Bayreuth war ich wieder im Vollgas-Modus, nichts konnte mich aufhalten. Massi und ich drehten richtig auf in der neuen Wohnung und machten vier Videos pro Woche. Wir lieferten uns Challenges auf einem Trampolin, battleten uns auf dem Fußballplatz mit Tricks, versuchten, Dinge abzuschießen, oder warfen uns bei einem Frage-Antwort-Spiel Wasserbomben ins Gesicht. Es ging um Unterhaltung pur. Wir wollten den Leuten, die uns zusahen, die Lebensfreude vermitteln, die wir auch tatsächlich spürten. Ich war halt auch erst 19 und ein totaler Quatschkopf noch dazu, das passte super zu mir. Ich war authentisch, und das wirkte sich gut aufs Geschäft aus. Ich bekam Anfragen für lukrative Kooperationen und Shoutouts.

Andere in meinem Alter hatten vielleicht gerade Abi gemacht oder fingen an zu studieren, hatten also noch ein paar Jahre vor sich, ehe sie richtig Geld verdienen würden. Ich aber hatte schon seit Köln gut Cash. Deshalb wusste ich allerdings noch lange nicht, mit der ganzen Kohle umzugehen, eher im Gegenteil.

Im Nachhinein frage ich mich oft, was ich mir eigentlich dabei gedacht habe, plötzlich nur noch die teuersten Klamotten kaufen zu müssen. Besonders hängen geblieben bin ich auf Versace. Von denen kaufte ich mir echt jeden Quatsch. Es war wie eine Krankheit, die mich befallen hatte. Damals fand ich es übertrieben geil, Versace zu rocken und komplett in dieser Marke eingekleidet zu sein. Da muss irgendein russisches Gen in mir durchgebrannt sein. Die ganzen Muster, die Assoziation mit Gold, das Logo der Medusa, irgendwie hatte ich das immer mit dem Prunk der Zaren in Verbindung gebracht. Ein Zeichen von Überfluss und Wohlstand. Und ich zog diesen Film wie ein Idiot durch, dachte, das würde mich glücklich machen.

Dabei war ich eigentlich nie der Typ dafür, Welle zu machen oder mit meinem Geld zu prahlen. Jeder in meinem Umfeld hatte gewusst, dass ich gut Cash verdiente, aber ich war nie ein überheblicher Großkotz gewesen. Das meiste Geld hatte ich sowieso für meine Jungs, für die Wohnung, das gemeinsame Essen und Feiern ausgegeben. Der Rest ging in die Taschen meiner Schwester und meines Schwagers.

Mein Versace-Hänger ist eines der ganz wenigen Dinge, die ich mir bis heute nicht erklären kann. Wenn ich auf Fotos oder in Videos sehe, wie ich damals rumgelaufen bin, schäme ich mich richtig. Ich trug Mantel und Jacke von Versace, T-Shirts, die mir viel zu klein waren, ja sogar Versace-Kissen und -Bettwäsche hatte ich. Gute Freunde machen sich noch immer darüber lustig, wie zielsicher ich die hässlichsten Klamotten für die meiste Kohle gefunden habe. Aber irgendwas in mir schob so einen Belohnungsfilm. Ich wollte mir das halt gönnen.

Doch zufriedener machte mich das immer nur für kurze Zeit. Direkt nach einem Kauf habe ich mich wie der Krasseste gefühlt, aber es dauerte nicht lange, dann war es auch schon wieder vorbei. Ich wusste es überhaupt nicht zu schätzen, abgesehen davon, dass der Stil gar nicht zu mir passte. Das habe ich aber erst viel später gecheckt.

Meine Zuschauer hingegen checkten das schnell. Die Leute machten sich über mich lustig, schrieben in den Kommentaren, ich sei der heftigste Clown mit meinen Klamotten. Es gab sogar andere YouTuber, die Videos über meinen Versace-Wahn machten und sich vor Lachen krümmten, weil es so lächerlich war.

Heute kann ich nur den Kopf darüber schütteln, dass ich für so einen Schwachsinn Geld ausgegeben habe. Nur einige Schmuckstücke haben diese Phase überlebt, von allen anderen Sachen habe ich mich getrennt. Es belastet mich noch immer, wenn ich daran zurückdenke. Inzwischen hasse ich das Label sogar, weil es mir meine Dummheit vor Augen hält. Und ich meine damit nicht mal all das Geld, das ich unnötig aus dem Fenster geworfen habe. Klar ist es unnormal, mehrere Tausend Euro für so einen Quatsch auszugeben, aber wenn man 20k verdient, ist das nicht die Welt. Mir geht es vielmehr um meine Geschmacklosigkeit und die Tatsache, dass ich mich zum Gespött gemacht habe, indem ich mich über so völlig übersteigerten Besitz definiert habe.

Ich hatte keinen normalen Bezug mehr zu materiellen Dingen, erinnerte mich nicht mehr daran, wie es war, mit viel weniger Geld klarkommen zu müssen, freute mich gar nicht über das, was ich mir gekauft hatte. Hätte ich mit elf Jahren Fußballschuhe bekommen, so originale F50 oder so, Alter, ich hätte fünf Saltos gemacht! Ich hätte mich wahrscheinlich monatelang darüber gefreut. Wenn ich heute F50 kaufe, ist es schwierig, mich genauso zu freuen wie als Kind. Sie sind cool, leichter, bequemer und sehen geiler aus als andere Schuhe für weniger Geld. Aber nach zwei Tagen liegen sie trotzdem nur rum.

Nicht nur, dass diese Versace-Klamotten das Geld nicht wirklich wert sind, das man für sie bezahlt. Sie machen einen halt auch nicht zu einem krassen Typen, nur weil man sie trägt.

Das erste halbe Jahr verging wie im Flug, es war, als wären wir in einer Fabrik, die Videos produziert. Pro Woche mindestens drei für meinen und drei für Massis Kanal. Sein Job als Pro-Gamer war nie sonderlich rentabel gewesen, aber als YouTuber konnte auch er jetzt richtig durchstarten.

Die Vorteile der geilen Wohnung nutzten wir allerdings nicht. Zu meinem Highlife-Plan hatte eigentlich auch gehört, immer Freunde und Girls dazuhaben, doch wir arbeiteten nur, drehten

Videos, machten Welle auf YouTube. Alles war auf den Beruf als YouTuber ausgerichtet. Zeit, um mal ohne Kamera auszuspannen und einfach zu leben, nahmen wir uns nie.

Könnte ich den beiden Zockern von damals etwas raten, dann das: Genießt doch mal, was ihr habt! Lasst auch mal los! Rennt nicht immer wie Getriebene nur dem nächsten Video nach! Aber wir wussten es nicht besser. Wir kannten nur diesen Druck, den wir uns selbst machten, und fingen an, uns gegenseitig zu belasten.

Richtig schwierig wurde es, als ich Lisa kennenlernte. Sie war Tänzerin, zwei Jahre jünger als ich, und meine erste richtige feste Freundin. Ich lernte sie in einem Münchner Club kennen, etwa ein halbes Jahr nachdem wir in die Elgato-WG eingezogen waren. Wir tauschten Nummern aus, und dann ging alles sehr schnell. Wir hingen jeden Tag zusammen ab, hatten Sex, gingen zum Essen aus, ganz entspannter Lifestyle. Irgendwann unternahm ich nur noch was mit ihr oder drehte Videos für meinen eigenen Kanal. Alles andere um mich herum wurde egal.

Da sie hübsch war, überlegte ich von Anfang an, dass ich sie gut in irgendwelche Videos integrieren könnte. Das war natürlich extrem egoistisch, keine Frage, aber ich war bei etwa 950.000 Abonnenten, und die Million war alles, was zählte.

Also erklärte ich ihr das Business und wie YouTube funktioniert. Das hatte ich vorher noch bei keinem Mädchen getan. Und ich glaube, sie sah die Möglichkeiten ähnlich wie ich. Wir verstanden uns gut, alles war cool, aber auch extrem oberflächlich, das habe ich mit jedem Tag mehr gemerkt. Wir führten keine wirklich innige Beziehung, sondern eine Beziehung auf Zeit, aus der wir beide das Beste rausholen wollten. Wir wussten insgeheim, dass es sowieso nichts für die Ewigkeit ist, und ich bin mir sicher, dass sie genauso dachte wie ich.

Ich machte also die Videos mit ihr, zeigte sie ganz offen, was natürlich die erhoffte Reaktion brachte. Es wurde extrem auf sie gegeiert, und ich bekam mal eben so 30k neue Follower dazu. Im Gegenzug ließ sie sich von mir einladen. Egal ob in geile Restaurants oder nach Barcelona. Eine Win-win-Situation ohne wirklich tiefe Gefühle. Trotzdem habe ich niemals Spielchen mit ihr gespielt, bin nie fremdgegangen oder habe sie sonst wie verarscht.

Massi war in dieser Phase komplett ausgeblendet. Dass ich gerade genau dasselbe mit ihm abzog wie Marcel damals mit mir, habe ich überhaupt nicht gecheckt. Aus meiner Sicht hatte ich immer noch genug Zeit für ihn. Wir hingen vielleicht nicht mehr so oft zusammen ab, aber da wir in einer Wohnung lebten, lief man sich so oder so ständig über den Weg. Ich dachte mir auch nichts dabei, dass ich ihm ein paar Video-Drehs kurzfristig absagte. Er konnte doch wohl auch mal allein klarkommen ...

Aber ganz so locker sah Massi das nicht. Wir fingen an, uns über die dümmsten Dinge heftig zu streiten. Mal ging es darum, wer mit dem Putzen dran war, dann war mir gelegentlich das Chaos in der Wohnung zu viel, und ich machte ihn dafür verantwortlich. Es war nur eine Frage der Zeit, bis sich auch dieses WG-Projekt auflösen würde. Den Ausschlag dafür sollte allerdings ein ganz unerwarteter Faktor geben.

Damals, als die WG mit Massi langsam, aber sicher auseinanderbrach, kamen meine Schwester und ihr Mann wieder zurück nach Deutschland. Die beiden hatten ja »aus geschäftlichen Gründen« einige Zeit in Venezuela und Brasilien verbracht.

Meine Schwester konnte Massi überhaupt nicht ab, das wurde schnell deutlich. Sie meinte, er sei faul und nutze mich nur für seine Zwecke aus. Und wie in all den Jahren zuvor ließ ich mich von ihr beeinflussen, vertraute ihrer Einschätzung und ließ Massi fallen. Wir hatten nur noch Beef und konnten kaum noch vernünftig miteinander reden.

Massi wusste nicht, dass meine Schwester so Welle gegen ihn machte, ihm wurden die negativen Vibes zwischen uns einfach irgendwann zu viel. Er kam zu mir und machte klar, dass er die Schnauze voll hatte. Er wollte noch so lange durchziehen, wie das Projekt vertraglich mit Elgato vereinbart war, und dann zu seiner Familie zurück. Aber so lange wollte ich nicht mehr warten. Ich war schon wieder so eingelullt von dem Gelaber meiner Schwester, dass ich es gar nicht erwarten konnte, mit ihnen irgendeine fette Wohnung oder ein Haus zu mieten. Daher beendeten wir das Projekt vorzeitig.

Meine Leichtgläubigkeit und die Liebe zu meiner Schwester ließen mich so manche dumme Entscheidung im Leben treffen. Der Bruch mit Massi aber steht symbolisch für den Anfang vom Ende.

AUSGABEN

- Reisekosten
- Mietwagen
- Lebenshaltungskosten
- Offene Rechnungen, Versicherungen,
  Dokumente
- Shoppen

  10.000 €
  90.000 €
  16.000 €
   4.000 €
==========
120.000 €

KAPITEL 16

SCHWESTER IV

Ich habe ihnen alles finanziert. Flüge, Hotels, Essen und was sie sonst so brauchten. Brasilien, Panama, Venezuela. Wenn sie irgendwas bezahlen mussten, irgendwelche komischen Zolldokumente, Papiere, whatever, dann habe ich gezahlt. Das ging knapp ein Jahr lang. Das Ergebnis: mehr als 60 Überweisungen – und das waren nur die Transfers bei der Bank. Obendrauf kamen die direkten Transfers über Western Union. Auch fast 30-mal. Insgesamt mehr als 100.000 Euro. Ich bekam einfach nur eine Nachricht aufs Handy: »Bitte, Anton, schick uns Geld, wir haben nichts mehr«, und habe überwiesen.

Im Schnitt zweimal pro Woche.

»Es hat immer noch nicht geklappt. Und wir müssen hier unbedingt bleiben. Wir sind kurz davor, das endlich fertig zu haben. Wenn wir jetzt schon weggehen, dann geht alles in die Brüche. Schick uns bitte Geld. Wir brauchen Geld für Essen.«

Das ist krank. Ich habe einfach gemacht, gemacht, gemacht. Ich weiß nicht, warum ich nie den Stecker zog. Das alles ging nur, weil ich auf YouTube so durch die Decke ging. Ich habe 2016 knapp 200k erarbeitet. Die ersten Monate in Ulm, dann ab Mai im Elgato-Haus. Von den 200k wäre allerdings die Hälfte für die Steuer gewesen, ich hätte davon nichts anrühren dürfen! Stattdessen habe ich von diesem Batzen immer wieder alles an die beiden überwiesen und gehofft, dass es endlich klappt und sie mir alles auf einen Schlag wiedergeben.

Dann die ersten Pfändungen. Von meinem Konto waren plötzlich ein paar Tausend Euro weg. Da ich bislang immer regelmäßig Steuern abgeführt hatte, nahm sich der Staat auf Basis der alten Zahlen die entsprechenden Beträge, wenn ich nicht selbst tätig wurde.

Ich rutschte immer tiefer in die Schulden. Oder, nein: Die beiden drückten mich immer tiefer rein – und ich schnallte es nicht. Unfassbar. Irgendwann war die Rückzahlung zu meiner letzten Hoffnung geworden, weil ich gar nicht so viel Kohle verdienen konnte, wie ich Steuern nachzahlen musste. Der Druck stieg von Tag zu Tag.

Ende 2016 kamen sie aus Südamerika zurück. Es hieß, es sei alles erledigt und geschafft, ich bräuchte nur noch das Flugticket blechen. Ich freute mich schon und dachte: Endlich! Dieser Albtraum hat endlich ein Ende, jetzt hat sich alles gelohnt.

Ich freute mich auch darauf, die drei wiederzusehen. Trotz aller Probleme hoffte ich auf ein gutes Ende und war total glücklich, dass sie zurück waren. Da war keinerlei Wut. Da niemand so richtig wusste, was ich in den vergangenen Monaten getan hatte, konnte mich auch niemand fragen, ob ich eigentlich verrückt geworden sei. Klar, meine engen Leute wie Marcel und Massi hatten hier und da schon mitbekommen, dass ich Geld verschickt habe, aber nie wie viel.

Zurück in Deutschland, inszenierte mein Schwager eine Reise in die Schweiz, wo endlich alles besiegelt werden sollte. Ich zahlte. Wir fuhren zu seiner Privatbank. Massi war damals sogar dabei, weil wir den Trip nutzen wollten, um ein paar geile Videos in der

Schweiz zu drehen. Die Konten sollten entsperrt werden, mein Schwager wieder vollen Zugriff auf sein Vermögen kriegen, dieser ganze Film. Er erzählte irgendwelche Storys von Lateinamerikanern, die vor Jahren mal illegale Geschäfte gemacht hatten, weshalb im Zuge der Ermittlungen auch sein Cash eingefroren worden war. Alles einfach nur irre, zumindest im Rückblick. Damals habe ich es geglaubt. Ich *wollte* es glauben, damit es endlich vorbei ist.

Ende Januar 2017 fuhren wir los. Mein Schwager sah in seinem schicken Anzug aus wie der Inbegriff eines Geschäftsmannes, als er sich auf den Weg zur Bank machte. Meine Schwester blieb mit ihrem kleinen Sohn im Hotel, Massi und ich gingen los, um Content zu filmen.

Nach ein paar Stunden trafen wir uns wieder im Hotel, wo mein Schwager die absolute Show abzog. Er klatschte in die Hände: »Alles hat geklappt. Gott sei Dank!« Dann fing er sogar an zu beten: »Im Namen von Jesus Christus, Gott sei Dank, hat das alles geklappt.« Er hat uns bei den Händen genommen, und wir haben gemeinsam gebetet. Er hat sich bei Gott bedankt, dass das Konto entsperrt worden war, obwohl es wahrscheinlich nicht mal existierte.

Wir fuhren zurück nach München, denn wir hatten vereinbart, dass die drei bei uns im Elgato-Haus wohnen sollten, bis die EC- und die Kreditkarte meines Schwagers per Post ankämen. Natürlich inklusive übertrieben hohem Limit, damit er so viel abheben kann, wie er will. Aber es kam nichts. Keine Post.

Dafür kam es zu Streitereien mit Massi. Meine Schwester sprach schlecht über ihn. Er habe schlechten Einfluss auf mich, dies, das. Heute erkenne ich darin ein Muster. Als mein Schwager und sie noch in Bayreuth lebten, haben sie auch Menschen auseinandergebracht, die sich eigentlich nahestanden. Haben den vermeintlich Schwächsten isoliert. Damals war es meine Mutter. Jetzt war ich es.

Sie nisteten sich bei uns ein. Wären sie nicht gewesen, hätten Massi und ich uns safe zusammengerauft. Alles hätte sich eingerenkt. Aber Massi hätte für sie zum Problem werden können. Und ich war leichter zu beeinflussen, wenn ich allein war.

Die Unstimmigkeiten mit Massi nahmen zu, ihr Plan ging auf. Dabei wiederholten mein Schwager und meine Schwester dauernd: »Anton, wenn du möchtest, nehmen wir uns zusammen ein Haus, dann hast du auch genug Platz und deine Ruhe. Ohne Massi und dieses Elgato-Haus bist du eh besser dran.«

Ich hörte auf sie – und das Elgato-Haus ging in die Brüche.

Nach wie vor verdiente ich sehr gut, bekam sogar einen richtig heftigen Batzen überwiesen, den bis heute höchsten Betrag, den ich je von einem Unternehmen für eine Collabo bekommen habe. Zwei, drei Deals fielen vom Timing her zusammen, und so hatte ich das erste Mal in meinem Leben locker über 50k auf dem Konto, auf einen Schlag.

Mein Schwager hingegen hatte noch immer keine Kreditkarte, keine EC-Karte, kein Cash, nichts. Aber ich Idiot war trotzdem voll overhyped. Ich dachte: Komm, ihr wart jetzt in Venezuela, in Brasilien, ihr habt gekämpft, euch gar nix gegönnt, lass doch jetzt mal shoppen gehen, ich kaufe euch neue Klamotten. Wir können jetzt schon bisschen Geld ausgeben, ich kriege ja mein Geld zurück.

Ich hatte so viel auf dem Konto, das hat mir völlig den Kopf vernebelt. Die 100.000 Euro, die ich eines Tages an Steuern nachzahlen musste, habe ich verdrängt.

Von meinem Cash hätte ich keinen Cent anrühren dürfen. Selbst wenn ich die 50k in dem Moment ans Finanzamt überwiesen hätte, hätte ich immer noch 50k Schulden gehabt. Aber meine Schwester hat selbst meiner Steuerberaterin weisgemacht, dass alle Steuern komplett aus der Schweiz beglichen würden. Sie solle die Papiere einfach fertig machen. Rückzahlung auf einen Schlag. Jackpot!, dachte ich. Lass shoppen gehen in der Maximilianstraße und uns was gönnen. Bald ist alles vorbei.

Wir haben für meine Schwester D&G-Schuhe für 700 Euro gekauft und einen Versace-Mantel für 800, meinem Schwager eine fette Winterjacke. Das war die Phase, in der ich voll auf dem Versace-Trip war und mir nonstop sinnlos hässliche Drecksklamotten kaufte. Da kam der Barock-Russe in mir durch. Allein diese Muster. Unglaublich, wie ich damals rumlief.

Der Mietvertrag für das Elgato-Haus lief eigentlich noch bis Juni 2017, aber wir lösten ihn mehrere Monate vorher auf, weil der Vermieter meinen Schwager und meine Schwester nicht in den Mietvertrag aufnehmen wollte. Damit stand der Plan fest: Ich würde mit meiner Schwester, meinem Schwager und ihrem Sohn in ein eigenes Haus ziehen. Die Geschäfte, die seit Jahren alles blockierten, seien erledigt, die Karten aus der Schweiz auf dem Weg, das Geld wäre da, meine Steuerschuld werde bald beglichen. Von einem Tag auf den anderen sei ich alle Sorgen los. Das glaubte ich natürlich nur zu gerne. Gleichzeitig hatte ich so viele Deals wie nie zuvor und einen fetten Batzen Geld auf dem Konto. Was für ein Life, Digga. Was für ein Fake.

KAPITEL 17

ABSTURZ

Kurz dachte ich, dass alles perfekt wird. Wir ziehen in ein großes Haus, ich lebe wie früher mit meiner Schwester unter einem Dach und kriege mein ganzes Geld zurück. Alles mit einem Move. Ich werde mehr Platz haben, wenn wir uns ein Haus mieten, mir einen fetten Aufnahmeraum einrichten, und immer ist jemand Vertrautes da, wenn ich zu Hause bin. Denn eines hatte ich in den letzten Jahren über mich gelernt: Ich kann nicht gut allein sein. Natürlich will ich manchmal meine Ruhe, aber trotzdem liebe ich es zu wissen, dass jemand in der Nähe ist.

Die Karten aus der Schweiz würden jeden Tag per Post bei uns ankommen, mein Schwager würde dann erst mir alles zurückzahlen und dann auch noch die Hausmiete blechen. Ich könnte endlich mal Geld zurücklegen und sorgenfrei leben. Ich stellte mir vor, wie es sein würde, diesen psychischen Druck los zu sein, diesen nagenden Gedanken jeden Tag: Ich muss Geld verdienen, sonst bricht alles zusammen. Ich hatte es satt und war müde von dieser andauernden Last.

Bei der Vorstellung, dass meine Schwester und mein Schwager jetzt mal die Verantwortung übernehmen würden, hatte ich überhaupt kein schlechtes Gewissen. Ich konnte es kaum erwarten, nicht mehr die finanzielle Stütze dieser Familie zu sein. Sie waren mir das schuldig, fand ich, weil ich ihnen doch so viel geholfen hatte. Und sollte es mal bei mir kriseln, könnten sie auch für mich bürgen und mich supporten. Eine Hand wäscht die andere.

Es war zwar noch nichts dergleichen passiert, aber ich spürte schon ein Gefühl der Befreiung. Immerhin hatte ich ja seit Jahren nur eine Sache im Kopf gehabt: zahlen, zahlen, zahlen. Wenn dann mal irgendwas nicht perfekt gelaufen war, hatte ich sofort Zweifel und Existenzangst. Wie lange läuft es mit YouTube wohl noch? War das jetzt nur ein Ausrutscher? Eine Phase, irgendeine Umstellung im Algorhythmus, von der alle betroffen sind? Bin ich cool genug? Sind meine Ideen gut?

All diese Fragen trieben mich jeden Tag um. Ich war auf die Klicks angewiesen und daher immer wie auf der Hetzjagd. Doch jetzt würde das endlich vorbei sein.

Wir fingen sofort an, eine neue Bleibe zu suchen. Das hatte einen ganz einfachen Grund: Mein Schwager hatte zwar eine deutsche Frau, und auch sein Sohn ist hier geboren, aber für eine saubere Aufenthaltsgenehmigung brauchte er einen festen Wohnsitz, an dem er offiziell als Mieter gemeldet ist. Wir mussten also so schnell wie möglich in ein neues Objekt ziehen.

Anfangs wollten wir sogar erst mal in ein »Wohnen auf Zeit«-Appartement, fanden aber einfach nichts Passendes. Da mein Schwager ungeduldig wurde, fasste er sehr bald einen Entschluss: »Kommt, wir nehmen uns einfach ein größeres Haus. Das Geld ist jetzt eh jeden Moment da.« Ich solle mir keine Sorgen machen, ich hätte schon mehr als genug für sie getan. Sie würden alles übernehmen.

Ich war natürlich derselben Meinung. Es war an der Zeit, dass sie jetzt mal zahlten, also stöberten wir im Internet nach größeren Immobilien. Das hat mir schon immer extrem viel Spaß gemacht, als Jugendlicher wollte ich immerhin Immobilienkaufmann wer-

den. Sich schicke Immobilien anzugucken taugte mir einfach –
aber mit jeder Besichtigung wurde es absurder.

Wir besichtigten Villen in Grünwald, dem nobelsten Vorort von
München, wo eigentlich nur FC-Bayern-Spieler und andere Millionäre leben. Oder irgendwelche fetten Penthouse-Wohnungen,
die 5k Miete und mehr kosteten. Für meinen Schwager war das
nie ein Problem, er sagte immer, dass die Preise klargehen. Und
da ich eh nichts davon zahlen sollte, hatte auch ich jede Menge
Vergnügen dabei, mir solche Luxusobjekte anzusehen.

Da war zum Beispiel ein Haus mit einer krassen Eingangshalle,
von der aus Treppen nach oben führten. 400 Quadratmeter Wohn-
fläche und ein riesiger Garten. Um den Garten herum wuchs eine
hohe Hecke, dahinter erstreckte sich ein grünes Feld bis zu einem
Fluss. Alles richtig idyllisch, wie in einem Film.

Ein anderes Haus, das in Obermenzing lag, hatte einen In-
door-Pool von bestimmt 3x8 Metern und war mit den heftigsten
Sachen möbliert. Über 5k Miete. Die Vermieter wollten allerdings
direkt die Einkommensnachweise der letzten Monate sehen, um
sich abzusichern. Konnte mein Schwager natürlich nicht zeigen.
Er hatte aber einen ganz neuen Trick entwickelt: »Wir zahlen die
Miete für sechs Monate im Voraus, inklusive Kaution. Das Geld
kommt direkt aus der Schweiz. Wir können keine Papiere vorlegen, weil es das Bankgeheimnis in der Schweiz nicht zulässt. Sie
können uns aber vertrauen, wir zahlen es gern im Voraus. Das ist
kein Problem.«

Zusätzlich stellte er mich direkt als Mitglied der Hausgemein-
schaft vor. Die Einkommensnachweise, die ihm fehlten, konnte
ich vorweisen. Bei mir war es die letzten Jahre ja ganz gut gelaufen. Da die Vermieter nur die Einkünfte zu sehen bekamen, ahn-
ten sie nicht, dass ich längst mit dem Rücken zur Wand stand.

Mein Schwager hatte irgendwie für alles einen Plan, so zumindest wirkt es, je mehr ich über die einzelnen Dinge nachdenke ...

Meine Illusion, dass ich für den ganzen Spaß hier nichts bezahlen würde, bröckelte. Also erhöhte meine Schwester den Druck auf mich. Sie wusste von dem Geld auf meinem Konto, wusste von den fetten Deals, die reingekommen waren. Sie redete auf mich ein, meine Papiere vorzulegen und vorerst zu bürgen. Es sei ja eh bald alles vorbei, dann wird es so, wie wir es wollen. Das Geld aus der Schweiz sei ja quasi schon da, es fehle nur noch die Meldebestätigung. Und die Vermieter bräuchten halt die Sicherheit. Aber es würde niemals so weit kommen, dass mein Geld auch gebraucht würde.

Den meisten Vermietern war die Nummer allerdings suspekt. Als würden sie den Betrug riechen. Wir kriegten eine Absage nach der anderen. Dann klappte es doch. Ich fand ein geiles Haus in Bogenhausen, einem der vornehmsten Viertel von München. Das Haus kostete zwar 6.500 Euro Miete, also eine heftige Nummer, aber wir sind trotzdem hin, um es zu besichtigen. Alle natürlich sehr schick angezogen, das Bild, das wir da abgaben, musste ja stimmen.

Meine Schwester übersetzte für die Makler, was mein Schwager beruflich machte. Sie zeigte ihnen eine Unternehmensbeschreibung, aus der das Geschäftsmodell hervorging, wie viel er verdienen würde und was sie sich da nicht noch alles aus den Fingern gesaugt hatten. Dann wieder der Film mit der Vorauszahlung und mir als Bürge.

Wir füllten eine Selbstauskunft aus. Die Maklerfirma verlangte, dass mein Schwager Angaben zu seinem Geschäft machte und ich zu meinen Einkünften. Ich konnte natürlich alles belegen, schwarz auf weiß vom Steuerberater. Mein Schwager schrieb unter Kontoverbindung einfach: »Schweiz«. Das Papier habe ich heute noch, es liegt inzwischen bei meinem Rechtsanwalt, um gegen den ganzen Betrug vorzugehen. Und als monatliches Nettoeinkommen gaben sie »50.000 Euro« an. Ich war dabei. Meine Schwester fragte ihren Mann: »Schau mal, was soll ich hinschreiben, was du netto verdienst?«, und er sagte: »Schreib doch 50k rein. Setzen wir das bisschen geringer an. Das reicht denen schon.« Meine Schwester schrieb es rein, und mein Schwager unterschrieb.

Dabei hatte er seit Jahren exakt null Euro monatliches Nettoeinkommen. Heute weiß ich, dass das Betrug war. Aber damals dachte ich: Okay, cool. Er wird das auch verdienen, wenn er das angibt.

Ich kann mir das immer noch nicht erklären. Ich *wusste* doch, dass es nicht stimmte. Jede meiner Überweisungen an die beiden hätte mir das klarmachen müssen. Aber ich wartete ernsthaft noch immer darauf, dass die Karten aus der Schweiz kamen und wir in Cash baden konnten.

Die Selbstauskunft ging an die Immobilienmakler, einen Tag später hatten wir die Zusage. Die Vermieterbestätigung, die mein Schwager so dringend brauchte, sollten wir kriegen, sobald Vorauszahlung und Kaution überwiesen waren. Die Schlüssel bekamen wir allerdings direkt, obwohl noch kein Cent geflossen war. Die haben uns dieses Haus einfach auf Vertrauensbasis übergeben, nachdem wir die Papiere unterschrieben hatten. Mindestlaufzeit: 24 Monate. 24 Monate lang 6.500 Euro Miete. Das ist komplett irre. Von jetzt auf gleich waren locker über 50k offen.

Nach einer Woche war immer noch nichts gezahlt, obwohl wir bereits in dem Haus lebten. Es kamen die ersten Anrufe. Die beiden stellten sich wieder dumm, sie wüssten nicht, wo es hakt, warum die Karten noch nicht da seien. Aber die Vermieterbestätigung sei ja eh das Wichtigste, sonst würde mein Schwager abgeschoben.

Ab da ging die Therapie auf mich richtig los. Sie wussten von meinem aktuellen Kontostand. Für sechs Monate hätte es zwar nicht gereicht, aber drei Monatsmieten seien doch drin, oder? Und obendrein noch mal derselbe Betrag für die Kaution.

»Anton, bitte, kannst du das Geld überweisen? Mein Mann kriegt dann die Meldebescheinigung. Er kann in Deutschland bleiben, und wir bekommen keine rechtlichen Probleme. Bitte, Anton, du kriegst es hundertprozentig zurück.«

Hatte ich eine Wahl? Ich war der Bürge, und wir mussten ja bezahlen. So oder so würde das Geld von mir eingezogen werden. Also überwies ich. Da hatte ich das erste Mal in meinem Leben so viel Geld auf dem Konto – und dann ging fast alles auf einen Schlag weg.

Die Bescheinigung vom Vermieter kam, mein Schwager war sicher, ich war bankrott. Von dem Geld auf meinem Konto hätte ich nichts anrühren dürfen, schließlich hatte ich mehr als 100k Steuerschulden, die Strafen dafür gar nicht mitgezählt. Ich wusste, dass die nächste Pfändung nahte, und ich sah langsam keinen Ausweg mehr. Wir saßen in einem leeren Luxushaus und hatten nichts. Die Elgato-Wohnung war möbliert vermietet worden, als ich mit Massi einzog, davon konnte ich also nichts mitnehmen. Strom, Internet, Essen zahlte ich eh schon. Wir brauchten aber wenigstens ein paar Tische, einen Schrank und Betten. Ich musste für alles aufkommen. In einem YouTube-Video filmte ich die leeren Räume und erzählte, was wir mit dem ganzen

Platz alles anfangen würden, laberte irgendeinen Mist über die italienischen Böden und all den Luxus, aber es war gar kein Geld mehr da.

Wir besorgten nur das Nötigste. Ein paar Lampen, damit wir überhaupt Licht hatten. Einen Teppich, damit der Kleine nicht auf dem blanken Boden spielen musste. Für ein eigenes Bett in meinem Zimmer reichte es nicht mehr. Ich schlief auf einer Luftmatratze. Ich habe die ganze Zeit im Haus auf dieser Luftmatratze geschlafen. Auf Instagram postete ich ein Bild, auf dem es so aussah, als wäre ein echtes Bett mit meiner Versace-Bettwäsche bezogen. Aber darunter war in Wahrheit nur die Luftmatratze.

Auch mental war ich komplett am Ende. Trotzdem musste ich mit YouTube weitermachen, trotzdem Gas geben, irgendwie Kohle reinholen. Gute Laune haben, Stadion-Vlogs bringen, die mich viel Geld gekostet haben.

Mit Spaß hatte das nicht mehr viel zu tun. Ich war allein, mir fehlte der Drehpartner, und den Leuten taugte nichts mehr, was ich brachte. Mit Massi war Interaktion da gewesen, wir haben Späße gemacht, als Crew waren wir stark. Aber von meiner eigenen Stärke war nichts mehr übrig.

Krampfhaft versuchte ich, abwechslungsreichen Content zu bringen, scheiterte aber immer wieder. Die Views waren komplett unberechenbar. Mal war es okay, mal eine Katastrophe. Das, was ich drehte, kam bei den Leuten nicht mehr gut an, und leisten konnte ich es mir eigentlich auch nicht. Einem Typen dabei zuzusehen, wie er allein in einem Audi A8 durch die Gegend fährt, ist schon nicht besonders spannend. Wenn man sich dann aber überlegt, dass so ein Wagen für zwei oder drei Stunden ein paar Hundert Euro kostet – ein paar Hundert Euro, die ich gar nicht mehr hatte! –, dann wird es richtig bitter.

Das Haus war zwar für drei Monate bezahlt, aber die Steuern, Alter! Es war nur eine Frage der Zeit, bis das auffallen würde. Ich musste richtig viel Geld verdienen. Musste mich zwingen, richtig viel Geld zu verdienen. Aber wie denn? Ich hatte keinen Spielraum. Ich konnte mir die Person, die ich auf YouTube vorgegeben hatte zu sein, nicht mehr leisten. Die Person ViscaBarca, zu der ich mich geflüchtet hatte, als das Leben für Anton Rinas immer mehr zur Qual wurde. ViscaBarca hatte keine Sorgen, keine Geldprobleme, lebte jeden Tag Highlife. ViscaBarca hatte immer gute Laune, trug teure Klamotten und fuhr dicke Autos. ViscaBarca ließ seine Kohle im Bordell und bestellte für seine Freunde Flaschen im Club. Anton Rinas dagegen hatte zigtausend Euro Schulden beim Staat, einen YouTube-Kanal, der immer schlechter lief, und schlief in einer leeren Villa auf einer Luftmatratze.

Der psychische Druck ließ mich immer inaktiver werden. Mal fünf Tage, dann eine Woche lang kein einziges Video. Und immer häufiger kamen die Fragen: »Was ist los mit dir? Warum kommt nichts?«

Meine Schwester und mein Schwager logen weiter. »Dein Geld ist jetzt überwiesen. Geh bitte zur Bank und frag mal nach.«

Jeden Tag bin ich in die verdammte Bank und habe nachgefragt. Wie ein Vollidiot muss ich gewirkt haben. Sie wollten immer wieder die Referenznummer der Überweisung, aber ich hatte absolut gar nichts vorzuweisen. Statt Erklärungen zu geben, riet mir mein Schwager ernsthaft, die Bank zu wechseln, weil es deren Schuld sei, dass das Geld nicht ankam.

Ich war gefangen. Ans Haus gebunden. Das Finanzamt im Nacken. Es war, als würde ich auf meine eigene Hinrichtung warten.

Zwei Wochen nachdem das Geld angeblich überwiesen worden war, gab mein Schwager das erste und einzige Mal zu, dass er mir nicht die Wahrheit erzählt hatte. »Ich habe dich angelogen. Ich habe gesagt, ich hätte überwiesen, um zwei Wochen Zeit zu gewinnen, damit ich neues Geld auftreiben kann. Aber es ist nichts überwiesen worden, das Konto ist noch immer gesperrt. Es gibt wieder Probleme.«

Ich weiß nicht, an welchem Punkt ich endlich hätte aufhören müssen zu hoffen. Ich weiß nur, dass er damals schon endlos weit überschritten war. Ich *konnte* die Hoffnung einfach nicht aufgeben. Sie war alles, was ich noch hatte. Ich *wollte* nicht wahrhaben, dass sie mich jahrelang verarscht haben. Ich *wollte* mir nicht eingestehen, dass ich am Arsch war, dass es kein Geld mehr geben würde und keinen Ausweg.

Ich hatte Angst und war so verdammt allein. Mit Massi Streit, Marcel weit weg in Berlin, es war schlimm. Wenn Mama und Papa zu Besuch waren und sahen, dass wir nicht mal etwas zu essen im Kühlschrank hatten, ließ meine Schwester sie auflaufen: »Mischt euch nicht ein! Wir zahlen das. Anton zahlt keinen einzigen Cent von dem Haus. Wir zahlen das alles.« Sie haben es geglaubt und dann auch nicht mehr nachgefragt.

Es ging immer so weiter, immer weiter abwärts. Ich habe immer weniger Videos gemacht. Mein Kopf hat nicht mehr mitgespielt. Weniger Videos bedeuteten aber auch: keine Deals mehr. Wenn ich 200.000 auf dem Konto gehabt hätte, dann wäre ein schlechter Monat nicht so schlimm gewesen. Aber ich hatte keine Rücklagen, so wie andere YouTuber mit über einer Million Abos vielleicht, ich *musste* verdienen.

Drei Monate waren vorüber, die Miete war wieder fällig. Meine Schwester schrieb den Vermietern E-Mails: »Tut uns leid, Geld ist auf dem Weg. Haben Sie bitte noch Geduld. Wir zahlen in einer Woche.« Eine Woche später kam der nächste Anruf, das Geld sei nicht da. Meine Schwester schrieb die nächste E-Mail. Und der nächste Anruf kam.

Ich kriegte davon gar nicht mehr so viel mit. Ich hatte einen psychischen Kollaps und zog mich komplett zurück. Ich traf mich mit niemandem. Ich wartete einfach. Dass die Kreditkarte kommt. Dass das Konto entsperrt wird. Jeden Tag habe ich in den Briefkasten geschaut. Monatelang. Nichts passierte.

Ich hatte alles in meiner Macht Stehende getan. Was sollte ich jetzt noch machen? Ich konnte ja keine Deals erzwingen. Ich hatte keine Views und keine Werbeeinnahmen. Statt Videos zu drehen, guckte ich jeden Tag acht, neun Stunden irgendwelche Serien. Immer auf meiner Luftmatratze. Dann habe ich mal auf Krampf ein Video gemacht. Gaming auf meinem Zweitkanal, weil ich dafür keine Kohle ausgeben musste. Ich versuchte das CoD-Business wiederzubeleben, aber länger als drei Wochen habe ich es nicht ausgehalten, weil es einfach gar nichts gebracht hat.

Mein Kanal, den ich über Jahre hinweg aufgebaut hatte, war tot. Ich war verzweifelt – und ließ mich zu der dümmsten Idee meiner YouTube-Karriere überreden.

In den vergangenen Wochen hatte ich oft mit meiner Schwester darüber geredet, mit ihr zusammen Videos zu machen. Sie hat mir seit jeher sehr viel bedeutet, und in Videos hatte ich auch schon öfter von ihr erzählt. Auf die Frage: »Wer sind denn die wichtigsten Personen in deinem Leben?«, antwortete ich immer: »Meine Mama, mein Papa, meine Schwester.« Sie war immer ein Vorbild für mich gewesen.

In älteren Videos hatte ich mal angekündigt, ein Special zu bringen und den Leuten meine Schwester vorzustellen. Bislang war sie nie auf meinem Kanal zu sehen gewesen. Wir wollten dafür einen richtig fetten Urlaub machen, sobald das Geld wieder da war, wollten dort ein cooles Video drehen, von unserer Kindheit erzählen und unserem Werdegang, davon, was uns so zusammenschweißt.

Aber es war kein Geld da, die Reise kam also nie. Also habe ich sie gefragt, ob wir es nicht einfach jetzt machen wollten. Ein Frage-Antwort-Video mit ihr war der Plan. Ich wollte erzählen, wie es früher gewesen war, dass wir Super Nintendo gespielt haben, wie sie mich aus dem Kindergarten abgeholt und mit dem Fahrrad durch die Gegend gefahren hat. Sie könnte erzählen, wie ich als Kind war, wie sie meine Entwicklung sieht, was meine Eigenschaften sind. Ein persönliches Video, wie wir aufgewachsen sind, das würden die Menschen feiern.

Mein Schwager und meine Schwester waren absolut dagegen. Sie meinten, das interessiere kein Schwein. Die Leute müssten unterhalten werden und nicht mit alten Geschichten vollgelabert. Es müsse etwas ganz Besonderes sein, schließlich hätte ich das ja schon ewig angekündigt.

Mein Schwager schlug vor, wir sollten in die Stadt gehen, ein bisschen shoppen und Spaß haben. Dann würde man auch viel von meiner Schwester in schicken Sachen sehen, und ich käme als der coole Bruder rüber, der ihr etwas gönnt. Der sich selbst und seiner Familie einen krassen Lifestyle ermöglicht. Außerdem wollten die Leute halt auch mal eine schöne Frau sehen.

Mit dem letzten Punkt hatte er nicht ganz unrecht, denn bei einem Stadion-Vlog hatte man meine Schwester schon mal kurz von hinten gesehen. Die Kommentare waren eindeutig: »Oha! Wer ist das im Hintergrund? Was hat die für einen guten Körper?« Dabei hatte sie nicht mal was Knappes an, eine normale enge Jeans und ein Shirt, aber die Leute haben trotzdem gegeiert.

Da sah sich mein Schwager in seiner Idee bestätigt – und ich habe mich belabern und weichkochen, mir von zwei Menschen etwas aufzwingen lassen, die sich bis dahin noch keine drei Minuten mit YouTube beschäftigt hatten und schon gar nicht mit meinem Publikum und dessen Erwartungshaltung. Denen ganz offensichtlich noch nie daran gelegen war, dass es mir gut ging, egal was sie behaupteten.

Ich gab nach, und wir zogen es durch.

KAPITEL 18

SCHWESTER-VIDEO

Die Idee war, dass wir zusammen shoppen gehen, sie Kleider anprobiert, ein bisschen posiert und ich sie bei dieser Tour begleite und das alles kommentiere. Wir haben uns gar keine weiteren Gedanken gemacht. Ihr Mann hatte die Idee, sie war cool damit, also zogen wir es durch.

Es fing schon zu Hause an: Ihre Klamotten liegen auf dem Bett verteilt, und sie tut so, als wüsste sie nicht, was sie anziehen soll. Sie probiert verschiedene Outfits an und posiert darin, während ich genervt unten warte, weil sie so lange braucht. Ein harmloses, witziges Klischee also, der Bruder wartet, bis sich die Schwester endlich fertig gemacht hat.

Später beim Shoppen bin ich in einigen Szenen bei ihr in der Umkleide zu sehen. Natürlich bin ich da erst rein, nachdem sie sich umgezogen hatte, aber das Video ist so geschnitten, als wäre ich die ganze Zeit dabei gewesen. Klar, dass das mehr als nur ein bisschen komisch rüberkommt. Wer will denn bitte sehen, wie die große Schwester sexy vor dem kleinen Bruder posiert, der dabei eine Kamera in der Hand hält?!

Bei diesem Scheiß kamen echt alle dummen Sachen zusammen, und ich habe es nicht gecheckt. Mein Gehirn war auf Stand-by, während mein Schwager und meine Schwester alles superwitzig fanden.

Ich habe einfach mitgespielt.

Als wir an einem Geschäft für Bademoden vorbeigingen, brachte ich den dämlichsten Spruch, den man sich nur vorstellen kann: »Hey, Leute, sollen wir mal ein Video machen, wo meine Schwester in Bikinis zu sehen ist? Lass mal dafür einen Daumen nach oben da!« Ich war so neben der Spur, dass ich das ernsthaft für witzig hielt. Extrem unangebracht, dümmstes Video ever.

Das Thumbnail war die Krönung. Man bekam ihren halben Hintern serviert. Natürlich hieß es sofort: »ViscaBarca sexualisiert seine Schwester!« Und ich kann nicht mal sagen, dass das ein unangemessener Vorwurf war. Was ich da getan habe, war unangemessen! Meine Schwester in irgendeinem knappen roten Fummel aufs Thumbnail zu packen und sie in der Umkleide beim Posieren zu filmen, ist nun mal genau das: Sexualisierung.

Ich ließ mich – mal wieder – manipulieren. Mein Schwager war die ganze Zeit dabei und redete auf mich ein. »Sie muss ihren Hintern so und so drehen, damit es cool ist für das Thumbnail. Das zieht bestimmt!«

Ich war so überfordert. Das fühlte sich alles ganz und gar nicht richtig an. Deshalb schickte ich das Thumbnail-Foto in die WhatsApp-Gruppe meiner Kollegen, mit denen ich damals ab und zu abhing. Ich brauchte dringend einen Rat, brauchte Leute, die mir bestätigten, dass das eine beschissene Idee war. Aber alle meinten: »Ja Mann, voll gut. Mach das!« Und ich selber war einfach zu dumm, um mich auf mein schlechtes Gefühl zu verlassen. Also lud ich eine Preview des Vorschaubildes auf Instagram hoch, darunter die Ansage: »In einer Stunde kommt das Video.«

Der Hate war sofort auf Vollgas, die Katastrophe bahnte sich an. »Wir können das nicht hochladen«, sagte ich immer wieder zu den beiden, aber meine Schwester hielt dagegen: »Wenn du das jetzt nicht hochlädst, dann gibst du doch den Hatern recht. Du kannst dich doch jetzt nicht unterkriegen lassen von den Kindern im Netz.«

Ich habe es durchgezogen und das Video freigegeben.

Eine Hass-Lawine brach über mir zusammen. Mehr Dislikes als Likes innerhalb der ersten zehn Minuten, aber das war erst der Anfang. Die Leute eskalierten komplett in den Kommentaren. Ich wollte das Video löschen, aber meine Schwester entgegnete, dass ich mich von den paar Dislikes doch nicht einschüchtern lassen solle. Mein Manager rief an und wollte wissen, was das bitte für ein Video sei, das da so vollkommen in die falsche Richtung ging.

Ich habe es erst nach einem Tag gelöscht, aber da war es schon zu spät. Viele bekannte YouTuber mit großer Reichweite haben drauf reagiert, die Welle war nicht mehr aufzuhalten. Extrem kranker Imageschaden. Alles, was ich mir über Jahre aufgebaut hatte, war mit einem Video mehr oder weniger in Schutt und Asche gelegt worden. Aus »ViscaBarca« wurde »InzestBarca«.

Mich hat das psychisch komplett zerlegt. Ich war fest entschlossen, ganz mit YouTube aufzuhören. Dieser ganze Film hatte mein Leben zerstört. Aber egal, was passierte, einer war nie um eine Lüge verlegen. Mein Schwager sagte: »Anton, ich gebe dir 500.000 Euro, wenn wir dieses Problem mit der Bank erledigt haben. Du kannst eine Fußball-Bar aufmachen. Du musst mit dem YouTube-Zeugs nichts zu tun haben, wenn dich das nicht mehr glücklich macht. Das sind alles Teufel in den Kommentaren.«

Danach habe ich vier Monate lang keine Videos hochgeladen. Es kam kaum Geld rein, nur ein bisschen was durch Klicks auf alte Videos, aber bei Weitem nicht genug, um davon leben zu können. Erst recht nicht, wenn man so hohe Ausgaben hatte wie wir. Obendrein knallte, wie erwartet, die nächste Pfändung vom Finanzamt rein. Die drei Monate, die ich im Voraus bezahlt hatte, waren längst vorbei, wir waren schon mehrere Monate im Mietrückstand. Der Vermieter wollte sein Geld, aber wir hatten nicht einmal mehr genug, um uns Essen zu kaufen. In dem völlig überdimensionierten Haus lebten wir das minimalistischste Leben, das man sich vorstellen kann. Es gab meistens nur einmal, höchstens zweimal am Tag was zu essen. Für mehr als eine kleine Portion Nudeln pro Person reichte es oft nicht. Ich wollte so oft nach Nachschlag fragen, eine zweite Portion Nudeln, aber es gab nichts. Wir mussten alles gut portionieren und aufteilen. Manchmal haben wir tagelang Haferflocken und Toastbrot gegessen. Das Gefühl, hungrig ins Bett zu gehen, wird mir aus dieser Zeit immer bleiben.

Das Haus tat ein Übriges, jeden Tag. Wir hatten keine Möbel, es war eigentlich komplett leer. In dem 60 Quadratmeter großen Wohnzimmer hallte es bei jedem Satz wie in einem Tal. Auch oben im Dachgeschoss: alles leer. Es gab so viel Platz, dass ich mit meinem Neffen im Haus Fußball spielen konnte. Wir hatten eine Tiefgarage für mehrere Autos unter unserem Haus, aber ich besaß nicht einmal ein richtiges Bett. Als ich meine Handyrechnung nicht mehr zahlen konnte, wurde meine Karte gesperrt. Ein YouTuber ohne Netz. Ich kam mir vor wie im falschen Film. Noch nie war ich unglücklicher gewesen.

Mein Schwager aber hörte nicht auf mit seinen Lügen und irren Geschichten. Für mein Special zu einer Million Abonnenten wollte ich unbedingt ein Video mit Messi klarmachen. Nichts auf der Welt wünschte ich mir mehr. Er erzählte mir dann, dass er tatsächlich ein Interview mit Messi organisieren könne, dass ich vielleicht sogar auf seine Hochzeit dürfe. Die Reise für ihn, meine Schwester und mich samt einem professionellen Team würde ungefähr 20k kosten, denn so einer wie Messi lasse sich nicht von einem YouTuber mit einer einfachen Kamera in der Hand filmen.

Und ja, was soll ich sagen, ich war hyped. Wieder habe ich ihm geglaubt. Er spielte mit meinen Träumen, wusste, wofür mein Herz am heftigsten schlägt und dass er mich mit solchen Dingen immer kriegen würde. Einmal Messi zu treffen, das war seit jeher mein größter Traum.

Ich dachte, mit einem Messi-Video könnte ich den Image-Schaden vom Schwester-Video irgendwie wieder einfangen. Also habe ich versucht, das Geld aufzutreiben, obwohl ich mehr als nur pleite war. Ich fragte sogar Marcel, ob er mir mit 20k aushelfen könne. Sei alles safe, das Video mit Messi. Er überwies mir 10k, das war das Überweisungslimit. Am nächsten Tag wollte er die restlichen 10k überweisen. Aber noch in derselben Nacht rief er mich an und meinte: »Ich habe kein gutes Gefühl dabei, bitte überweis das Geld zurück.«

Ich war so pissed. Ich redete mir ernsthaft ein, dass mein bester Freund gerade meinen größten Traum zerstört habe. Damals habe ich nicht kapiert, dass er unsere Freundschaft einfach nicht für Geld aufs Spiel setzen wollte, erst recht nicht bei einer so dubiosen Angelegenheit.

Das fiel bei meiner Schwester und ihrem Mann natürlich auf fruchtbaren Boden. Sie nutzten die Gelegenheit, um Hass zu schüren und sich selbst aus der Schusslinie zu bringen: »Dein bester Freund hat so viel Geld und will dir nicht mal helfen.«

Wir waren mittlerweile fünf Monate mit der Miete im Verzug. Es war November 2017, als wir einen Brief von der Verwaltung bekamen. Darin stand kurz zusammengefasst: Wenn ihr jetzt nicht freiwillig rausgeht, kommt in ein paar Tagen die Polizei und zwingt euch.

Mein Schwager fuhr immer noch seinen bescheuerten Film. Er kenne den Direktor der Deutschen Bank, der habe alle möglichen Immobilien. Unter anderem ein Haus in Bogenhausen, das dreimal größer sei als das jetzige. Da könnten wir einziehen und müssten auch nicht so viel Miete zahlen, bräuchten einfach nur gut aufs Haus aufzupassen.

Auf Google Maps habe ich nachgeschaut, wo dieses Haus liegt, und bin mit meiner Schwester auch hin, um es mir anzusehen. Es war übelst krank, mit fetter Dachterrasse, voll modern.

Mein Schwager machte einen komplett überzeugten Eindruck und sagte immer wieder: »Macht euch keine Sorgen, wir ziehen direkt in das nächste Haus.« Aber natürlich hat sich das zwei Wochen später als absolute Notlüge herausgestellt, weil es ihm zu peinlich war, der Wahrheit ins Auge zu blicken: Wir mussten aus dem Haus.

Meine Schwester war komplett am Ende, als wäre das eine Überraschung, und flehte mich weinend an: »Anton, du musst wieder mit YouTube anfangen. Du musst wieder Geld verdienen. Von uns gibt es kein Geld. Und es wird auch in den nächsten Monaten keines geben.«

Erst jetzt, in diesem Moment, machte es bei mir Klick. Plötzlich wurde mir wirklich klar, dass es keinen Ausweg gab. Nicht mit den beiden. Sie hatten mich nur belogen und betrogen. Sie hatten nie die Absicht gehabt, etwas zurückzugeben. Alles fake. Es gab keine Kohle, es gab keine Konten, es gab kein Business. Und hatte es auch nie gegeben.

Ein paar Tage später verließen wir das Haus, sprachen kaum noch ein Wort miteinander. Ich konnte übergangsweise in die WG eines Kumpels, die drei zogen wieder zurück zu Mama oder Papa, ich weiß es gar nicht mehr. Mein Kumpel holte mich ab und sah, wie meine Schwester weinte. Mein Papa half, die wenigen Dinge einzupacken, die wir hatten. Auch er war komplett fassungslos.

Ein letztes Mal nahm mich mein Schwager zur Seite und redete auf mich ein. Er habe alles versucht, um unsere Situation zu verbessern. Es tue ihm so leid, und er würde mir jetzt noch eine Sache anvertrauen. Wegen des ganzen psychischen Drucks sei er kurz davor gewesen, sich umzubringen.

Ich glaubte ihm kein Wort mehr. Er versuchte bloß wieder, mich zu manipulieren und für dumm zu verkaufen. Damit ich nicht komplett ausraste, hat er sich in die Opferrolle gedrängt und an mein Mitleid appelliert. Er, der mit seiner Skrupellosigkeit mein Leben zerstört hat.

Ich musste raus, einfach nur weit weg von ihnen. Ich musste mein Leben in den Griff kriegen. Ich musste wieder mit YouTube anfangen. Ich war dazu gezwungen. Was sollte ich anderes tun? Aus diesem Schock musste ich irgendwie neue Energie schöpfen. Keine Ahnung, wie das gehen sollte, aber was blieb mir anderes übrig?

AUSGABEN

- Reisekosten
- Mietwagen
- Lebenshaltungskosten
- Offene Rechnungen, Versicherungen, Dokumente
- Kaution, Miete, Mietausgleich
- Mobiliar

```
 85.000 €
 10.000 €
 90.000 €
 16.000 €
  4.000 €
==========
205.000 €
```

KAPITEL 19

BACK TO LIFE

Nach dem Horror-Haus war mir komplett egal, wo ich leben würde. Es war einfach nur eine Befreiung, da rauszukommen und nicht jeden Tag mit meiner Schwester und meinem Schwager konfrontiert zu werden. Die WG von meinem Kumpel war eine ganz normale Dreizimmerwohnung, und ich konnte vorübergehend im Wohnzimmer pennen. Sein Mitbewohner war auch ganz entspannt und hatte nichts gegen meinen kurzfristigen Überfall.

Ich zahlte den beiden einen kleinen Beitrag zur Miete, mehr hätte ich mir auch gar nicht leisten können. Ich war völlig abgebrannt, sowohl finanziell wie auch mental. Der Bruch mit meiner Schwester hatte mir den Boden unter den Füßen weggezogen.

Um möglichst schnell wieder auf eigenen Beinen stehen zu können, musste ich also Geld verdienen. In einer kleinen Ecke des WG-Wohnzimmers baute ich daher mein Setup auf und fing wieder an, Videos aufzunehmen. Ich hatte nichts anderes, und mir war klar, dass es nur eine Frage der Zeit war, bis das Finanzamt wieder bei mir aufschlagen würde. Und dann würde es nicht bei einer Pfändung von 10k bleiben, sondern die Bombe würde platzen.

Nach viermonatiger Pause startete ich mein Comeback – natürlich mit einem CoD-Video. Call of Duty – World War II war gerade eben erst, im Oktober 2017, rausgekommen, der perfekte Anlass also. Dieses Spiel hatte mich groß gemacht, dieses Spiel sollte mich auch wieder auf die richtige Bahn bringen nach all dem Wahnsinn, den ich hatte durchleben müssen. Aber es war einfach nicht so wie früher. Ich war nicht mehr der Zocker von damals, es machte mir keinen Spaß. Ich spielte nur, weil ich es musste, nur um mich zu rehabilitieren.

Die Wochen in der WG vergingen ziemlich schnell. Ich hatte keinen Rückzugsort und pennte auf einer ranzigen Couch, aber es machte mir nichts aus. Alles war besser als eine leere Villa. Ich zockte jeden Tag und hoffte, eine neue Welle entfachen zu können. Ich glaube, es verging kein Tag, an dem ich kein Video von meinen Plays hochlud.

Der Zeitpunkt für Disziplin und Fleiß war günstig. Nicht nur das neue CoD, sondern auch das Weihnachtsgeschäft spielte mir in die Hände. Im November und Dezember buttert die Industrie mehr Kohle in das YouTube-Werbe-Business als im gesamten restlichen Jahr. Das Weihnachtsgeschäft ist wie ein Magnet für Budgets. Davon profitiert man als YouTuber und möglicher Partner für eine Collabo extrem. Daher verbrachte ich die meiste Zeit vor dem Bildschirm und versuchte, auf die Beine zu kommen.

Meiner Psyche hat der Abstand zu meiner Schwester und ihrem Mann wahnsinnig geholfen, weil ich nicht mehr ihrem ständigen Gelaber ausgesetzt war. Ich begann immer klarer im Kopf zu werden – und zu begreifen, was mir da in den letzten fünf Jahren widerfahren war. Ich musste mir allerdings auch endlich eingestehen, dass es keinen Geldkoffer von meinem Schwager geben würde. Nicht in hundert Jahren. Aus den Schulden würde ich ganz allein wieder rauskommen müssen.

In der WG war das aber auf Dauer nicht möglich, das wusste ich von Anfang an. Für drei Leute war die Wohnung schlicht zu klein. Mit einem kleinen Setup in der Wohnzimmerecke konnte ich auf Dauer nicht vernünftig arbeiten. Doch da mein Kumpel und ich uns immer besser verstanden, beschlossen wir, uns was Eigenes zu suchen.

Eine der ersten Wohnungen, die wir besichtigten, lag in Ismaning, einem kleinen Vorort von München. Sie war groß genug, jeder hatte sein eigenes Zimmer, dazu ein Wohnzimmer, und das alles für 2.300 Euro warm. Wir sagten zu. Die Hälfte davon hätte ich in eine Wohnung für mich allein auch investieren müssen.

Das Weihnachtsgeschäft hatte meinen Kontostand ein wenig saniert, und die Routine hatte mir gutgetan. Ich nutzte diesen mentalen Push, um jetzt dranzubleiben. Ich wusste ja, dass der Knall vom Finanzamt bald kommen würde. Meine Views waren nach der langen Pause und dem Skandal um das Schwester-Video zwar nicht gut – so um die 60k bis 70k Aufrufe pro Video –, aber die höheren Werbeeinnahmen glichen das aus. YouTube wurde ja auch immer kommerzieller.

Im Zuge dessen flatterte sogar ein richtiger Jackpot-Deal ins Haus, der über zwölf Monate laufen sollte und mir knapp einen fünfstelligen Betrag im Monat bescheren würde. Für mich war das die ultimative Erlösung. Um auf Nummer sicher zu gehen, traf ich mich nun regelmäßig mit meiner Steuerberaterin und ging mit ihr meine Ausgaben durch. Ich wollte jeden weiteren Fehler vermeiden. Auch von dem Deal erzählte ich ihr natürlich sofort und bat sie, diese fast 120k für die kommenden 12 Monate in ihrer Planung zu berücksichtigen. Ich wusste ja, dass ich dem Staat einen sechsstelligen Betrag schuldete und das wohl kaum in wenigen Monaten zusammenkratzen konnte. Sie beruhigte mich immer wieder und meinte: »Das wird schon. Wir kriegen das alles hin.« Ich hatte zwar noch immer ein mulmiges Gefühl, aber ich hörte gern, was sie sagte. Ganz langsam schien es bergauf zu gehen.

Auch über die Kosten für ein Auto sprach ich mit ihr. Von Ismaning aus dauerte es mit öffentlichen Verkehrsmitteln eine ganze Weile bis in die Münchner Innenstadt, was mich ziemlich einschränkte. Aber ich schwöre: Hätte sie mir gesagt, dass das nicht im Budget ist, hätte ich mir kein Auto geholt. Niemals. Aber sie meinte, dass mit der Bearbeitung alles okay und ein Wagen gar kein Problem sei. Immer und immer wieder das Gleiche: »Es ist alles in Ordnung, das kriegen wir schon hin.« Ich verließ mich auf ihre Aussage, sie war ja schließlich der Profi und kannte meine ganze Hintergrundgeschichte. Wäre ich bloß skeptischer gewesen!

So aber ging ich zu Mercedes und gönnte mir über deren VIP-Leasingprogramm ein Auto, das ich mir eigentlich nicht hätte leisten können. Das VIP-Programm ist eine Marketingstrategie von Mercedes. Sie lassen Menschen des öffentlichen Lebens ihre Autos zu guten Konditionen leasen, die fahren dann damit rum und steigern die Markenbeliebtheit. Win-win also. Eigentlich.

Ich hatte jetzt all die Jahre abgeliefert, jeden Struggle überstanden und viel Arbeit reingesteckt. Ich hatte so viel mehr Geld für andere als für mich selbst ausgegeben. Ich war am Ende meiner Kräfte gewesen und doch wieder aufgestanden. Mit diesem Auto wollte ich mich dafür belohnen – daher wurde es ein AMG C63S. Ich habe schon immer davon geträumt, so einen krassen Wagen zu haben. Durch das VIP-Programm fuhren mittlerweile etliche YouTuber solche Karren, die eigentlich übertrieben teuer waren. Mit einem Leasingvertrag für nur sechs Monate und bei einer Monatsrate von um die 1.000 Euro wurden sie aber bezahlbar. Meine Steuerberaterin hatte mir vorgerechnet, dass ich einen Teil der Kosten sogar von der Steuer absetzen konnte. Demnach lag der Wagen im Rahmen meiner Möglichkeiten.

236

Ich brauchte diese Motivation einfach. Ich musste mir vor Augen führen, dass ich noch nicht am Ende war. Ich brauchte so dringend ein Erfolgserlebnis.

Der Wagen wurde bestellt, und ich machte aus der Abholung natürlich ein Video, das richtig gut ankam. Ein zweites Video zur Vorstellung des neuen Trikots des FC Bayern war ebenfalls richtig erfolgreich. Ich habe mich einfach nur gefreut, dachte, dass es wieder läuft. Ich hatte aufgehört, mein Geld für Klamotten zu verprassen, meine Schwester kriegte nichts mehr, meine Wohnung entsprach meinen Verhältnissen, der Wagen lag im Rahmen. Alles abgesegnet von der Steuerberaterin, die sich darum kümmerte, dass meine Unterlagen pünktlich beim Finanzamt eingereicht wurden. Ich war komplett guter Dinge – und hatte keine Ahnung, dass ich mit dem Auto direkt die nächste dumme Entscheidung getroffen hatte.

Das Auto war da, und ich wollte sofort ein neues Video damit drehen. Wie in alten Zeiten sollte Massi auch dabei sein. Zusammen wollten wir einen Tag lang einfach von A nach B fahren. Aber wir kamen nicht weit.

Ich hatte gerade getankt und wollte zahlen, da streikte meine EC-Karte. Natürlich wusste ich gleich, was los war, das passierte ja nicht zum ersten Mal. Die nächste Pfändung war da.

Ich dachte nur: FML! Wie hoch wird die Pfändung diesmal sein?!, und habe mich direkt ins Online-Banking eingeloggt. Vorher hatte ich ungefähr 8.000 Euro auf dem Konto gehabt, jetzt waren es -41.000. Auf einen Schlag waren knapp 50k gepfändet worden.

In meinem Kopf tobte es. Umsatzsteuer! Finanzamt! Ich hatte zigmal bei meiner Steuerberaterin nachgefragt, ob mit den Unterlagen alles in Ordnung sei, ob ich mir den Wagen holen konnte, ob es irgendwo ein verdammtes Problem gebe – und jetzt das: Nur eine Woche später werden 50k abgebucht!

Völliger Absturz. Massi zahlte die Tankfüllung, ich rief die Steuerberaterin an. Sie versuchte mich zu beruhigen, wusste aber von nichts. »Herr Rinas, ich sorge dafür, dass die Pfändung in einer Woche aufgehoben ist. Das muss ein Fehler sein.«

Nach Wochen erst stellte sich heraus, dass keine Steuern abgezogen worden waren, sondern eine Strafe vom Finanzamt. Weil ich monatelang nicht gezahlt hatte und weil die Papiere zu spät eingereicht wurden. Die Papiere, um die sich die Steuerberaterin hätte kümmern sollen. Ich konnte es nicht fassen. Würde ich denn niemals aus dieser Scheiße rauskommen? War es egal, wie sehr ich mich anstrengte und versuchte, alles richtig zu machen? Der nächste Rückschlag wartete immer schon an der nächsten Ecke.

Ich musste meinen Vater bitten, die sechs Monatsraten für den AMG vorzustrecken, bis ich ihm das Geld zurückzahlen konnte. Um die Strafe und die Leasing-Kosten wieder reinzukriegen, habe ich sechs weitere Monate gebraucht. Einzig der Fixbetrag aus dem Sponsoring hat mich noch über Wasser gehalten.

In den AMG einzusteigen war ab sofort wie eine Strafe für mich. Ich habe es gehasst. Der Wagen hätte Ansporn sein sollen, stattdessen führte er mir täglich mein Elend vor Augen. Ich konnte es kaum ertragen, in diesen 120k-Wagen einzusteigen und zu wissen, dass ich kein Geld auf dem Konto hatte und das Finanzamt im Nacken. Ich habe mich so schlecht gefühlt. Wieder jemandem vertraut, wieder auf die Schnauze gefallen.

Der AMG, Statussymbol Nummer eins, verlor jeden Reiz für mich. Es war eben doch nur ein Auto, das mich von einem Ort zum anderen bringt. Natürlich sieht es heftig aus, natürlich macht es

Spaß, das Gaspedal durchzudrücken, aber all das hat keinen echten Wert.

Die 50k Strafe waren ein harter Schlag ins Gesicht, der mich endgültig auf den Boden der Tatsachen katapultierte. Keine Millionen-Villa, keine Versace-Klamotten, kein dickes Auto – nichts davon ist es wert, sich dafür zu verbiegen, sich zu verstellen, sich irgendwas einzureden. Das alles ist für ein zufriedenes Leben völlig unwichtig. Nichts davon hat mich glücklich gemacht, und nichts davon war echt. Wenn es darauf ankommt, rettet dich weder ein Medusa-Shirt noch ein AMG.

Es gab es nur noch einen Weg: Ich musste endgültig down to earth kommen. Alles war scheißegal, meine Wohnung, meine Klamotten, mein Auto. Hauptsache, ich fand eine Möglichkeit, meine Schulden auf lange Sicht abzubezahlen. Voll durchzustarten war nicht mehr die Devise. Erst mal musste es mir irgendwie gelingen, überhaupt bei null wieder anfangen zu können.

Als ich die Pfändung bekam, schrieb ich meiner Schwester eine Nachricht. Aus Wut darüber, was alles passiert war, aber auch aus Verzweiflung. Wem sollte ich denn sonst schreiben?

Ihre eiskalte Antwort hat mich geschockt: »Anton, es war deine Entscheidung, uns das Geld zu geben.« Diesen Satz werde ich nie vergessen. Noch immer gab sie mir die Schuld an ihrem Betrug. Wenn man bei der Bank einen Kredit aufnimmt und den dann nicht zurückzahlt, kann man dem Bankberater doch auch nicht einfach sagen, dass es ja seine Entscheidung war, einem das Geld überhaupt zu geben!

Aber ich glaube, genau das habe ich gebraucht. Diese kalte Zurückweisung. Diesen Schock darüber, wie herzlos sie war. Bis zu diesem Punkt war ich mir nämlich immer noch nicht sicher gewesen, ob ich zum Anwalt gehen sollte. Jetzt aber war die Entscheidung klar. Ich wusste, die lassen mich im Stich. Egal ob ich eine Pfändung habe oder dies oder jenes, es war ihnen egal, ob mein Leben noch weiter vor die Hunde ging. Anstatt wenigstens arbeiten zu gehen und mir 500 oder 1000 Euro im Monat zu geben, haben sie einfach nichts gemacht. Rumgesessen und darauf gewartet, dass Geld vom Himmel fällt. Und ich hatte jeden Tag mit dem psychischen Druck zu kämpfen, das alles auszubaden. Die Schulden vom Haus, Versicherungen, Steuern, Auto. Sobald ich mit YouTube Geld verdiente, musste ich zahlen. Wenn 10.000 Euro reinkamen, gingen auch 10.000 Euro weg.

Ich war – endlich! – mit meiner Geduld am Ende, suchte mir einen neuen Steuerberater und einen Rechtsanwalt.

Trotz dieses ganzen Psychoterrors, mit dem ich tagtäglich klarkommen musste, gab es immerhin eine Sache im Winter 2017, die mich positiv gestimmt hat. Diese eine Sache, wegen der ich das Lachen nicht verlernt habe und durch die es mir überhaupt möglich war weiterzumachen. Ich habe meine Freundin kennengelernt.

SIE

Es war im Herbst 2017, als ich Anton zum ersten Mal gesehen habe. Damals war ich noch mit meinem Ex-Freund zusammen und besuchte mit einem Kumpel eine Shisha-Bar in München. Anton war zufällig auch dort. Mein Kumpel kannte ihn und stellte uns einander vor.

Wir saßen alle an einem Tisch, und Anton wirkte auf mich wie ein fröhlicher, aufgeweckter Typ, er lachte viel, machte Faxen mit den anderen Jungs. Insgesamt war es ein cooler Abend. Aber Anton und ich haben kaum ein Wort miteinander gewechselt, nur das übliche »Hallo, wie geht's?« und »Wie heißt du?«. Er dachte bestimmt, ich sei mit seinem Kumpel zusammen, wollte also keinen falschen Move machen und mich vollquatschen.

Ein paar Wochen später habe ich ihn dann ein zweites Mal getroffen, auch wieder ganz zufällig. Ich ging mit Freunden abends ins P1, und dort war er mit seiner Clique. Wieder sagten wir »Hallo!« zueinander, und das war es eigentlich schon. Im Club fiel mir aber auf, dass ihn ständig fremde Leute ansprachen und mit ihm Fotos machten, was mich schon sehr verwundert hat. Irgendjemand erzählte mir dann, ich glaube, es war unser gemeinsamer Bekannter, dass Anton ein YouTuber sei.

Im Laufe des Abends wurde das auch immer offensichtlicher. Er und seine Leute haben richtig übertrieben, Lounge im Club, Flaschen, Mädels um die alle herum, sie haben ihre Show da abge-

241

zogen und Welle gemacht. Und Anton war mittendrin, auch er hat Vollgas gegeben. Er war richtig betrunken, und die Hemmschwelle, sich aufzuführen, auf den Sofas zu tanzen, Drinks zu verteilen und blöde Witze zu machen, war sehr niedrig.

Ich guckte mir das Ganze aus der Ferne an und fragte mich, wozu der Aufriss gut sein sollte. Ich konnte dem einfach gar nichts abgewinnen. Deshalb interessierte mich das alles auch nicht weiter – und Anton schon gar nicht.

Es folgten ereignisreiche Monate: Mein damaliger Freund trennte sich von mir, die Uni verlangte mir einiges ab, ich zog sogar für vier Monate aus München weg. Anton und seine Clique spielten gar keine Rolle in meinem Leben. Wenn überhaupt, dann begegnete man sich in einer Bar oder im Club. Die Trennung von meinem Ex-Freund im Februar 2018 hat mich extrem runtergezogen, es ging mir richtig schlecht, und ich dachte absolut nicht daran, irgendeinen anderen Jungen kennenzulernen und schon gar nicht zu daten. Ich wollte das Vergangene erst mal verarbeiten und klarkommen.

Um mich abzulenken, vertrieb ich mir die Zeit mit meinen Freunden. Einer von ihnen war eben auch der gemeinsame Kumpel von mir und Anton. So kam es dazu, dass wir ab und zu aufeinandertrafen, wenn wir in der größeren Gruppe unterwegs waren. Für mich war Anton einer von vielen Jungs, die gelegentlich dabei waren. Wir redeten hin und wieder miteinander, aber von meiner Seite war da rein gar nichts außer ein bisschen Gequatsche.

Bei ihm dagegen muss von Beginn an direkt mehr gewesen sein, das ist mir heute klar, wenn ich darüber nachdenke. Er schrieb mich zuerst auf Instagram an, ganz oberflächlich, was so bei mir abgeht und blabla. Nach drei oder vier Nachrichten hat er dann den Klassiker gebracht und nach meiner Nummer gefragt, weil es ja so komisch sei, auf Insta zu schreiben. Er sei nicht so einer, das Übliche eben.

Danach schrieb er mir auf WhatsApp, aber ich habe nicht geantwortet. Dann rief er plötzlich an. Er fragte, was ich so mache, wo ich bin und ob wir was zusammen unternehmen wollen. In dem Augenblick saß ich gerade mit Freunden bei Vapiano, was ich ihm auch sagte. Eine Viertelstunde später lief er plötzlich im Vapiano ein. Da war nicht mehr zu übersehen, dass er wahrscheinlich mehr von mir wollte, aber ich hatte null Interesse. Anton blieb jedoch hartnäckig, rief immer öfter an oder schrieb mir. Wir verabredeten uns ab und zu und verstanden uns nach und nach immer besser.

Anton schien ein glücklicher Typ zu sein, aber er war ziemlich schüchtern. Wenn er mit mir redete, schaute er meistens auf den Boden und lachte verschmitzt. Er wurde schnell rot und wusste oft nicht, was er sagen soll. Man merkte ihm an, dass er unsicher war im Umgang mit Mädchen und nicht jeden Tag und schon tausendmal mit einem Mädchen unterwegs gewesen ist, auf das er offensichtlich stand. Ich hatte kein Problem damit, ich fand ihn einfach nett, und es war cool, mit ihm was zu unternehmen, aber mehr war da nicht.

Irgendwann haben wir uns dann wieder zum Ausgehen verabredet, und eine ganze Gruppe an Freunden kam zusammen. Wieder P1, wieder Flaschen, wieder Vollgas. Ich war an dem Abend etwas besser gelaunt als Wochen zuvor und ließ mich auf Antons Späße ein. Wir gingen auf die Tanzfläche. Anton war sehr betrunken, wir haben getanzt und uns geküsst.

Nichts Dramatisches also, aber aus dem Augenwinkel habe ich sofort mitbekommen, dass die Leute um uns herum Fotos und Videos gemacht haben. Ich dachte nur: WTF! Ich möchte nicht gefilmt werden, ich möchte nicht, dass das im Internet landet! Wir sind raus auf die Terrasse und haben da weitergeredet, sonst ist nichts mehr passiert.

Am nächsten Morgen dachte ich sofort: Scheiße, was habe ich angerichtet! Ich will gar nichts von ihm – und jetzt habe ich das gemacht! Er war natürlich Feuer und Flamme und dachte direkt, dass wir am nächsten Tag eine Beziehung starten.

Also bin ich zu ihm gefahren, um ihm zu sagen, dass ich Mist gebaut habe und er das nicht falsch verstehen darf. Ich mochte ihn als Menschen und Freund, aber ich konnte mir keine Beziehung mit ihm vorstellen. Er fand das natürlich gar nicht gut, wollte nichts davon hören. Meine Worte gingen da rein, da raus. Er hat es einfach weiter versucht.

Wir gingen ins Kino, dann mal was essen oder in eine Shisha-Bar und haben viel gelacht. Einerseits fand ich es süß, dass er trotzdem dranblieb. Andererseits dachte ich aber auch: Gott, der Junge versteht es einfach nicht.

Irgendwann ging wie aus dem Nichts das Gerede los. Ich weiß heute gar nicht mehr, wer das an mich herantrug, aber es hieß: Anton hat finanzielle Probleme. Ich solle aufpassen.

Ich habe mir nichts dabei gedacht und es einfach beiseitegeschoben. Menschen reden nun mal. Wenn Anton wirklich ein Problem hatte, dann würde er es mir schon sagen. Darum erzählte ich ihm auch nicht, dass die anderen hinter seinem Rücken redeten. Das hätte ihn nur verletzt.

Eines Tages fragte Anton, ob ich Lust hätte, mit ihm auf eine türkische Hochzeit zu gehen. Erst habe ich Nein gesagt, weil ich dachte, es sei nicht richtig, ihn zu begleiten, aber Anton ließ nicht locker. Irgendwann dachte ich mir: Wieso eigentlich nicht? Was habe ich zu verlieren? Also fuhren wir zusammen hin.

Es war eine typische türkische Hochzeit: kein Tropfen Alkohol. Natürlich haben wir uns die ersten zwei leeren Volvic-Flaschen geschnappt und sind zur Tankstelle gefahren, um sie mit je einem Liter Wein aufzufüllen. Der Pegel stieg entsprechend, und wir näherten uns wieder an.

Das passte eigentlich überhaupt nicht zu mir. Ich hatte nicht einfach so mal was mit einem Jungen laufen, das war gar nicht mein Stil. Außerdem schwirrte mir mein Ex immer noch durch den Kopf. Doch Anton schaffte es immer wieder, mich für sich zu gewinnen, auch wenn ich mir ganz fest vorgenommen hatte, mich auf nichts einzulassen. Irgendwas musste da doch sein zwischen uns …

Ein paar Tage später fragte er dann, ob wir an den Tegernsee fahren wollen. Dort gestand er mir seine Gefühle. Er wolle mit mir zusammen sein, sagte er. Ich sagte direkt Nein, das ginge nicht. Ich brauchte einfach noch Zeit, um über die Trennung von meinem Ex hinwegzukommen. Anton nahm es hin und schien es nachvollziehen zu können.

Ab diesem Punkt lief wochenlang nichts mehr zwischen uns. Wir waren cool miteinander, hatten richtig viel Spaß, lachten viel, sonst nichts. Wir texteten viel, trafen uns gelegentlich, aber das war es dann auch. Ich hatte nicht das Gefühl, dass Anton darunter litt. Wir waren gute Freunde geworden.

Daher fand ich es auch überhaupt nicht komisch, als er mir vorschlug, ihn zur Gamescom zu begleiten. Ich hatte zwar nichts mit Zocken am Hut, aber ich habe eine gute Freundin in Köln, die ich dann besuchen konnte, also sagte ich Anton zu – und wir hatten unseren nächsten Trip.

Anfangs hieß es, wir fahren mit seinem AMG, doch in der Nacht zuvor schrieb er mir und fragte, ob es in Ordnung sei, wenn wir mein Auto nähmen. Mit dem AMG sei irgendwas. Ich fragte nicht weiter nach, mir war das Auto egal, und so machten wir eine Uhrzeit aus, wann ich ihn abholen sollte. Als er mir am nächsten Morgen auf dem Parkplatz entgegentrottete, sah ich ihm sofort an, dass etwas nicht stimmte. Ich dachte: Was passiert hier gerade? Wir fahren zu zweit zur Gamescom, und er kommt an mit so einem Gesicht und ist komplett down?

»Alles scheiße! Ich kann nicht mehr!«

»Was? Was ist los, Anton?«

»Ich bin am Arsch, jetzt ist alles kaputt.«

»Anton!?«

»Meine Konten wurden gepfändet, ich habe nichts mehr. Keinen Zugriff auf mein Geld. Alles bricht zusammen, es ist vorbei!«

»Wie bitte???«

Wir fuhren los, und er erzählte mir in diesen sechs Stunden nach Köln seine ganze Geschichte. Von seinem Aufstieg als Zocker, seinen steigenden Einnahmen, dem langsamen Zusammenbruch seiner Familie und dem falschen Spiel, das seine Schwester und ihr Mann mit ihm gespielt haben. Er erzählte, wie viel Geld er für sie ausgelegt hatte, immer in der Hoffnung, er würde eines Tages alles wiederkriegen. Dann sein Hustle mit den Steuern, die er nachzahlen musste, denn statt seine Abgaben richtig abzuführen, legte er immer und immer wieder sein Geld für die Lügen seines Schwagers aus.

Ich war schockiert. Davon, wie seine Schwester und der Schwager ihn ausgenutzt und sein Leben systematisch kaputtgemacht hatten, aber ich ärgerte mich auch über Anton selbst, weil er da mitgespielt hatte. Er war doch ein intelligenter Typ, und trotzdem hat er sich so manipulieren und ausnutzen lassen. Ich war wirklich komplett überrascht, wie naiv und blöd er sich angestellt hat. Immer noch wiederholte er ständig, dass es doch seine Familie sei und er nicht anders könne, als für sie da zu sein, ihnen zu helfen und sie zu unterstützen. Dabei ignorierte er, dass er den beiden komplett egal sein musste, sonst hätten sie ihn nicht ewig belogen und betrogen und ihn benutzt, um ihr eigenes Leben zu finanzieren.

Die Fahrt war schlimm und das Ganze der absolute Horror, gleichzeitig war ich aber auch froh, dass er sich mir öffnete. In Köln angekommen, gelang es Anton ziemlich gut, sich abzulenken und nicht ständig an das Drama zu denken. Er war in einer anderen Stadt, sein bester Freund Marcel war da, den er ebenfalls in seine Probleme einweihte. Marcel hatte bislang gar nicht geahnt, wie übel die Situation wirklich war. Anton hatte es seinem Umfeld gegenüber immer geheim gehalten. Und weil alle wussten, wie wichtig ihm seine Familie war, hatte auch niemand nachgehakt, wenn er sagte, er müsse mit der Familie Zeit verbringen oder etwas klären. Seine Familie schien für ihn ein sicherer Rückzugsort zu sein. Niemand konnte sich vorstellen, in welche Hölle Anton geraten war. Niemandem war es möglich gewesen, ihn zu stoppen oder da rauszuholen, weil er sich schlichtweg niemandem offenbart hatte.

An diesem Wochenende gingen Anton und ich aus. Etwas hatte sich verändert. Wir verstanden uns nicht nur super, sondern er hatte sich mir auch vollends geöffnet. Anfangs hatte ich insgeheim damit gerechnet, dass er irgendwann um die Ecke kommt und mich fragt, ob ich mit ihm Videos drehe. Ich war davon ausgegangen, dass er seiner Karriere auf YouTube alles unterordnet und nur deswegen so hartnäckig blieb, weil ich ein weiteres Mittel sein könnte, um voranzukommen. Das hätte ich direkt abgelehnt. Aber meine Sicht auf ihn hatte sich durch die Offenbarung komplett gewandelt.

Ich weiß nicht mehr, welche Worte er genau benutzte, als er mich an diesem Abend zum zweiten Mal fragte, ob ich seine Freundin sein wolle. Doch da ich das Gefühl hatte, ihn nun wirklich zu kennen, sagte ich diesmal Ja. Mir war klar geworden, wer dieser Junge ist und was er warum tut. Ich sah ihn mit anderen Augen. Er hatte sein Geld nicht einfach sinnlos verprasst, sondern seiner Familie gegeben. Er ist ein herzensguter Mensch und verdient es, gut behandelt zu werden.

Beim Tanzen flüsterte er mir ins Ohr, wie dankbar er dafür sei, dass es mich gibt und dass ich für ihn da bin. Das hat mich so berührt, dass keine Zweifel mehr blieben.

Am nächsten Tag fuhren wir nach München zurück, und nach und nach ploppten all die Probleme auf. Anton bekam quasi jeden Tag Briefe vom Finanzamt und wusste nicht mehr, wie er seine Miete zahlen sollte. Der YouTube-Kanal lief scheiße, niemand klickte mehr seine Videos. Die Scheinwelt, die er nach außen hin aufrechterhalten hatte, klappte endgültig in sich zusammen. Er verdiente kein Geld, das Geld, das er noch hatte, war eingefroren, seine Konten gepfändet. Anton war am Ende. Ich glaube, er wollte sich ins Bett legen und einfach nicht mehr aufstehen.

Mir gegenüber gab er sich zwar immer so, als würde er sich niemals unterkriegen lassen, aber ich merkte, wie dreckig es ihm wirklich ging. Besonders vor seinem damaligen Mitbewohner zeigte sich, wie am Boden zerstört er war. Er sah keinen Ausweg mehr.

Ich wollte natürlich nicht den Finger in die Wunde legen und sagen, dass es gar keinen Sinn mehr hat weiterzumachen, ich wollte ihn pushen. Wir haben einen Deal gemacht: Jeden Tag laden wir ein Video hoch. 30 Tage lang. Anton hat nie von mir erwartet, dass ich mitziehe, aber ich wollte ihm unbedingt helfen. Wir färbten ihm die Haare, drehten Fußball-Challenges, haben wirklich jeden Scheiß versucht, aber es klappte einfach gar nichts. Niemand wollte die Videos sehen, egal was wir machten.

Damit fingen die Konflikte zwischen uns an. Anton hörte einfach nicht mehr auf zu reden, jeden Tag, von morgens bis abends, immer das Gleiche. Er hat mir jeden Tag fünfmal dieselbe Geschichte erzählt, das ist kein Spaß. Jeden Tag kriegte ich zu hören, was mit der Schwester und dem Schwager passiert ist. Er hat jeden Tag versucht, sich zu rechtfertigen. Immer und immer wieder, so als würde er gar nicht merken, dass er sich ständig wiederholt. Ich habe zwar verstanden, dass er den Drang hat, die ganze Situation zu rechtfertigen, aber irgendwann habe ich es einfach nicht mehr ausgehalten. Ich musste die Geschichte nicht noch zigmal hören. Half doch nichts, immer über dasselbe zu reden, ohne etwas zu tun.

Immerhin war er ja auch nicht mehr allein! Es gab Menschen um ihn herum, die ihm wirklich helfen wollten, jetzt, wo sie wussten, was los war. Sein neuer Manager Markus, sein bester Freund Marcel, ich. Jeder von uns hat versucht, einen Ausweg zu finden. Aber Anton drehte sich nur im Kreis.

Ich war gerade in meiner Prüfungsphase und täglich von morgens bis abends in der Bibliothek. Ich musste mich eigentlich komplett auf die Uni konzentrieren und gleichzeitig irgendwie für Anton da sein, das war die Hölle. Nichts lief, was auch immer wir ausprobierten, alles ist gegen die Wand gefahren. Trotzdem wahrten wir weiterhin den Schein, auch wenn Anton längst nicht mehr ernst genommen wurde. Die Leute lachten über ihn, weil die

Klicks so schlecht waren. Sie schrieben: »Du endest wie der und der YouTuber, der auch schon tot ist. Deine Zeit ist vorbei. Du bist langweilig.« Diese Kommentare zu lesen war unerträglich für mich. Wie muss es erst für ihn gewesen sein?

Als Anton aus der Wohnung in Ismaning ausziehen musste – kein Cash mehr, um die Miete zu bezahlen –, suchte er sich einen Untermieter und ging zurück nach Bayreuth zu seiner Mama. Er wollte einfach nur weg. Ich blieb in München, weil ich ja noch meine Prüfungen schreiben musste. Mein Tag begann um 6.30 Uhr, Antons um 16 Uhr. Wenn er mir am späten Nachmittag eine Nachricht mit »Guten Morgen« schrieb, war ich angepisst. »Hast du irgendwas gemacht? Hast du ein Video gemacht? Hast du irgendwas versucht, um deine Situation zu ändern?« Von ihm kam dann, dass er voll müde sei und nicht in der Lage, was Produktives zu tun. Das hat mich nur noch mehr auf die Palme gebracht. Ich musste hier meinen Kram auf die Reihe kriegen und gleichzeitig für ihn da sein, und er stand irgendwann am Nachmittag auf und war schon down, ohne überhaupt einen Finger gekrümmt zu haben. Das konnte doch alles nicht wahr sein!

Für mich kam es so rüber, als würde er seinen Job nicht richtig machen und ihn auch gar nicht mehr machen wollen. Ja, es lief scheiße bei ihm, aber vom Nichtstun würde es doch auch nicht besser. Er hat nur gechillt, war bei seiner Mama und hat gegessen und geschlafen. Ich war so wütend, konnte über die Entfernung aber auch nicht viel ausrichten. Darum war es gut, dass er nach vier Wochen wieder zurück in München war. So konnte ich ihn zumindest ständig konfrontieren und dazu auffordern zu handeln – wie auch immer das aussehen mochte.

In München nahm er sich eine kleine Wohnung, für die wir gerade so das Nötigste kauften, um die Wohnung so günstig wie möglich einzurichten. Ich hatte Hoffnung. Neue Wohnung, neuer Start, neue Motivation. Irgendwie kommen wir aus diesem Sumpf schon raus. Jetzt geht es ab!

Und was ist passiert? Gar nichts ist passiert. Anton hing rum, kam aus seinem Loch einfach nicht raus. Allmählich war ich am Ende meiner Kräfte. Es war ja nicht so, dass Anton depressiv war und deshalb nicht in der Lage gewesen wäre, seinen Arsch hochzukriegen, das war es nicht. Er hat nur ständig die gleichen Geschichten erzählt und dabei die ganze Zeit behauptet, dass alles gut ist. Völlig verrückt. Er hat es nicht mal gemerkt! Keine Ahnung, was er sich einzureden versucht hat, ich drang kaum noch zu ihm durch. Es war, als würde ich auf eine Mauer einreden. Von ihm kam nur: »Alles wird gut.« Und ich dachte: Anton, was wird gut?

Darauf gab es keine Antwort.

Unsere Beziehung hat extrem darunter gelitten. Es gab keine Wärme und Zärtlichkeiten mehr, die Last der Situation war zu erdrückend. Manchmal schrieb er, dass wir nicht essen gehen können, weil die nächste Pfändung vollstreckt werde. Mir war es nicht wichtig, geil essen zu gehen, solange wir so eine Situation im Leben nicht lösen können. Mir war es auch nicht wichtig, dass er zahlt. Ich konnte schließlich auch die Rechnung übernehmen. Aber ihn zog es runter, und er fühlte sich mies, weil seine Studenten-Freundin für ihn bezahlen musste.

In seinen elend langen Ausführungen darüber, wer alles an seiner Situation schuld sei, hatte Anton ab und zu erwähnt, dass es einen einzigen möglichen Ausweg gäbe. Ein Video, das die ganze Wahrheit ans Licht bringt. Einen anderen Ausweg sah auch ich irgendwann nicht mehr, obwohl ich mir jeden Tag wünschte, zehn Millionen im Lotto zu gewinnen und ihm geben zu können.

Doch er wehrte sich innerlich gegen dieses Video, weil er dann auch offenlegen müsste, wie sehr ihn seine eigene Schwester um sein Leben betrogen hatte. Und das wollte er ihr und seiner Familie nicht antun. Anton liebt seine Familie über alles und natürlich auch seine Schwester. Er wollte sie immer noch schützen, obwohl sie ihn mit Füßen getreten hatte und sich gar nicht für ihn interessierte, jetzt, wo kein Geld mehr da war.

Wochenlang wiederholte er: »Wenn gar nichts mehr geht, dann kann ich nur noch dieses Video aufnehmen und alles offenbaren.« Es ging zwar schon längst nichts mehr, aber jeden Tag aufs Neue drückte er sich vor diesem Schritt. Egal, wie oft ich ihn aufforderte, es endlich zu machen. Er wollte seine Familie nicht bloßstellen.

Meine Geduld war am Ende, zumal ich zusehen musste, wie mit ihm umgegangen wurde. Er schrieb seiner Schwester Nachrichten, fragte, wie es ihr und ihrer Familie gehe, erzählte von seiner misslichen Lage – und nichts kam zurück. Anton war ihnen einfach egal. Sie führten ihr Leben einfach weiter und ließen ihn mit den Schulden im Stich.

Ich fragte Anton, ob er eigentlich gar nicht checkt, dass sie nur Geld von ihm wollen und ihm nicht helfen würden. Aber er ließ das nicht an sich ran.

Eines Abends sind wir Pizza essen gegangen. Ich habe den ganzen Abend über nichts gesagt, kein Wort, obwohl wir nur zu zweit waren. Er fragte mich mehrfach, warum ich so still sei, aber ich konnte einfach nicht mehr reden. Ich hatte genug geredet die letzten Monate – und nichts war passiert.

Auf der Fahrt nach Hause fragte er mich ständig, was denn los sei, als wüsste er nicht, in was für einer Situation wir uns befanden, als hätte er die Augen vor allem verschlossen. Ich konnte es nicht glauben. Bei mir zu Hause angekommen, saßen wir noch ein paar Minuten im Auto, da fragte ich ihn noch einmal nach dem Video. »Nein, ich kann das nicht tun«, sagte er. »Ich bringe es nicht übers Herz, die Wahrheit öffentlich zu machen. Das kann ich meiner Familie nicht antun.«

Ich bin ausgerastet und habe ihn angeschrien. Die ganze Zeit hatte ich gedacht, er würde es machen, aber jetzt sagte er Nein. Ich habe fiese Sachen zu ihm gesagt. Habe gesagt, dass ich ihn mehr liebe als seine Schwester und dass er ihr scheißegal ist. Dass ich verstehen kann, dass er es nicht machen will, weil er sie sehr liebt, aber dass es nun mal keinen anderen Ausweg mehr gibt. Er hat geweint und versprochen, dass er es durchzieht.

Aber kam das Video?

Nein. Es kam nicht.

Ich habe nicht erwartet, dass er es gleich macht, aber wenigstens im Laufe der kommenden Woche. Jeden Tag haben wir darüber geredet. Wieder umsonst.

Es war an einem Freitag. Ich wachte auf und dachte: Ich kann nicht mehr. Nachmittags war ich bei meiner besten Freundin, und sie meinte, sie habe mich noch nie so unglücklich gesehen. »Du hast jeden Tag schlechte Laune, nicht wegen deinem Leben, sondern wegen dem eines anderen.« Und es stimmte. Ich litt, und Anton zeige kaum Interesse für mein Leben, dafür hatte er viel zu viel mit sich selbst zu tun.

Ich wusste nicht mehr weiter ... und ich *wollte* nicht mehr weiter. Ich konnte nicht mehr mit Anton zusammen sein, weil es eine zu große Belastung für mich war. Abends fuhr ich zu ihm und habe mich von ihm getrennt. Natürlich liebte ich ihn und würde auch für ihn da sein, was ich die letzten Monate ja auch mehr als jeder andere gewesen war. Ich wolle ihn nicht im Stich lassen und würde weiterhin versuchen, ihm zu helfen, aber ich könne einfach nicht mehr mit ihm zusammen sein. Es ging nicht mehr.

Anton nahm es nicht gut auf. Er war wütend und meinte, dass ich versprochen hätte, immer für ihn da zu sein, und es jetzt doch nicht sei. Danach saßen wir 45 Minuten lang schweigend auf der Couch. Schließlich bin ich aufgestanden und habe gesagt, dass es das jetzt war. Wir haben beide geweint, aber ich bin gegangen.

Noch in derselben Nacht schrieb er mir, dass er zu Marcel nach Berlin fährt, um das Video aufzunehmen. Dass alles gut wird. Aber das hatte er ja immer gesagt, all die Monate zuvor. Ich weiß heute nicht mehr, ob ich ihm damals geglaubt habe, nach allem, was passiert – oder eher *nicht* passiert – war. Ich wollte einfach nur, dass dieser Albtraum ein Ende hat.

48 Stunden später war es plötzlich da. Das Video. Es war online. Der einzig erhoffte Ausweg. Er erzählte nichts, was ich nicht schon wusste, aber es war krass, alles noch mal an einem Stück zu hören. Dass er währenddessen fast weinen musste, hat mich wahnsinnig berührt. Während ich das Video sah, ging mir durch den Kopf, dass wir es vielleicht doch irgendwie zusammen schaffen konnten. Jetzt, wo die Menschen die ganze Story mitgekriegt hatten, wo sie wussten, dass er beschissen und betrogen worden war, nie aufgegeben und immer weitergemacht hatte.

Es war hart für mich, zu diesem einen letzten Schritt greifen zu müssen, aber die Trennung hat ihn wohl wachgerüttelt. Als die Aufrufzahlen immer weiter stiegen, war ich überglücklich. Die Leute kommentierten – und sie kommentierten endlich positiv. Es hätte auch Hass kommen können, Schuldzuweisungen, Schadenfreude. Aber all das blieb aus.

Wir haben danach jeden Tag telefoniert. Auch wenn ich kurz zuvor Schluss gemacht hatte, war ja klar, dass ich ihn weiter unterstützen würde. Ich konnte ihn damit nicht allein lassen, zumal er sein Wort gehalten hatte. Ich wusste, wie schwer es ihm gefallen war, sein Privatleben derart offenzulegen.

Ich bin sehr glücklich darüber, dass er dieses Video veröffentlich hat. Damit sind seine Probleme zwar nicht verschwunden, sondern nur öffentlich geworden, aber es war der erste Schritt auf einer langen Reise zurück in die Normalität. Das ist unsere gemeinsame Hoffnung. Anton könnte natürlich noch mehr machen, man kann immer mehr machen. Aber er versucht sich zu bessern. Ich wünsche mir so sehr, dass er sein Leben wieder zurückbekommt, es wieder selbst in die Hand nehmen kann.

Doch wir stehen noch ganz am Anfang. Der Albtraum ist gerade erst zu Ende gegangen. Jetzt müssen wir ihn verarbeiten. Und wenn Anton sich weiterhin allem stellt, dann wird es funktionieren. Zusammen kriegen wir das hin.

KAPITEL 20

UND JETZT?

Das Realtalk-Video war die richtige Entscheidung gewesen. Mama, Papa und ich wurden dadurch endgültig wachgerüttelt. Aber vor allem für ViscaBarca, meine YouTube-Identität, war es ultrawichtig. Vor diesem Video oder besser gesagt diesem Offenbarungseid und Befreiungsschlag in einem hatte ich einen richtig schlechten Stand. Die Monate vor dem Video hatte ich schlichtweg Angst, etwas zu posten, weil ich nie sicher sein konnte, was in den Kommentaren abging. Auch wenn ein Video gute Aufrufzahlen hatte, ja selbst wenn bei irgendwem auf Instagram bloß ein Foto mit mir zu sehen war, schrieben die Leute darunter: »Inzest-Barca«. Das hing mir nach dem Video mit meiner Schwester ewig nach. Und ich konnte nichts dagegen tun, ich war wie Freiwild im Internet.

Heute, Monate nach dem Realtalk-Video, kann jeder ein Bild mit mir posten, ohne dass noch einer darauf herumreitet oder mich verhöhnt. Die Menschen, die mir folgen, kennen jetzt die Geschichte dahinter und identifizieren mich nicht mehr damit. Jetzt bin ich der Junge, der sich geöffnet hat und die Eier hatte, das nach außen zu tragen, was bis dahin tief in seinem Inneren verborgen war.

Gefühlt hat halb Deutschland das mitbekommen, Medien haben darüber berichtet, Buchverlage bei mir angefragt. Nie hätte ich damit gerechnet, dass mein Video so eine positive Welle schlagen würde. Es war das Beste, was passieren konnte. Ich war nicht mehr in der Lage gewesen, einfach weiterzumachen wie bisher, ich war an all meine Grenzen gestoßen, wollte es einfach nur noch loswerden. Und dann schlug es ein. Von da an hatte ich wieder alle Chancen, konnte wieder ganz normal meine Videos hochladen.

Klar hatte ich nicht mehr so viele Aufrufe wie auf mein Realtalk-Video oder auf die Videos zu meinen besten Zeiten. Aber das ist okay. Ich habe auch nicht erwartet, dass ich einfach so wieder durch die Decke gehen würde, als wäre nie was gewesen. Der Hype geht auf und ab, das ist das Business, das ist YouTube, und es ist für mich absolut in Ordnung, wie es ist.

Die letzten Jahre haben mich verändert. Ich bin heute bescheidener und auch lockerer in Bezug auf Videos. Ich kann aus der Laune heraus ein Video machen, das ich für gut erachte, und muss keine Angst vor einem Shitstorm oder Hate haben. Auch wenn ich nur 100k oder 200k Aufrufe kriege, kann ich gut damit leben, wenn die Grundstimmung meiner Arbeit gegenüber positiv ist. Tausendmal lieber so als 800k Aufrufe und unzählige Kommentare, wo ich »InzestBarca« lese. Niemand will zur Arbeit gehen und dort jeden zweiten Tag vom Chef oder den Arbeitskollegen beleidigt werden. Wir alle wünschen uns gutes Feedback, Zuspruch und Anerkennung für das, was wir tun. Vor allem dann, wenn wir gern noch ein paar Jahre weitermachen wollen, ohne daran kaputtzugehen. Ich jedenfalls möchte für kein Geld der Welt noch mal solche Shitstorms durchleben, das ist es nicht wert.

Aber diese schwere Zeit hat mich auch geprägt und abgehärtet. Wenn ich jetzt lesen würde: »Du bist hässlich, du hast schiefe Zähne, du bist behindert, du bist ein Lauch, du bist scheiße im Fußball«, könnte ich das besser wegstecken. Verglichen mit dem, was ich durchgemacht habe, ist ein beleidigender Kommentar ein

Witz. Was ich jedoch nach wie vor nicht gut ertragen kann, sind Aussagen zu meiner Schwester oder »InzestBarca«. Das trifft wirklich meinen wundesten Punkt.

Am schönsten wäre es natürlich, wenn es gar nicht nötig wäre, sich ein dickes Fell zuzulegen. Wenn wir alle einfach mal aufhören würden, uns gegenseitig die schlimmsten Dinge an den Kopf zu werfen. Dann bräuchte sich auch niemand mehr abhärten, um einfach nur mit der Welt klarzukommen.

Das Verhältnis zu meiner Schwester ist seit dem Realtalk-Video komplett kaputt. Ich hatte ihr vor dem Video geschrieben, dass ich nun alles offenlegen werde, und danach, warum ich keine andere Wahl hatte. Ich schrieb ihr, dass ich mich nie im Leben so im Stich gelassen gefühlt habe und dass sie in Kauf genommen hat, meine Existenz zu zerstören.

Im Video versuchte ich, sie und ihren Mann zu schützen, indem ich keine Namen nannte. Das werde ich auch nie tun. Es hagelte trotzdem Vorwürfe von ihr. Ich hätte kein Recht dazu, ich würde ihnen schaden, ihr Geschäft vernichten, überhaupt sei ich an allem schuld.

Ein normaler Kontakt war nicht mehr möglich. Ihr Film hörte einfach nicht auf, ich konnte es nicht fassen. Mein Schwager hat mich blockiert und die kompletten Chats der letzten Jahre gelöscht.

Als das Video online ging, gab es das absolute Drama in der Familie. Meine Schwester hat meiner Mama vorgeworfen, dass sie ihren Sohn mehr liebt als sie. Es ging in ganz viele Richtungen, aber eines war klar: Sie und ihr Mann waren die Opfer und ich der Täter. Das war ihre Version. Sie hat meine Eltern hart attackiert, sie beschuldigt, mich nicht im Griff zu haben und dass ich nun Schande über unsere Familie brächte. Dass sie selbst ja schon immer nur an zweiter Stelle gestanden habe und nie ihre Träume verwirklichen durfte. Dass sich bei uns alles nur ums Geld drehen würde und wir damit die Familie zerstört hätten.

Sie wollte ihnen wehtun.

Dabei hatte ich meine Eltern gar nicht unbedingt auf meiner Seite. Sie waren dagegen, dass ich das Video online stelle. Ich kann das verstehen. Niemand möchte, dass die Probleme der eigenen Familie dermaßen in der Öffentlichkeit ausgebreitet werden. Aber ich habe ihnen klargemacht, dass es für mich keinen anderen Ausweg gab.

Meine Schwester wollte daraufhin nichts mehr mit mir und Mama zu tun haben. Mit Papa allerdings schon. Warum? Weil der jeden Monat die Miete für die kleine Wohnung zahlte, in der sie mit ihrem Mann und ihrem Sohn seit dem Auszug aus der Villa zur Untermiete wohnte.

Die Situation spitzte sich noch zu, als ich beschloss, zum Anwalt zu gehen. Obwohl: »Beschließen« klingt so freiwillig. Ich hatte keine Wahl. Für das Finanzamt bin ich ein Schuldiger, der seine Steuern nicht gezahlt hat. Also wird alles auf den Kopf gestellt und geprüft, da gibt es keine Ausflüchte oder Ausreden. Ohne Anwälte komme ich da nie wieder raus. 50 oder 60 Überweisungen ins Ausland sehen für einen Steuerprüfer halt nicht sonderlich vertrauenserweckend aus. In deren Augen sieht es vermutlich so aus, als hätte ich das Geld beiseitegeschafft. Es macht noch mal einen Riesenunterschied, ob du Steuerschulden hast und was nachzahlen musst oder ob es so aussieht, als hättest du Steuern hinterzogen. Und das alles nur, weil ich auf die miese Masche meiner Schwester und ihres Mannes reingefallen bin. Ich bin Anfang 20 und wollte niemandem etwas Schlechtes, und jetzt stehe ich da wie ein Krimineller.

Erst wollte ich alles außergerichtlich klären. Mein Anwalt hat ein Papier an die beiden geschickt. Ihnen zwei Wochen Zeit gelassen, das Schuldeingeständnis zu unterschreiben. Das war das Mindeste. Dass sie bestätigen, die 200k von mir bekommen und den Vertrag für die Villa vorsätzlich wider besseres Wissen unterschrieben zu haben. Dann hätte ich das Papier dem Finanzamt vorlegen können, und es wäre zumindest etwas Handfestes da, um zu beweisen, dass ich das Geld nicht irgendwo bunkere. Deutschland ist ein bürokratischer Staat, und so was hätte mir natürlich schon mal weitergeholfen, auch wenn es meine Situation nicht gänzlich aus der Welt geschafft hätte.

Die erste Woche verging. Keine Reaktion. Ich habe mich gefragt, ob das Schreiben vielleicht gar nicht angekommen war, ob die Anwaltskanzlei eine falsche Adresse angegeben hatte. Die nächste Woche verging. Wieder keine Reaktion. Die Frist war abgelaufen.

Jetzt schaltete sich mein Vater ein, fragte selbst bei ihnen nach, ob sie das Schreiben erhalten haben. Und dann ging es los. Die Bombe platzte, denn der Brief war angekommen, aber sie hatten ihn ignoriert. Statt Stellung zu beziehen, ging meine Schwester in WhatsApp-Nachrichten auf meine Eltern los. Sie hat ihnen mit Folgen für die Familie gedroht und ihnen Angst gemacht. Wir würden alle zugrunde gehen, wenn weitere Schritte folgen sollten. Sie hat alles umgedreht, jede Schuld von sich gewiesen. Wie immer waren alle anderen schuld.

Da konnte meine Mutter nicht mehr ruhig bleiben und schrieb ihr zurück: »Dein Mann ist ein Betrüger. Wach endlich auf. Halte dich fern von ihm. Hilf Anton. Warum gebt ihr nicht zu, dass ihr sein Geld verprasst habt?« Aber meine Schwester blieb in ihrem Film, völlig gehirngewaschen.

Von meinem Papa erfuhr ich, sie seien nach Moskau gereist. Er redete auf mich ein, ich solle wenigstens warten, bis sie wieder zurück sind. Wenn die Anzeige erst mal draußen sei, würde man das nie wieder eingefangen kriegen. Dann werde alles seinen offiziellen Weg gehen und es wirklich zum Prozess kommen.

Ich war auf keinen Rechtsstreit aus. Ehrlich nicht. Ich wollte das alles so schnell und so schmerzlos wie möglich über die Bühne bringen. Also wartete ich.

Es verging eine Woche, noch eine Woche und noch eine. Papa fuhr zur Wohnung, um nach ihnen zu sehen: Jalousien unten, alles ruhig, keiner da. Aber es waren auch noch Pfingstferien – vielleicht hatten sie ihren Ausflug nur etwas verlängert? Ich glaube, Papa wollte an diesem Punkt so verzweifelt wie ich früher daran glauben, dass es doch noch eine Möglichkeit gab, die Situation zu retten. Dass es noch eine Chance für uns als Familie gab.

Am ersten Schultag nach den Ferien schaute Papa noch mal nach. Jalousien immer noch unten, sie waren immer noch nicht da. Wir riefen in der Schule meines Neffen an. Aber der Kleine war nicht anwesend. Aus Datenschutzgründen haben sie uns aber nicht sagen können seit wann.

Erst kurz bevor wir dieses Buches beendet haben, sorgte die Vermieterin meiner Schwester für Klarheit. Sie ist eine Bekannte meines Vaters und hat meiner Schwester die Wohnung untervermietet. Eine WhatsApp verriet uns, wo diese sich aufhielt: »Ich hoffe, es geht dir gut. Ich wollte dich um einen Gefallen bitten. Aufgrund einer dringenden Situation mussten wir vor Kurzem nach Venezuela, und im Moment weiß ich nicht, wann wir wieder zurückkommen. Ich wollte dich bitten, dass du für die Miete von Juli und August die 1.000 Euro Kaution nimmst, die du von uns hast.«

Kleiner Funfact: Die Kaution kam natürlich von meinem Vater.

»Ich würde dir also noch 40 Euro schulden, die werde ich dir och zukommen lassen. Aber die Wohnung können wir aus der Distanz nicht behalten. So rein technisch aus Venezuela geht das nicht. Leider ist die Situation jetzt so. Bitte sei so lieb und sag Bescheid, so schnell es geht. Ich danke dir im Voraus. Liebe Grüße.«

Sie hatten sich nach Venezuela abgesetzt. Einfach abgehauen. Wahrscheinlich vor allem deshalb, weil sie nicht wussten, was sie von mir zu befürchten hatten. Sie hatten das Anwaltsschreiben gesehen und gewusst: Wenn ich zur Polizei gehe, wird es richtig ek-lig. Denn wer weiß schon, was mein Schwager noch alles für Dreck am Stecken hat?

Niemand, der unschuldig ist, haut ab. Niemand nimmt sein kleines Kind einfach so von der Schule, reißt es einfach so aus seinem Umfeld. Und keine vernünftigen Eltern bringen ihr Kind ohne Not in ein Land, in dem üble Zustände herrschen und Menschen getötet werden, weil sie demonstrieren gehen.

Meine Schwester hat auf meine Nachrichten nicht mehr reagiert. Damit sie mir keinen Strick aus irgendwas drehen kann, habe ich ihr auch nur noch selten und nach Rücksprache mit meinem Anwalt geschrieben. Aber Mama und Papa haben natürlich den Kontakt zu ihr und ihrem Enkelkind gesucht, haben sich Sorgen gemacht. Doch es kamen nur Lügen zurück. Dass sie es psychisch nicht mehr ausgehalten habe. Dass man sich vor mir und meinem Wahnsinn in Acht nehmen müsse.

Ich würde mein Geld niemals wiederbekommen, damit hatte ich mich mittlerweile abgefunden. Meine Schwester und mein Schwager hatten sich abgesetzt, ich konnte nicht zu ihnen durchdringen. Also mussten Regelungen getroffen werden, wie ich meine Steuerschuld abbezahlen und trotzdem halbwegs normal weiterleben konnte. Der Schritt zum Anwalt, um Anzeige zu erstatten, war daher unausweichlich.

Das Finanzamt verlangt eine sechsstellige Summe. Es ist zum jetzigen Zeitpunkt noch nicht ganz klar, wie viel genau, aber ich rechne mit etwa 200k. Und die wollen sie natürlich so schnell es geht, auch wenn das utopisch ist. Ich habe nichts, ich werde einige Jahre brauchen, um das auch nur ansatzweise zurückzahlen zu können.

Um eine bessere Verhandlungsposition zu haben, muss ich beweisen, wo das Geld hin ist, und hierfür brauche ich meinen Anwalt. Er weiß alles und tut sein Bestes, um die Dokumente zu sammeln und um auch von meiner Schwester und meinem Schwager die nötigen Aussagen zu bekommen. Ich habe sämtliche Papiere, Chats und Dokumente, die ich greifbar hatte, ausgedruckt. Das Gesamtbild spricht eine eindeutige Sprache, auch nach Aussage meines Anwalts: Betrug.

Mein Schwager hatte fünf Ehen mit fünf verschiedenen Frauen. Im Nachhinein kann man sich nur über sich selbst und die eigene Dummheit wundern. Immer wieder versuche ich, meine Fehler zu analysieren. Wo habe ich etwas falsch gemacht? Wann hätte ich aufwachen müssen? Warum bin ich so naiv gewesen? Wie konnte ich mich derart manipulieren lassen?

Ich habe mir immer eingeredet, dass alles klappt und gut wird. Was YouTube anging, hat ja auch jahrelang einfach alles perfekt geklappt. Die ersten Jahre war ich der komplette Überflieger. Bis dann ein Down nach dem anderen kam.

Meine Schwester war immer ein Vorbild für mich. Als Kind und Jugendlicher habe zu ihr aufgesehen, sie bewundert. Und sie war Familie. Wenn ich ihr Geld gebe, dachte ich, dann wird das schon alles gut gehen. Ich habe immer zu optimistisch gedacht, habe nichts hinterfragt. Nie hätte ich gedacht, dass sie mich belügen und betrügen würde. Alle, aber nicht sie.

Ich war so hart in meinem Film. In meinem Umfeld war niemand, der mir so richtig hätte auf die Finger schauen können. Dazu habe ich das alles viel zu gut vertuscht und auch keinen nah genug an mich herangelassen. Hätte ich damals das Angebot meines Vaters angenommen, sich um meine Finanzen zu kümmern, wer weiß, was dann heute wäre. Aber unser Verhältnis war nicht so gut wie heute. Ich wollte meine eigenen Entscheidungen treffen, wollte beweisen, dass ich es zu was bringen konnte, dass ich anderen was bieten und ihnen helfen konnte. Ich war so stolz darauf, etwas beitragen zu können. Vor allem aber wollte ich mich nicht rechtfertigen, vor niemandem. Darum habe ich mein Maul gehalten.

Ich hätte mich viel früher öffnen müssen, das hätte mich geschützt. Marcel hat die ganze Story von Anfang an hinterfragt. Aber ich war nicht in der Lage, das zu sehen. Wahrscheinlich habe ich ihm damals noch gar nicht so viel Weitsicht zugetraut. Ein Fehler, im Nachhinein.

Ich hätte auch auf einen Freund hören können, der zehn Jahre älter ist als ich und aus seinem Leben in Peru jede Menge Erfahrung mit Betrügern hat. Der hat mich gewarnt. Aber »hätte, hätte, Fahrradkette«. Ich habe nun mal auf niemanden gehört oder erst gar nicht drüber gesprochen.

Ich will auch nicht alles ausschließlich auf meine Schwester schieben. Obwohl sie mir immer eintrichterte, dass ich niemandem was sagen soll, brannte es oft in mir. Aber ich habe trotzdem nur von den angeblich tollen Geschäften erzählt. Ich habe nicht erzählt, dass es seit Jahren immer weiter auseinanderbricht. Ich wollte den Schein aufrechterhalten, habe immer alles schöngeredet. Obwohl es nie auch nur irgendwelche Papiere, irgendwelche Beweise gegeben hat. Einmal habe ich im Online-Banking meines Schwagers sogar gesehen, dass kein Cash da war. Ich aber habe rumerzählt, dass es vorhanden sei. Ich glaube, ich habe Marcel sogar mal gesagt, dass ich einen Geldeingang gesehen hätte, einfach nur, damit er es auch glaubt. Damit er nicht mehr nachfragt, weil ich doch unbedingt selbst dran glauben wollte. Sie sagten immer, du brauchst dir keine Sorgen zu machen. Und ich habe ihnen einfach vertraut.

Trotz dieser heftigen Story im Hintergrund denke ich nicht, dass ich selbst auf meinem Kanal fake war. Wenn ich in einem Video gelacht habe, dann habe ich das nicht vorgetäuscht. Ich kann das gar nicht auf Knopfdruck. Fake lächeln vielleicht schon, fake lachen nicht. Ab einem gewissen Punkt war jedoch das Leben, das ich gezeigt habe, fake. Meine gute Laune spiegelte den innigen Wunsch wider, dass alles gut werden würde. Ich dachte, je mehr Abonnenten man hat, desto mehr muss man den Leuten die schönen Dinge zeigen. Extravaganten Lifestyle. Man kann mit 800.000 Abonnenten nicht so leben wie einer, der 300 Euro im Monat verdient, dachte ich. Das Publikum will unterhalten werden. Ich wollte etwas zeigen, das die Leute anspornt und das sie sich zum Vorbild nehmen können. Ich habe immer geglaubt, dass die Leute auf YouTube sehen wollen, was sie nicht haben oder nicht haben können. Und so habe ich alles Mögliche angesammelt, das zwar glänzte, mich aber nicht glücklich gemacht hat.

Das Barcelona-Loft? Übertrieben nice, aber ich war allein. Die Leute sahen nur die krasse Wohnung, aber nie die Einsamkeit.

Die Versace-Klamotten? Ziemlich hässlich, aber die Leute wussten, dass sie teuer sind. 400 Euro für ein T-Shirt, 800 Euro für einen Hoodie. Hätte es damals Supreme oder Off White gegeben, dann hätte ich vielleicht das gekauft, damit die Leute sehen: »Oha, 800-Euro-Sweater, bei dem läuft.«

Aber dass ich das Geld zum Fenster rauswarf, um mich von der Sache mit meiner Schwester abzulenken, dass die Figur Visca-Barca zu einem Trugbild geworden war, das mich vor der Realität schützen sollte, das sah niemand.

Ich war der Meinung, man müsse den Leuten Luxus zeigen, obwohl es andere YouTuber auch nicht so machen. Ich dachte, dass mir das auf YouTube was bringen würde, wenn ich den Lifestyle lebe.

Heute weiß ich allerdings: Das ist komplett egal. Ich habe nichts davon zu schätzen gewusst, und nichts davon hat mich glücklicher gemacht. Der Konsum war nur eine Flucht vor der Realität, vor der Leere, der Einsamkeit. Und mit einem AMG flüchtet es sich nun mal schneller … Wahrscheinlich ist es sogar cooler, wenn du Auto-Vlogs mit deinem eigenen Fiat Punto machst, den du dir hart erarbeitet hast und den du einfach liebst, als mit einem geliehenen Lamborghini Aventador. Und wahrscheinlich freust du dich über Kleinigkeiten viel mehr, wenn du kapierst, dass sie nicht selbstverständlich sind.

Es hat gedauert, bis ich verstanden habe, was Luxus ist. Luxus ist, sorgenfrei zu sein. Finanzielle Sicherheit ist Luxus, was nicht bedeutet, dass man reich sein muss. Gesundheit ist Luxus, eine intakte Familie zu haben, Freunde, Liebe und Respekt. Luxus ist auch, sich aufrichtig über etwas freuen zu können. Man selbst sein zu dürfen. Das sind die Dinge, auf die es im Leben ankommt. Nicht auf Klamotten, nicht auf Fame, nicht auf Klicks.

Ich würde mir sicher auch weiterhin was gönnen, wenn ich die Kohle hätte. Aber ich würde nie wieder fake shit machen, um etwas vorzuleben, das nichts mit mir und meinem Herzen zu tun hat. Ich würde keinem YouTuber raten zu klotzen.

Es ist schwierig, selbst zu beschreiben, was genau mich ausgemacht hat und wieso ausgerechnet ich groß geworden bin. Ich hatte halt Glück mit CoD und dass meine Skills gefragt waren. Irgendwann haben sich die Leute auch für mich als Person interessiert. Keiner von uns hat wegen Cash angefangen. Weder für einen Monte noch einen ApoRed, einen MarcelScorpion, einen KsFreak, einen Massi oder einen ViscaBarca hat das zu Beginn eine Rolle gespielt. YouTube war unser Hobby. Wir haben damit angefangen, weil wir Bock darauf hatten, weil wir gerne gezockt haben und dort auf Gleichgesinnte gestoßen sind.

Denk nicht nur an Cash, wenn du mit YouTube anfängst und dein erstes Video hochlädst. Und glaub schon gar nicht, dass du in einem Jahr davon leben kannst. Das haben wir alle nicht gedacht. Wir wussten nicht mal, dass man damit Geld verdienen kann. Wenn du Bock darauf hast, Videos aus deinem Alltag zu machen, dann mach es. Wenn du Begeisterung und Leidenschaft dafür hast, zieh es auf jeden Fall durch. Wenn du damit mittelfristig oder langfristig Erfolg haben willst, dann musst du echt aktiv und diszipliniert sein. In den allermeisten Fällen reicht es nicht, alle zwei Wochen ein Video zu bringen. Konstanz ist extrem wichtig.

Lass dich nicht von anderen abhalten, deine Träume zu verwirklichen. Auch wenn sie es bescheuert finden sollten. Gehöre aber auch nicht zu denen, die andere für die Verwirklichung ihrer Träume auslachen. Jeder sollte sein eigenes Ding durchziehen dürfen, ohne von anderen dafür verspottet zu werden, sei es im Internet oder im Real Life. Wir müssen uns nicht ständig gegenseitig so verunsichern. Das Leben wird noch hart genug, auch wenn wir nicht aufeinander rumhacken.

Definier dich nicht über Klamotten, Autos oder andere Menschen. Definier dich über deine Leidenschaft. Das ist es nämlich, was die Leute wirklich gut finden, was sie sehen wollen. Klar kannst du ein bisschen flexen. Aber übertreib es nicht so wie ich. Das kauft einem eh keiner mehr ab.

Wenn du auf YouTube durchziehen willst, dann wirst du auf vieles verzichten müssen. Wenn du im Grind bist, wenn du voll im Wachstum bist, musst du so viel opfern. Du kannst dich nicht am Freitag volllaufen lassen und Samstag erst um 15 Uhr aufstehen, um dann wieder in den Club zu gehen und das Video für Sonntag noch mal zu verschieben. Dann hast du schon drei Tage Pause gemacht. YouTube ist ein 24/7-Job. Auch für den Kopf. Man muss sich dem komplett hingeben. Eigentlich wie angehende Profifußballer. Die müssen darauf verzichten, was mit Mädchen zu machen, feiern zu gehen, Fast Food zu essen, stattdessen immer Training, Training, Training. Versuch mal, über Jahre hinweg jeden zweiten, dritten Tag ein neues Video in deinem Kopf zu haben. Es ist einfach, das ein paar Monate durchzuziehen. Aber was machst du nach einem Jahr? Nach zwei Jahren? Nach vier Jahren? Nach sieben?

Das ist nicht einfach.

Dafür muss man geboren sein.

DANKE

Ihr habt es bis hierhin geschafft. Das verdient schon mal das erste »Danke«! Aber ich will euch gar nicht lange auf die Nerven gehen. Ich denke, wir können direkt zum Punkt kommen.

Ich möchte an allererster Stelle meinen Zuschauern danken. Ihr habt über all die Jahre zu mir gehalten und mit mir Höhen und Tiefen durchlebt. Ihr habt mir verziehen, wenn ich Scheiße gebaut habe, vom Weg abgekommen bin, komisch gewirkt habe. Ihr habt mir eine zweite und vielleicht sogar eine dritte Chance gegeben. Ich hoffe, dass euch nach diesem Buch vieles klarer ist, dass ihr mein Handeln besser verstehen könnt. Wir haben eine wirklich coole Zukunft vor uns. Mein Kopf ist endlich frei, nachdem das alles hier raus ist, und ich habe wieder richtig Lust, durchzustarten, habe den Spaß und vor allem meine Leidenschaft wiedergefunden. Ich habe nicht vor, noch eine vierte Chance zu brauchen, und ich hoffe, dass ihr das merken werdet und Freude daran habt.

Ein Dank geht auch raus an alle meine YouTube-Kollegen, mit denen ich diese verrückten Jahre erlebt habe. Ohne euch hätte ich nicht halb so viel Spaß gehabt, und ihr habt mich aus tiefen Löchern, aus Selbstzweifeln und Unsicherheiten wieder rausgeholt. Alleine wäre ich niemals so weit gekommen.

Ein besonderer Dank geht an meinen Bro Marcel. Du hast mich bei dir aufgenommen und öffentlich zu mir gestanden, als es mir am dreckigsten ging. Du hast mit mir das Video aufgenommen, das alles verändert hat, ohne zu wissen, wie es aufgenommen würde. Aber du warst auch all die Jahre vorher an meiner Seite, warst mein Vorbild, meine Motivation, meine Stütze. Egal was in unserem Leben vorgefallen ist, kein Tiefschlag konnte etwas an der Basis unserer Freundschaft ändern. Kuss geht raus an dich. Auf alles, was da noch kommen mag.

Danke an Markus, der mir in den letzten anderthalb Jahren als mein Manager zur Seite stand. Wir kennen uns schon viel länger, und du hast immer an mich geglaubt, auch zu den allerschlechtesten Zeiten, als mein Image und damit mein YouTube-Dasein komplett gefickt waren. In der Industrie ist nichts ungewöhnlicher als das, denn um Kohle zu machen, wird man halt nur gepusht, solange es läuft, und fallen gelassen, wenn es nicht mehr läuft. Aber du warst nie einfach nur der Manager, sondern immer auch ein Freund für mich.

Danke an Josip, der dieses Buch hier nach unzähligen Aufnahmestunden und endlosen Gesprächen mit mir geschrieben hat. Wir hatten den perfekten Vibe, um dieses Projekt gemeinsam auf die Beine zu stellen. Ohne dich wäre das Teil niemals so cool geworden, wie es jetzt ist.

Selbstverständlich danke ich meinen Eltern. Wir haben eine so krasse Zeit hinter uns, und nur euch verdanke ich es, dass ich den Glauben an das Wort »Familie« niemals verloren habe. Ihr seid das Wichtigste für mich, und ich werde alles geben, um euch stolz zu machen. Ich bin mir sicher, dass meine Mama mehrmals weinen wird, wenn sie dieses Buch liest – oder im Erdboden versinken will, wenn sie bei den Bordell-Passagen angekommen ist. Aber das war eben mein wildes Rockstar-Leben damals. Ich bedanke mich also und entschuldige mich zugleich.

Vielleicht hat auch der eine oder andere dieses Buch gelesen, der eigentlich Real-Madrid-Fan ist, mir aber trotzdem zuschaut. Ich weiß, dass es euch gibt! An euch noch eine ganz besondere Botschaft: Merkt euch bitte, dass Barcelona das bessere Team ist, in den nächsten Jahren viel erfolgreicher sein wird als Madrid und Messi ohne Zweifel der bessere Spieler ist als Ronaldo. Danke!

Meine letzten Worte für dieses Buch können und müssen daher sein: Visca el Barça – Hoch lebe Barça!

Danke!